Externes Rechnungswesen

Von

Dr. Otto Loistl

o. Professor für Betriebswirtschaftslehre
Universität - GH - Paderborn

R. Oldenbourg Verlag München Wien

CIP-Titelaufnahme der Deutschen Bibliothek

Loistl, Otto:
Externes Rechnungswesen / von Otto Loistl. – München ; Wien :
Oldenbourg, 1990
ISBN 3-486-21562-0

Gesamtherstellung: Rieder, Schrobenhausen

ISBN 3-486-21562-0

Inhaltsverzeichnis

Kapitel 1: Der handelsrechtliche Jahresabschluß und seine bilanztheoretische Fundierung

Kapitel 2: Informationsmöglichkeiten über die finanzielle Situation einer Unternehmung

Vorwort

Neue Vorschriften müssen sich in der laufenden Praxis profilieren. Das gilt auch für das neue Bilanzrecht. Es unterstreicht die Bedeutung des Konzernabschlusses und läßt Freiräume für die sachgerechte Vermittlung des Unternehmensbildes. Die alternativen Darstellungsmöglichkeiten beleben die Auseinandersetzung über Aufgaben, Ausgestaltung und Auswertung der externen Rechnungslegung. Die vorliegende Schrift informiert über wesentliche Argumentationslinien der einschlägigen Diskussion. Für die inhaltliche Unterstützung bei der Schlußredaktion bin ich Claudia Vogt, für die Erstellung einer reproduktionsfähigen Schlußfassung Susanne Schmidtmeier, Regina Oechtering und insbesondere Bernd Todt zu Dank verpflichtet.

Paderborn, im Oktober 1989

Kapitel 1: Der handelsrechtliche Jahresabschluß und seine bilanztheoretische Fundierung

"Welche Vortheile gewährt die doppelte Buchhaltung dem Kaufmanne! Es ist eine der schönsten Erfindungen des menschlichen Geistes."[1]

1. Problemstellung des Externen Rechnungswesens

Die Aufgabenstellungen des externen Rechnungswesens lassen sich am besten im Kontext des gesamten betrieblichen Rechnungswesens erläutern. Diesem obliegt es grundsätzlich,

- die laufenden Geschäftsvorfälle aufzuzeichnen,
- den Erfolg der abgelaufenen Rechnungsperiode festzustellen,
- die für die Führung der Unternehmung geeigneten Lenkungs- und Leitungsinstrumente zur Verfügung zu stellen.

Das betriebliche Rechnungswesen ist ein Informationssystem zur

a) Abbildung

b) Abrechnung

c) Gestaltung

des Geschehens in einer Unternehmung. Diese drei verschiedenen Aufgaben erfordern in unseren vielschichtigen und arbeitsteiligen Organisationseinheiten "Unternehmen" in der Regel spezielle Rechnungstechniken, die sich erst mit der zunehmenden Komplexität der betrieblichen Aufgaben verselbständigten.

ad a) Die Aufzeichnung der laufenden Geschäftsvorfälle ist seit jeher kaufmännische Übung. Man beschränkte sich jedoch lange Zeit darauf, die Einnahmen und Ausgaben festzustellen und die damit zusammenhängenden Warenabgänge und Warenzugänge festzuhalten. In der doppelten Buchhaltung wurden sowohl die Geldbewegungen als auch die zugehörigen Güterbewegungen aufgezeichnet. Solange der Geschäftsumfang überschaubar war, reichte dieses rudimentäre Rechnungswesen auch aus, um hinreichend über den Erfolg zu unterrichten und die verläßliche Führung der Geschäfte sicherzustellen.

"Die Führung der Handelsbücher ist alte kaufmännische Sitte. Schon die römischen Argentarii und Rummularii führten solche. Im Mittelalter wurde der Gebrauch derselben allgemein;

ihre Bedeutung fand eine scharfe Anerkennung durch die ihnen zugebilligte Beweiskraft, welche bereits zur Zeit der Postglossatoren allgemein anerkannt wurde. Aber jene älteren Handelsbücher hatten mit den jetzt üblichen wenig gemein; sie ähnelten dem Memorial und führten nur ohne feste Reihenfolge, theilweise unter Angabe der Beweismittel, die von dem Kaufmann abgeschlossenen Geschäfte in erzählender Form auf; nachträglich wurden wohl auch zum Theil die auf die betreffenden Geschäfte geleisteten Zahlungen dabei notiert. Eine rechnungsmäßige Zusammenstellung von Personenconti oder die Führung eines Waarenbuchs fand nicht statt - noch weniger die Ziehung eines Inventars oder einer Bilanz." [2]

ad b) Mit dem steigenden Umfang nicht nur der Geschäftsbeziehungen, sondern auch der Warenbewegungen wurde eine eigenständige Erfolgsrechnung unumgänglich, die insbesondere eine erfolgsgerechte Zurechnung noch nicht abgeschlossener Geschäftsvorfälle auf die richtige Abrechnungsperiode vornahm. Das geldliche Ende dieser Vorgänge mußte eskomptiert werden (Rieger). Insbesondere ging es zunächst um die Bewertung von Warenbeständen, die noch nicht veräußert worden waren. Diese hatten bei den großen Handelshäusern im ausgehenden Mittelalter einen beträchtlichen Umfang angenommen. Mit ihrer Bewertung setzten sich schon die Schriften aus dieser Zeit auseinander. Neben der Bewertung der Warenbestände wurde in zunehmendem Maße auch eine Bewertung von Forderungsbeständen, von Gebäuden und von unbebauten Grundstücken, mit zunehmender Industrialisierung auch eine Bewertung von Maschinen erforderlich. Neben die Bewertung der Vermögensgegenstände trat die Bewertung von Schulden. Aus der Gegenüberstellung des Gesamtvermögens und der Schulden ergab sich das Reinvermögen der Unternehmung. Der Erfolg der Unternehmung zeigte sich mithin aus folgender Gegenüberstellung:

Erfolg = Reinvermögen am Ende der Periode im Zeitpunkt 1
./. Reinvermögen zu Beginn der Periode im Zeitpunkt 0

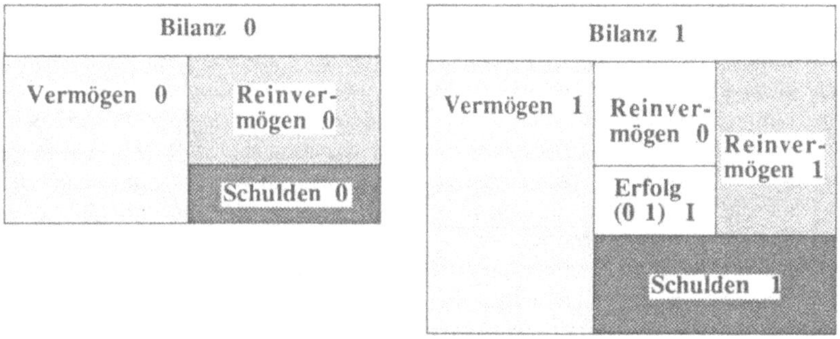

Abb. 1: Erfolg als Vermögensvergleich

Der Erfolg, als die Differenz zweier Vermögensbestände zu zwei Zeitpunkten, läßt sich auch darstellen als die Summe der Vermögensveränderungen zwischen diesen beiden Zeitpunkten. Es gilt demnach:

Erfolg = Summe der Vermögenszuwächse
./. Summe der Vermögensverzehre

In dieser Definition wird der Erfolg nicht mehr gemessen durch den einfachen Saldo der Summe der Einnahmen abzüglich der Summe der Ausgaben einer Periode. Die **Erträge** sind **nicht deckungsgleich** mit den **Einnahmen**, und die **Aufwendungen** sind **nicht deckungsgleich** mit den **Ausgaben in einer Periode**. **Aufwendungen** sind demnach ein **periodengerecht zugerechneter Werteverzehr**, die **Erträge** sind umgekehrt ein **periodengerecht zugerechneter Wertezuwachs**. Das Problem der Periodisierung des Werteverzehrs tritt in den Mittelpunkt.

Die Zahlungen, die zu einem einzigen Zeitpunkt anfallen, sind in einen Werteverzehr für eine bzw. mehrere Perioden zu transformieren. Die periodengerechte Zurechnung des Werteverzehrs erlaubte auch eine genauere Steuerung des Unternehmensgeschehens. Im Laufe der Zeit erforderte die Unternehmenskontrolle eine weitergehende Herausbildung des internen Rechnungswesens.

ad c) Die Bereitstellung geeigneter Lenkungs- und Leitungsinstrumente zur Unternehmensführung betrifft vor allem den Ausbau des Rechnungswesens zum innerbetrieblichen Steuerungsinstrument und die optimale Allokation knapper Produktionsfaktoren zur effizienten Leistungserstellung. Diese Aufgabe wurde insbesondere im Zuge der zunehmenden Industrialisierung und des Entstehens größerer Produktionseinheiten aktuell. Es wurde notwendig, beim Werteverzehr zu differenzieren zwischen dem durch Produktion und Leistungserstellung, d.h. durch den eigentlichen Betriebszweck verursachten Werteverzehr einerseits und dem mit dem Unternehmensgeschehen insgesamt zusammenhängenden Werteverzehr andererseits. Diese Differenzierung führte zur Installation der Kostenrechnung neben der Erfolgsrechnung. Die Kosten sind folglich nichts anderes als der betriebsbedingte Werteverzehr und unterscheiden sich von dem periodenbezogenen Werteverzehr der Aufwendungen. Das nachstehende Zitat soll das Problembewußtsein zur Zeit der Emanzipation der Kostenrechnung belegen:

"Eine Industriewissenschaft gibt es noch nicht. Die Erfahrenen glauben, ihre schwer erworbene Kenntnis nicht preisgeben zu sollen, und diejenigen, die reden oder schreiben, sind vielfach solche, denen trotz lebhafter theoretischer Teilnahme eine entscheidende praktische Mitarbeit versagt war. Zudem ist die Hauptmacht unserer Industrie jung, im Durchschnitt längst nicht fünfzigjährig; sie hatte eben begonnen, systematische Erfahrung zu sammeln und nur zum kleineren Teil Zeit und Mittel gefunden, sie zu verwirklichen, während ein fast ununterbrochener Aufstieg auch das Unzulängliche gedeihen ließ und kaum das Brüchige, Sinnlose, Veraltete ausmerzte. Der Gedanke, ein Grundstück zu kaufen, Schuppen und Schornstein zu errichten und irgend etwas mit Maschinen und Öfen herzustellen, was vordem vom Ausland bezogen oder von Hand gemacht wurde, war noch vor einem Menschenalter so kühn und fruchtbar, daß auch ohne Rücksicht auf allgemeine Erwägungen der Versuch glückte; denn erst die spätere Verdichtung der Produktion und des Verbrauchs, der Wettbewerb im In- und Ausland fordert zum Nachdenken und Vergleichen auf.

Mit Recht rühmen wir uns unserer Fabrikationseinrichtungen; sie sind neuer, besser und durchdachter als in England, Frankreich und Belgien. Und dennoch: welche Erfahrungen würde man machen, wenn man sie Werk für Werk durchforschte, die Kraftanlagen auf ihren Wirkungsgrad, die Arbeitsmaschinen auf ihre Leistungsfähigkeit, den Arbeitsvorgang auf seine Wirtschaftlichkeit prüfte. Die kalorische Krafterzeugung hat in zwei Jahrzehnten ihren Wirkungsgrad verdoppelt, die Kosten elektrischen Stroms haben sich gedrittelt; die Kenntnis der Transporteinrichtungen ist zu einer Wissenschaft geworden; es gibt wenig Verrichtungen, die sich dem Griff der Maschine entziehen, der Arbeitsprozeß ist aus den Händen des Werkmeisters in die Aufsicht des Ingenieurs und Fabrikleiters übergegangen; doch alle diese Fortschritte sind nur einem Teil unserer Gütererzeugung zugänglich. In einer Zeit, die aus dem vollen wirtschaften durfte, die nur die eine Aufgabe kannte: Ware schaffen, war es verzeihlich, wenn Produzenten auf Vorteile verzichteten, die eine wissenschaftliche Technik ihnen von Tag zu Tag bot; überdies forderten diese Verbesserungen Anlagekosten, und bei der Zersplitterung der Erzeugung in willkürlich zerlegte Betriebe, in unübersehbare Typenmengen, von der wir reden werden, war das einzelne Werk nicht immer stark, nicht immer konzentriert genug, um der Entwicklung zu folgen. Vergeudete es Arbeitskräfte und Material, so war das ein Schaden für das Erträgnis, jedoch im letzten Sinne Privatsache. Heute ist jeder Verlust , jede Verschwendung Sache der Gemeinschaft; es hat niemand mehr, auch wenn er es bezahlen kann, das Recht, eine Auspuffmaschine zu betreiben, die das Fünffache des Zulässigen an Kohle frißt, so wenig wie jemand das Recht hat, Brot zu zertreten. Hier wird eine der sittlichen Umstellungen fühlbar, die die neue Wirtschaft fordert. Der bloße Kohlenverbrauch Deutschlands könnte auf die Hälfte verringert werden, wenn alle Betriebe wissenschaftlich durchdrungen und geordnet und alle Kraftquellen erschlossen würden. Diese Ersparnis aber würde weit in den Schatten gestellt durch den Gewinn an Arbeit, Material und Transport, durch die Steigerung der Leistungsfähigkeit und Umsatzmenge, wenn die Durchforschung und Reform sich zugleich auf Lage und Anlage, auf Einrichtung und Betrieb erstreckte." [3]

Die nachfolgenden Graphiken zeigen die Zusammenhänge der drei Ebenen:

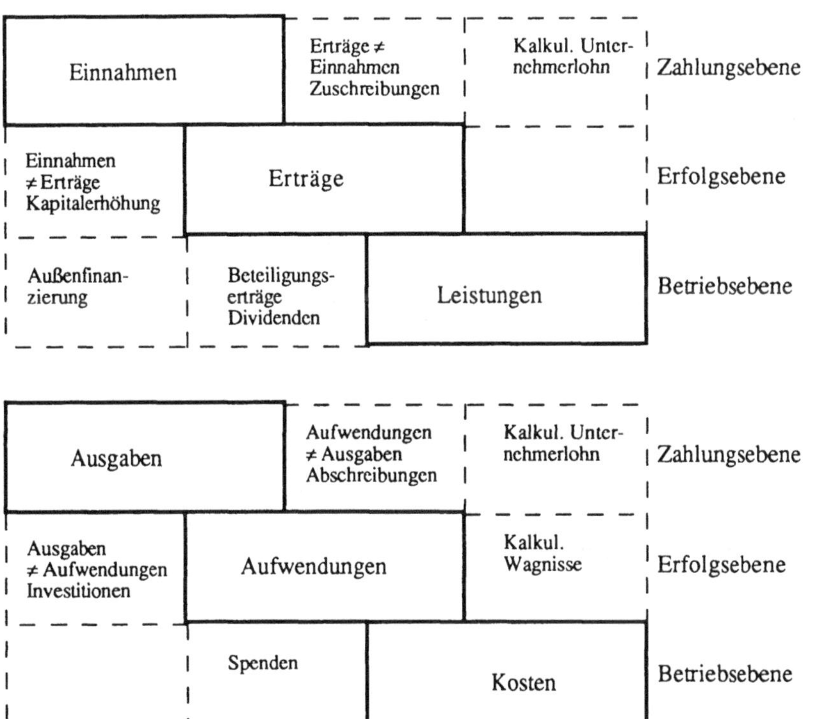

Abb. 2: Beziehung zwischen den verschiedenen Ebenen des Rechnungswesens

Zusammenfassend läßt sich festhalten, daß das betriebliche Rechnungswesen mithin ein Instrument zur **Abbildung, Abrechnung** und **Gestaltung** ökonomischer Prozesse in einer Unternehmung darstellt. Im Gegensatz zum internen Rechnungswesen richtet sich das externe Rechnungswesen primär an Interessenten außerhalb der eigentlichen Unternehmenssphäre.

Neben dieser Differenzierung zwischen Aufwendungen und Kosten, entsprechend den unterschiedlichen Aufgaben der Erfolgs- und der Kostenrechnung, kommt der Frage nach dem Adressatenkreis für die im Rahmen des externen bzw. internen Rechnungswesens produzierten Informationen eine besondere Bedeutung zu.

Die Informationen zur Unternehmensführung sind insbesondere für die mit diesen Aufgaben betrauten Personen: **die Unternehmensleitung, die Arbeitnehmer, die Eigentümer und unter Umständen noch weitere abgegrenzte Personenkreise**. Die im Rahmen des internen Rechnungswesens anfallenden Informationen sind primär nicht für Außenstehende gedacht. Die für Interessenten außerhalb der Unternehmung vorgesehenen Informationen fallen in erster Linie im externen Rechnungswesen an.

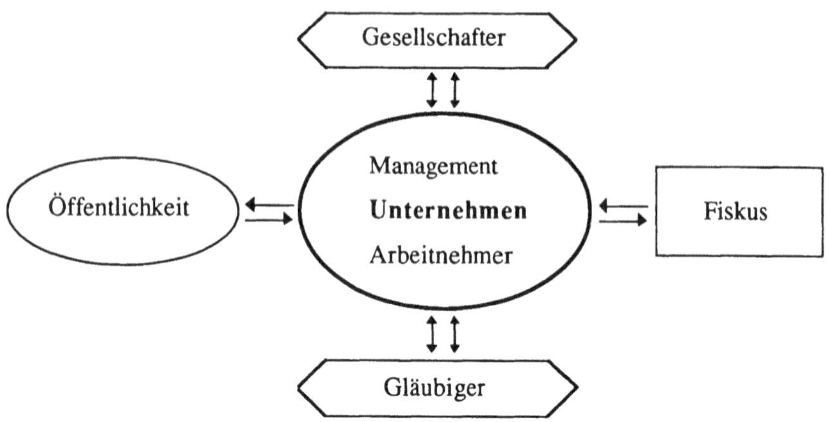

Abb. 3

Das Unternehmen steht im Mittelpunkt und hat externe Interessenten mit Informationen zu versorgen, wie z.B. die Gläubiger, den Fiskus, die Gesellschafter, die Öffentlichkeit und auch die Gewerkschaften. Auch für den Außenstehenden gibt es eine Fülle von Möglichkeiten, sich über das Geschehen in der Unternehmung zu informieren. Im externen Rechnungswesen faßt man die aufgrund rechtlicher und gesetzlicher Vorschriften aufgestellten Rechenwerke zusammen.

" Bilanzwahrheit und Bilanzklarheit - dies können nur die Ziele bedeuten, auf die man hinarbeiten soll, die man aber vollständig nie erreichen wird." [4]

2. Der Jahresabschluß

2.1 Vorbemerkung

Das externe Rechnungswesen, namentlich der handels- und aktienrechtliche Jahresabschluß, stellt auf die Beziehung zwischen Unternehmen und Umwelt ab. Von den drei oben angesprochenen Aufgaben soll das externe Rechnungswesen insbesondere Informationen über das Ergebnis der wirtschaftlichen Tätigkeit einer Unternehmung vermitteln.

Eine solche Berichterstattung soll folgenden Anforderungen genügen:[5]

- Sie muß den Informationsbedürfnissen und den Vorkenntnissen der Interessenten Rechnung tragen.
- Sie muß die divergierenden Informationsinteressen insgesamt befriedigen.
- Sie sollte möglichst frei von subjektiven Bewertungs- und Interessensspielräumen und somit intersubjektiv nachprüfbar sein.
- Sie muß mit wirtschaftlich vertretbarem Aufwand durchführbar sein.

2.1.1 Asymmetrische Information

Die Tatsache, daß diejenigen, die den Jahresabschluß einer Unternehmung aufstellen, größere Kenntnis über das Geschehen in der Unternehmung besitzen als jene, die sich anhand des Jahresabschlusses über die Unternehmung informieren und ggfs. Entscheidungen daraus ableiten wollen, faßt man unter dem Terminus "Asymmetrische Information" zusammen. Häufig spricht man hier auch von der Beziehung zwischen Prinzipal und Agenten.

Ein Prinzipal-Agent-Problem liegt nach Arrow dann vor, wenn eine Person (bzw. Personengruppe) - der Agent- eine Aktion unter alternativ möglichen auswählt und damit nicht nur den eigenen Nutzen, sondern auch den einer anderen Person (bzw. Personengruppe) - des Prinzipals - beeinflußt.[6]

Die Agency-Probleme sind häufig mit **moral hazard** verknüpft. Man kann diesen Begriff mit "verdeckter Aktion" einerseits und "verdeckter Information" andererseits erläutern.

Moral hazard entsteht, wenn die vom Agenten durchgeführte Aktivität unbeobachtbar ist und für den Agenten einen anderen Wert hat als für den Prinzipal. Das bedeutet beispielsweise, daß die Geschäftsleitung - Agent - als Beauftragte der Gesellschafter im eigenen Interesse die Berichterstattung über die Situation der Unternehmung verändern und damit eine Rechnungslegung vorlegen kann, die nicht den Interessen und Intentionen der Gesellschafter entspricht. Sie läßt sich dadurch z.B. zu einer risikoreichen Unternehmenspolitik auf Kosten der Anteilseigner -Prinzipal- verleiten.

Die detaillierten Rechnungslegungsvorschriften sollen die problemgerechte Information des Anteilseigners als Prinzipal sicherstellen.

2.1.2 Instrumente des Jahresabschlusses

Grundsätzlich bilden die beiden Zahlenwerke "Bilanz" (gem. § 242 I HGB: die Gegenüberstellung des Vermögens und der Schulden) und "Gewinn- und Verlustrechnung" (gem. § 242 II HGB: die Gegenüberstellung der Aufwendungen und der Erträge) den "Jahresabschluß" (§ 242 III HGB). Kapitalgesellschaften (AG, GmbH, KGaA) haben den Jahresabschluß noch um einen Anhang zu erweitern und außerdem einen Lagebericht aufzustellen (§ 264 I HGB).

Die Bilanz:

Eine Bilanz besteht nach übereinstimmender Auffassung zunächst aus der Auflistung der Vermögensgegenstände auf der Aktivseite und der Kapitalquanten auf der Passivseite. Weitergehende Interpretationen sind jedoch nicht einheitlich. Wir werden sie insbesondere bei der Diskussion der Bilanztheorien noch kennenlernen.

Einen Schlüssel zu ihrer Systematisierung liefern die unterschiedlichen Wertansätze der Bilanzpositionen. Bei der Bewertung zu **aktuellen** Wertansätzen repräsentiert die Bilanz tatsächlich eine Gegenüberstellung des Vermögens und der Schulden. Bei einer Bewertung zu **historischen** Anschaffungswerten hingegen ist in der Bilanz eher eine Dokumentation der seinerzeitigen Mittelherkunft und Mittelverwendung zu sehen. Da in unserem Bilanzrecht grundsätzlich das Anschaffungswertprinzip gilt, bietet sich die letztere Interpretation als Ausgangspunkt der Erläuterung an. Nachstehendes Schema stellt darauf ab.

Bilanz	
Verwendung	Herkunft
derFinanzierungsmittel	
AV	EK
UV	FK

Aktiva = Passiva

Auf	GuV Ert
Bestandsveränd. Material Personal Abschreibungen sonst. betr. Aufw. Zinsen Steuern Jahresüberschuß	Erlöse Erträge aus Beteiligungen a.o. Ertrag

Aufwendungen + Gewinn } = Erträge

Abb. 4

AV = Anlagevermögen
UV = Umlaufvermögen
EK = Eigenkapital
FK = Fremdkapital

Auf = Aufwendungen
Ert = Erträge
GuV = Gewinn- und Verlustrechnung

Das Wort "Bilanz" ist ableitbar vom lateinischen "bilanx", einer sich im Gleichgewicht befindlichen Waage. Nach diesem Bild befinden sich Mittelherkunft und -verwendung im Gleichgewicht.[7]

Aufschluß über die Form der Mittelherkunft geben die verschiedenen Kapitalpositionen auf der Passivseite der Bilanz. Die detaillierte Verwendung der vom Unternehmen akquirierten Mittel zum Erwerb von Vermögensgütern ergibt sich aus den Vermögenspositionen auf der Aktivseite der Bilanz. In erster Linie gibt die Bilanz die zu einem bestimmten Stichtag vorhandene Aufteilung in einzelne Kapital- und Vermögensquanten wieder. Die Positionen haben die Dimension **DM im Bilanzierungszeitpunkt**. Darüber hinaus finden sich sowohl auf der Aktiv- als auch auf der Passivseite Korrekturposten, die sich nur mittelbar als Vermögen oder Kapital interpretieren lassen (z.B. Rechnungsabgrenzungspositionen). Sie versuchen eine Abgrenzung der Vermögenspositionen zum Zwecke des richtigen Erfolgsausweises.

Das Gesetz verlangt grundsätzlich das nachstehend wiedergegebene Grundschema der Bilanzgliederung (vgl. S. 12).

Dieses Gliederungsschema entspricht § 266 II, III HGB mit Erweiterungen, die das Gesetz an anderer Stelle verlangt.

Die Gewinn- und Verlust (GuV) Rechnung:

Während die Bilanz den Jahreserfolg als Resultat von Bestandsveränderungen nur in einer Gesamtsumme ausweist, gibt die GuV-Rechnung Auskunft über das Zustandekommen des Erfolgs durch detaillierte Gegenüberstellung der Aufwands- und Ertragsströme einer Periode.[8]

Die GuV-Rechnung ist eine Zeitraumrechnung. Die Positionen haben daher die Dimension **DM pro Abrechnungsperiode**. Sie ist in der Staffelform entweder nach dem sogenannten Gesamtkostenverfahren oder dem sogenannten Umsatzkostenverfahren aufzustellen (§ 275 I HGB).

Beim Gesamtkostenverfahren stellt man die in einem Abrechnungszeitraum angefallenen Aufwendungen den Umsatzerlösen und sonstigen Erträgen unter Berücksichtigung der Bestandsveränderungen von fertigen und unfertigen Erzeugnissen gegenüber. Das Umsatzkostenverfahren geht von den in einem bestimmten Zeitraum erzielten Umsatzerlösen aus und zieht hiervon die für diesen Umsatz anfallenden Kosten ab. Bestandsveränderungen bleiben mithin außer Betracht. Das Gesetz sieht zwei alternative Gliederungsschemata vor (vgl. S. 13).

Grundschema der Bilanzgliederung

Aktivseite

Ausstehende Einlagen *)
-davon eingefordert

Aufwendungen für die Ingangsetzung und Erweiterung des Geschäftsbetriebs **)

A. Anlagevermögen
   I. Immaterielle Vermögensgegenstände
      1. Konzessionen, gewerbliche Schutzrechte und ähnliche Rechte und Werte sowie Lizenzen an solchen Rechten und Werten
      2. Geschäfts- oder Firmenwert
      3. geleistete Anzahlungen
   II. Sachanlagen
      1. Grundstücke, grundstücksgleiche Rechte und Bauten einschließlich der Bauten auf fremden Grundstücken
      2. technische Anlagen und Maschinen
      3. andere Anlagen, Betriebs- und Geschäftsausstattung
      4. geleistete Anzahlungen und Anlagen im Bau
   III. Finanzanlagen
      1. Anteile an verbundenen Unternehmen
      2. Ausleihungen an verbundene Untern.
      3. Beteiligungen
      4. Ausleihungen an Unternehmen, mit denen ein Beteiligungsverhältnis besteht
      5. Wertpapiere des Anlagevermögens
      6. sonstige Ausleihungen

B. Umlaufvermögen
   I. Vorräte
      1. Roh-, Hilfs- und Betriebsstoffe
      2. unfertige Erzeugnisse, unfertige Leistungen
      3. fertige Erzeugnisse und Waren
      4. geleistete Anzahlungen
   II. Forderungen und sonstige Vermögensgegenstände
      1. Forderungen aus Lieferungen und Leistungen
      2. Forderungen gegen verbundene Unternehmen
      3. Forderungen gegen Unternehmen, mit denen ein Beteiligungsverhältnis besteht
      4. sonstige Vermögensgegenstände
   III. Wertpapiere
      1. Anteile an verbundenen Unternehmen
      2. eigene Anteile
      3. sonstige Wertpapiere
   IV. Schecks, Kassenbestand, Bundesbank- und Postgiroguthaben, Guthaben bei Kreditinstituten

C. Rechnungsabgrenzungsposten
   I. Abgrenzungsposten für latente Steuern ***)
   II. Sonstige Rechnungsabgrenzungsposten

Passivseite

A. Eigenkapital
   I. Gezeichnetes Kapital
   II. Kapitalrücklage
   III. Gewinnrücklage
      1. gesetzliche Rücklage
      2. Rücklage für eigene Anteile
      3. satzungsmäßige Rücklagen
      4. andere Gewinnrücklagen
   IV. Gewinnvortrag/Verlustvortrag
   V. Jahresüberschuß/Jahresfehlbetrag

Sonderposten mit Rücklageanteil ****)

B. Rückstellungen
   1. Rückstellungen für Pensionen und ähnliche Verpflichtungen
   2. Steuerrückstellungen
   3. sonstige Rückstellungen

C. Verbindlichkeiten
   1. Anleihen
      - davon konvertibel
   2. Verbindlichkeiten gegenüber Kreditinstituten
   3. erhaltene Anzahlungen auf Bestellungen
   4. Verbindlichkeiten aus Lieferungen und Leistungen
   5. Verbindlichkeiten aus der Annahme gezogener Wechsel und der Ausstellung eigener Wechsel
   6. Verbindlichkeiten gegenüber verbundenen Unternehmen
   7. Verbindlichkeiten gegenüber Unternehmen mit denen ein Beteiligungsverhältnis besteht
   8. sonstige Verbindlichkeiten
      - davon aus Steuern
      - davon im Rahmen der sozialen Sicherheit

D. Rechnungsabgrenzungsposten

*) gem. § 272 I Satz 2 HGB: ausstehende Einlagen
**) gem. § 269 HGB: Aufwendungen für die Ingangsetzung und Erweiterung des Geschäftsbetriebes
***) gem. § 274 II HGB: aktive latente Steuern
****) gem. § 273 HGB: Sonderposten mit Rücklageanteil

G&V-Gliederung nach § 275 Abs.2 (Gesamtkostenverfahren)

1. Umsatzerlöse
2. Erhöhung oder Verminderung des Bestandes an fertigen und unfertigen Erzeugnissen
3. andere aktivierte Eigenleistungen
4. sonstige betriebliche Erträge
5. Materialaufwand:
   a) Aufwendungen für Roh-, Hilfs- und Betriebsstoffe und für bezogene Waren
   b) Aufwendungen für bezogene Leistungen
6. Personalaufwand:
   a) Löhne und Gehälter
   b) soziale Abgaben u. Aufwendungen für Altersversorgung und für Unterstützung
   - davon für Altersversorgung
7. Abschreibungen:
   a) auf immaterielle Vermögensgegenstände des Anlagevermögens und Sachanlagen sowie auf aktivierte Aufwendungen für die Ingangsetzung und Erweiterung des Geschäftsbetriebs
   b) auf Vermögensgegenstände des Umlaufvermögens, soweit diese die in dem Unternehmen üblichen Abschreibungen überschreiten
8. sonstige betriebliche Aufwendungen
9. Erträge aus Beteiligungen
   - davon aus verbundenen Unternehmen
10. Erträge aus anderen Wertpapieren und Ausleihungen des Finanzanlagevermögens
    - davon aus verbundenen Unternehmen
11. sonstige Zinsen und ähnliche Erträge
    - davon aus verbundenen Unternehmen
12. Abschreibungen auf Finanzanlagen und auf Wertpapiere des Umlaufvermögens
13. Zinsen und ähnliche Aufwendungen
    - davon an verbundene Unternehmen
14. Ergebnis der gewöhnlichen Geschäftstätigkeit
15. außerordentliche Erträge
16. außerordentliche Aufwendungen
17. außerordentliches Ergebnis
18. Steuern vom Einkommen und vom Ertrag
19. sonstige Steuern
20. Jahresüberschuß/Jahresfehlbetrag

G&V-Gliederung nach § 275 Abs.3 (Umsatzkostenverfahren)

1. Umsatzerlöse
2. Herstellungskosten der zur Erzielung der Umsatzerlöse erbrachten Leistungen
3. Bruttoergebnis vom Umsatz
4. Vertriebskosten
5. allgemeine Verwaltungskosten
6. sonstige betriebliche Erträge
7. sonstige betriebliche Aufwendungen
8. Erträge aus Beteiligungen
   - davon aus verbundenen Unternehmen
9. Erträge aus anderen Wertpapieren und Ausleihungen des Finanzanlagevermögens
   - davon aus verbundenen Unternehmen
10. Sonstige Zinsen und ähnliche Erträge
    - davon aus verbundenen Unternehmen
11. Abschreibungen auf Finanzanlagen und auf Wertpapiere des Umlaufvermögens
12. Zinsen und ähnliche Aufwendungen
    - davon an verbundene Unternehmen
13. Ergebnis der gewöhnlichen Geschäftstätigkeit
14. außerordentliche Erträge
15. außerordentliche Aufwendungen
16. außerordentliches Ergebnis
17. Steuern vom Einkommen und vom Ertrag
18. sonstige Steuern
19. Jahresüberschuß/Jahresfehlbetrag

Der Anhang: §§ 284 - 288 HGB

Alle Kapitalgesellschaften haben den Jahresabschluß um einen Anhang zu erweitern, der im wesentlichen zwei Aufgaben erfüllen soll. Zum einen soll er insbesondere die **Bewertungsmethoden erläutern** (§ 284 HGB). Zum anderen muß er gem. § 285 HGB noch eine Vielzahl eingehender **Aufgliederungen** von Positionen des Jahresabschlusses enthalten, wie z.B. die Aufgliederung der Verbindlichkeiten nach Fristigkeit, die Aufgliederung der Umsatzerlöse nach Tätigkeitsbereichen, die durchschnittliche Zahl der während des Geschäftsjahres beschäftigten Arbeitnehmer nach Gruppen.

Der Lagebericht: § 289 HGB

Alle Kapitalgesellschaften haben desweiteren einen Lagebericht aufzustellen. Es ist Aufgabe des Lageberichts, den Geschäftsverlauf sowie die Lage der Kapitalgesellschaft so darzustellen, daß ein den tatsächlichen Verhältnissen entsprechendes Bild vermittelt wird (§ 289 I HGB). Die Offenlegungs- und Prüfungspflichten sind allerdings gem. §§ 325-329 HGB nach Unternehmensgröße gestaffelt zu erfüllen. Er soll auch auf Vorgänge von besonderer Bedeutung, die (erst) nach dem Schluß des Geschäftsjahres eingetreten sind, auf die voraussichtliche künftige Entwicklung und auf den Bereich Forschung und Entwicklung eingehen.

2.1.3 Allgemeine gesetzliche Vorschriften

Aufgrund der Neuordnung des Bilanzrechts durch das Bilanzrichtlinien-Gesetz vom 19.12.1985 sind die wesentlichen Rechnungslegungsvorschriften im **dritten Buch** des Handelsgesetzbuches untergebracht (§§ 238-339 HGB). In diesen Vorschriften sind die allgemeinen Aufgaben des Jahresabschlusses geregelt. Während früher die Vorschriften des AktG auf die gesamte Rechnungslegung ausstrahlten, sind heute die des HGB maßgebend. Weitere Vorschriften finden sich darüber hinaus in Spezialgesetzen zu den einzelnen Rechtsformen: AktG, GmbHG.

Das **dritte Buch** des HGB ist in drei Abschnitte untergliedert:

Der **erste Abschnitt** enthält diejenigen Vorschriften über die Buchführung und Bilanzierung, die von allen Kaufleuten zu beachten sind (§§ 238-263 HGB). Im einzelnen regelt dieser Abschnitt folgende Bereiche:

- Buchführung und Aufstellung des Inventars (§§ 238-241),
- Allgemeine Vorschriften zur Aufstellung von Jahresabschlüssen (§§ 242-245),
- Ansatz- und Bewertungsvorschriften (§§ 246-256)
- Aufbewahrungs- und Vorlageverpflichtungen (§§ 257-261).

Der **zweite Abschnitt** des dritten Buches des HGB enthält die strengeren Rechnungslegungsvorschriften für die Kapitalgesellschaften (§§ 264-335 HGB). Im einzelnen werden hier die für Kapitalgesellschaften relevanten Vorschriften bezüglich des Jahresabschlusses, des Lageberichts, der Konzernrechnungslegung und der Offenlegungspflichten kodifiziert.

Der **dritte Abschnitt** des dritten Buches des HGB enthält schließlich einige Spezialvorschriften für die Rechnungslegung der eingetragenen Genossenschaften (§§ 336-339 HGB).

2.2 Handels- und aktienrechtliche Jahresabschlußaufgaben

Die Erstellung eines Jahresabschlusses dient verschiedenen Zwecken[9], die sich jedoch in den beiden nachstehend diskutierten folgenden Aufgaben zusammenfassen lassen:

1. Die Zahlungsbemessung (§ 58 AktG),
2. Die Vermittlung von Informationen über die Vermögens-, Finanz- und Ertragslage (§ 264 II HGB).

2.2.1 Zahlungsbemessungsaufgaben

2.2.1.1 Interessengruppen

Ein Zahlungsbemessungsinteresse liegt bei denjenigen Personen (-gruppen) vor, die Anspruch auf Zahlungen durch das Unternehmen haben. Die Interessen dieser Personen richten sich nicht nur darauf, ob überhaupt Zahlungen geleistet werden, sondern auch auf eine Beeinflussung der Höhe dieser Zahlungen.

Der im handels- (und aktien) rechtlichen Jahresabschluß festgestellte Jahresüberschuß liefert die Grundlage für die Bemessung sowohl ergebnisabhängiger Einkommenszahlungen, wie Dividendenzahlungen, als auch der Gewinnthesaurierung durch Erhöhung der Gewinnrücklagen. Die Interessen einzelner Personengruppen seien nachstehend beispielhaft erläutert.

a) Unternehmensleitung

Einerseits ist die Unternehmensleitung an dem Ausweis eines hohen Jahresüberschusses interessiert; er liefert auch die Bemessungsgrundlage für die erfolgsbezogenen Tantiemenzahlungen. Andererseits muß sie auf seine Reduzierung durch Bildung von stillen Rücklagen bedacht sein, um die Zahlungsbemessungsgrundlage anderer Gruppen zu reduzieren. Dadurch sinkt die Verteilungsbasis für Dividendenausschüttungen und eventuell die Steuerbemessungsgrundlage "Gewinn".

b) Eigentümer

Sie wollen einerseits an der Aufteilung des Jahresüberschusses in Rücklagenzuführung und Ausschüttung mitwirken, andererseits unter Umständen eine zu hohe Steuerbelastung vermeiden. Die Interessenlage der Eigentümer hängt von der Stellung zum Unternehmen und der Dauer des Engagements ab. Großaktionäre sind in der Regel an Gewinneinbehaltungen interessiert, Kleinaktionäre, mit der Absicht einer Daueranlage, an einer stetigen Dividendenzahlung bzw. an nachhaltigen Kurssteigungen und spekulative Anleger an einer zu kurzfristigen Kurssteigerungen führenden Ausweispolitik.

c) Gläubiger

Da Zinszahlungen und Tilgungsraten vertraglich festgelegt sind, entfällt bei den Gläubigern das direkte Zahlungsinteresse, jedoch sind sie grundsätzlich an der Erhaltung der Substanz- und Ertragskraft der Gesellschaft interessiert. Sie präferieren mithin innerhalb bestimmter Grenzen die Gewinnthesaurierung.

d) Arbeitnehmer

Bei den Arbeitnehmern besteht, wenn überhaupt, zunächst ein negatives Zahlungsinteresse: Der als Gewinn ausgewiesene Anteil an der betrieblichen Wertschöpfung steht nicht für die Auszahlung als Lohnbestandteil zur Verfügung. Ein positives Interesse besteht bei der Einrichtung einer betrieblichen Erfolgsbeteiligung der Arbeitnehmer. Sie wird in zunehmendem Maße praktiziert und durch staatliche Maßnahmen der Vermögensbeteiligung gefördert.

e) Fiskus

Die gewinn- und vermögensabhängigen Steuern dokumentieren ein beträchtliches Zahlungsinteresse des Staates in seiner Funktion als Steuereinnehmer.

f) Interessengegensätze

Divergierende Zahlungsbemessungsinteressen kommen bei Interessengegensätzen zwischen Gläubigern und Aktionären einerseits und Minderheits- und Mehrheitsaktionären andererseits vor. Diese Konflikte werden im Gesellschaftsrecht der Kapitalgesellschaften behandelt, so daß sich die Aufgabe der Zahlungsbemessung an den gesetzlich vorgesehenen Ausschüttungssperren und der gesetzlich geregelten Ausschüttung eines Mindestbetrages illustrieren läßt.

2.2.1.2 Ausschüttungssperre

Für die Verbindlichkeiten einer AG wie einer GmbH haftet den Gläubigern derselben nur das **Gesellschaftsvermögen** (§ 1 I AktG, § 13 II GmbHG). Durch die häufig gebrauchte Redewendung vom *"haftenden Eigenkapital"* sollte man sich nicht irritieren lassen. Bei den Aktionären ist die Haftung auf die volle Einzahlung des jeweiligen Anteils am Grundkapital beschränkt (§ 54 I AktG). Der Gesetzgeber schwächt diesen Vorteil für die Gesellschafter bzw. diese erhebliche Mehrgefährdung der Gläubiger durch eine strenge Begrenzung der Ausschüttungen an die Aktionäre ab.[10]

Die Festsetzung einer Ausschüttungsobergrenze soll den Gläubigern, denen der Zugriff auf das Privatvermögen der Aktionäre versperrt ist, die Erhaltung eines Mindesthaftungsvermögens in Höhe des ursprünglichen Vermögens der Aktiengesellschaft sichern. Dieses Gläubigerschutzprinzip gilt auch bei der GmbH. Gem. § 30 I GmbHG darf das zur Erhaltung des Stammkapitals erforderliche Vermögen der Gesellschaft an die Gesellschafter nicht ausbezahlt werden.

Die Erhaltung eines Mindesthaftungsvermögens bei der AG soll durch folgende Regelungen des HGB und des AktG sichergestellt werden:

1. Verbot der Rückgewährung von Grundkapital (§ 57 I AktG)

Nach § 29 AktG ist die Gesellschaft mit der Übernahme aller Aktien durch die Gründer errichtet. Vor der Anmeldung der Gesellschaft zur Eintragung in das Handelsregister sind die eingeforderten Beträge auf die Aktien einzubezahlen.

Diese auf das Grundkapital einbezahlten Beträge (mindestens 25% bei Bargründung mit Namensaktien, sonst 100% Einzahlung) dürfen den Aktionären nicht zurückgewährt werden. Diese Gläubigerschutzvorschrift gilt auch bei der Verteilung des laufenden Gewinnes, denn vor Auflösung der Gesellschaft darf unter die Aktionäre nur der Bilanzgewinn verteilt werden (§ 58 V AktG).

2. Definition des Bilanzgewinnes

Der Bilanzgewinn ist definiert als Jahresüberschuß + Veränderungen der Gewinn- und Kapitalrücklagen.

In dem Gliederungsschema des § 266 HGB kommt die Position "Bilanzgewinn" zunächst nicht vor. Hier wird nur der Jahresüberschuß bzw. Jahresfehlbetrag aufgeführt. Eine Entscheidung über die explizite Verwendung muß hier noch nicht getroffen sein. Wird der Jahresabschluß unter Berücksichtigung der teilweisen Verwendung des Jahresergebnisses aufgestellt, bestimmt § 268 I HGB, daß an die Stelle des Postens "Jahresüberschuß/ Jahresfehlbetrag" und "Gewinnvortrag/Verlustvortrag" der Posten "Bilanzgewinn/Bilanzverlust" tritt. Die in der Bilanz aufgeführten Gewinnrücklagen sind dann um die Zuweisungen des Jahres zu korrigieren.

§ 275 IV HGB bestimmt hierzu lediglich, daß Veränderungen der Kapital- und Gewinnrücklagen in der Gewinn- und Verlustrechnung erst nach dem Posten "Jahresüberschuß/Jahresfehlbetrag" ausgewiesen werden dürfen. Die detaillierte Fortschreibung ist in dem neu gefaßten § 158 AktG angegeben. Danach ist die Gewinn- und Verlustrechnung nach dem Posten "Jahresüberschuß/ Jahresfehlbetrag" um die folgenden Posten zu ergänzen:

1. Gewinnvortrag/ Verlustvortrag aus dem Vorjahr
2. Entnahmen aus der Kapitalrücklage
3. Entnahmen aus Gewinnrücklagen
   a) aus der gesetzlichen Rücklage
   b) aus der Rücklage für eigene Aktien
   c) aus satzungsmäßigen Rücklagen
   d) aus anderen Gewinnrücklagen
4. Einstellungen in Gewinnrücklagen
   a) in die gesetzliche Rücklage
   b) in die Rücklage für eigene Aktien
   c) in satzungsmäßige Rücklagen
   d) in andere Gewinnrücklagen
5. Bilanzgewinn/ Bilanzverlust

3. Bewertung von Aktiva und Passiva

Die Ausschüttungsbeschränkung auf den Bilanzgewinn nach § 58 V AktG, als Überschuß der Aktiva über die Passiva, erweist sich nur dann als sinnvoll, wenn gleichzeitig die Begriffe "Aktiva" und "Passiva" vom Gesetzgeber definiert werden. Unterliegt die Bewertung von Aktiva und Passiva keinen gesetzlichen Bestimmungen, so ist notwendigerweise auch der Bilanzgewinn in das Ermessen der Aktiengesellschaft gestellt, so daß der Gläubigerschutz durch die Ausschüttungssperre nicht greift. Bei den Passivposten sind Ausweisgestaltungen insbesondere bei Rückstellungen und Schulden in fremder Währung möglich. Fremdkapital ist grundsätzlich determiniert durch den Rückzahlungsbetrag, Rücklagen durch die Zuführungen. Bei den Aktiva gibt es im Prinzip bei allen Positionen größere Ermessensspielräume. Eine wirksame Ausschüttungsbegrenzung wird durch Höchstwertvorschriften erreicht, die sich im HGB in Form des Anschaffungswertprinzips finden (§ 253 bzw. § 255 HGB). Die gläubigerschützenden Ausschüttungssperren stehen jedoch im Widerspruch zu anderen Jahresabschlußaufgaben (z.B. können sie den Einblick in die Vermögens-, Finanz- und Ertragslage verfälschen), insbesondere zu dem Ziel "Realisierung einer Mindestausschüttung", weil sie die Ausschüttungen in ungerechtfertigter Weise begrenzen können.

Der Stellenwert des Jahresabschlusses als Ausschüttungssperre wird in den Nichtigkeitsvorschriften deutlich. § 256 V AktG besagt, daß der Jahresabschluß wegen eines Verstoßes gegen die Bewertungsvorschriften nur nichtig ist, wenn

1. Posten überbewertet oder
2. Posten unterbewertet sind und dadurch die Vermögens-, Finanz- und Ertragslage der Gesellschaft vorsätzlich unrichtig wiedergegeben oder verschleiert wird.

Überbewertet sind Aktivposten, wenn sie mit einem höheren Wert, Passivposten, wenn sie mit einem niedrigeren Betrag angesetzt sind, als nach §§ 253 bis 256 HGB in Verbindung mit §§ 279 bis 283 HGB zulässig ist. Unterbewertet sind Aktivposten, wenn sie mit einem niedrigeren Wert, Passivposten, wenn sie mit einem höheren Betrag angesetzt sind, als nach §§ 253 bis 256 HGB in Verbindung mit §§ 279 bis 283 HGB zulässig ist.

Ein Verstoß gegen die Höchstwertvorschriften, also gegen die Jahresabschlußaufgabe "Ausschüttungssperre", führt grundsätzlich zur Nichtigkeit des Jahresabschlusses (§ 256 V AktG). Im Fall einer Unterbewertung, die zur Verkürzung der Dividendenansprüche der Aktionäre führt, ist der Jahresabschluß nichtig, wenn durch sie die Vermögens-, Finanz- und Ertragslage der Gesellschaft vorsätzlich unrichtig wiedergegeben oder verschleiert wird.

4. Dotierung der gesetzlichen Rücklagen (§ 150 AktG)

Gemäß dieser Regelung ist der zwanzigste Teil des um einen Verlustvortrag geminderten Jahresüberschusses in gesetzliche Rücklagen einzustellen, bis die gesetzlichen Rücklagen und die in § 272 II Nr. 1-3 HGB bestimmten Teile der Kapitalrücklagen zusammen den zehnten oder den in der Satzung bestimmten höheren Teil des Grundkapitals erreicht haben.

Übersteigen die gesetzlichen Rücklagen diesen notwendigen Betrag, können sie nur zur Erfüllung bestimmter Zwecke (Ausgleich eines Jahresfehlbetrages bzw. Verlustvortrages, falls nicht gleichzeitig Gewinnrücklagen zur Gewinnausschüttung aufgelöst werden; Kapitalbeteiligung aus Gesellschaftsmitteln) aufgelöst werden (§ 150 III AktG).

5. Bildung anderer Gewinnrücklagen

Ferner ist die Bildung verschiedener Rücklagen zum Zwecke der Thesaurierung eines Teils des Jahresüberschusses möglich. Stellen wie üblich Vorstand und Aufsichtsrat den Jahresabschluß fest, so können sie höchstens die Hälfte des Jahresüberschusses in "andere Gewinnrücklagen" einstellen, sofern die Satzung den Vorstand und den Aufsichtsrat nicht zur Einstellung eines höheren Teils des Jahresüberschusses ermächtigt bzw. die anderen Gewinnrücklagen die Hälfte des Grundkapitals übersteigen (§ 58 II AktG). Durch die Regelung wird sichergestellt, daß ein Betrag bis zur Hälfte des Jahresüberschusses thesauriert werden kann.

6. Bildung einer Rücklage für eigene Anteile (§ 272 IV HGB)

Werden auf der Aktivseite der Bilanz unter der Position "Wertpapiere" eigene Anteile ausgewiesen, ist ein entsprechender Betrag in eine Rücklage für eigene Anteile einzustellen.

7. Ingangsetzungsrücklage

Die Bildung einer Rücklage für die Aufwendungen zur Ingangsetzung und Erweiterung des Geschäftsbetriebes regelt § 269 HGB. Werden die nicht bilanzierungspflichtigen Aufwendungen für die Ingangsetzung und Erweiterung des Geschäftsbetriebes gegebenenfalls als Bilanzierungshilfe aktiviert, d.h. auf der Aktivseite in der Bilanz vor dem Anlagevermögen ausgewiesen, dürfen Gewinne nur ausgeschüttet werden, wenn die nach der Ausschüttung verbleibenden jederzeit auflösbaren Gewinnrücklagen dem angesetzten Betrag mindestens entsprechen.

8. Wertaufholungsrücklage

Die Wertaufholungsrücklage erfaßt die Einstellung des Eigenkapitalanteils von Wertaufholungen bei Vermögensgegenständen des Anlage- und Umlaufvermögens sowie von bei der steuerrechtlichen Gewinnermittlung gebildeten Passivposten, die nicht im Sonderposten mit Rücklageanteil ausgewiesen werden dürfen, in andere Gewinnrücklagen. Die Möglichkeit der Einstellung von Eigenkapitalanteilen bei Wertaufholungen durch Vorstand und Aufsichtsrat soll sicherstellen, daß die aufgrund der Wertaufholung aufgedeckten stillen Reserven im Unternehmen verbleiben können und nicht im Zuge der Gewinnausschüttung aus dem Unternehmen fließen. Als weiteres ist die Geschäftsleitung dazu ermächtigt, den Eigenkapitalanteil von steuerlich abzugsfähigen Rücklagen, die nicht an die umgekehrte Maßgeblichkeit gebunden sind, in die anderen Gewinnrücklagen einzustellen. Hier ist insbesondere die Preissteigerungsrücklage zu nennen. (Einzelheiten siehe § 29 IV GmbHG, § 58 IIa AktG)[11]

2.2.1.3 Mindestausschüttung

In einer weiteren Aufgabe soll der Jahresabschluß eine "Mindestausschüttung", die insbesondere den Interessen der Minderheitsaktionäre in Form der Dividende entgegenkommt, sicherstellen.

Durch die folgenden handels- und aktienrechtlichen Vorschriften über eine Mindestausschüttung werden vor allem die Minderheitsaktionäre geschützt.

1. Anspruch auf Bilanzgewinn

Das Aktiengesetz sieht im Rahmen der die Verwendung des Jahresüberschusses regelnden Vorschrift des § 58 AktG vor, daß die Aktionäre grundsätzlich einen Anspruch auf den Bilanzgewinn haben (§ 58 IV AktG).

2. Feststellung des Jahresabschlusses

Das Aktiengesetz differenziert die Modalitäten der Verteilung des Jahresüberschusses danach, **wer** den Jahresabschluß feststellt. Wird der Jahresabschluß von Vorstand und Aufsichtsrat gemäß § 172 AktG festgestellt, dann kann der Jahresüberschuß zusammenfassend (§ 58 II AktG) wie folgt verwendet werden:

a) Höchstens die Hälfte des Jahresüberschusses darf in die anderen Gewinnrücklagen eingestellt werden.

b) Es können mehr als 50% des Jahresüberschusses in die Rücklagen eingestellt werden, wenn die Satzung Vorstand und Aufsichtsrat dazu ermächtigt.

c) Eine Einstellung in die Rücklagen aufgrund von b) darf nicht vorgenommen werden, wenn die anderen Gewinnrücklagen die Hälfte des Grundkapitals übersteigen oder soweit sie nach der Einstellung die Hälfte übersteigen würden.

Der nach a)-c) zu verwendende Jahresüberschuß ist vorher um die Beträge, die in die gesetzlichen Rücklagen einzustellen sind, und einen Verlustvortrag zu vermindern.

Liegt die Feststellung des Jahresüberschusses bei der Hauptversammlung, so kann die Satzung die Einstellung von Teilen des Jahresüberschusses in andere Gewinnrücklagen festlegen. Aufgrund einer solchen Satzungsbestimmung kann jedoch höchstens die Hälfte des Jahresüberschusses in andere Gewinnrücklagen eingestellt werden (§ 58 I AktG).

3. Anfechtung des Gewinnverwendungsbeschlusses (§ 254 I AktG)

Der Beschluß über die Verwendung des Bilanzgewinns kann auch angefochten werden, wenn die Hauptversammlung aus dem Bilanzgewinn verteilungsfähige Beträge in Gewinnrücklagen einstellt, obwohl die Einstellung bei vernünftiger kaufmännischer Beurteilung nicht notwendig ist, um die Lebens- und Widerstandsfähigkeit der Gesellschaft für einen übersehbaren Zeitraum zu sichern, und dadurch unter die Aktionäre kein Gewinn in Höhe von mindestens 4% des Grundkapitals verteilt wird.

4. Mindestwertvorschriften (= Niederstwertprinzip) (§ 253 II, III HGB)

Dividendenkürzungen durch eine Unterbewertung der Vermögensgegenstände auf der Aktivseite der Bilanz verhindern Vorschriften gem. denen Gegenstände des Anlagevermögens grundsätzlich planmäßig abzuschreiben und Gegenstände des Umlaufvermögens prinzipiell mit dem Wert anzusetzen sind, der sich aus einem Börsen- oder Marktpreis am Abschlußstichtag ergibt. Durch Festlegen dieser prinzipiellen Mindestwerte läßt die Gesetzgebung eine unbeschränkte Wertminderung z.B. aufgrund des Vorsichtsprinzips nicht zu.

Eine Dynamisierung der Mindestwertvorschriften sieht § 280 HGB vor, als im wesentlichen Sonderabschreibungen (genaue Tatbestände siehe § 280 I HGB) in dem Zeitpunkt und in dem Umfang rückgängig gemacht werden müssen, in dem in späteren Jahren eine Wertaufholung eingetreten ist. Die Wertaufholung ist in dem Geschäftsjahr zu bilanzieren, in dem die Gründe für die Sonderabschreibungen nicht mehr bestehen.

2.2.2 Informationsaufgabe

Gemäß der Generalnorm des § 264 II HGB hat der Jahresabschluß unter Beachtung der Grundsätze ordnungsmäßiger Buchführung ein den tatsächlichen Verhältnissen entsprechendes Bild der Vermögens-, Finanz- und Ertragslage zu vermitteln. Diese explizit nur für Kapitalgesellschaften geltende Norm wird im praktischen Gebrauch auch für den Jahresabschluß von Gesellschaften in anderen Rechtsformen relevant sein. Die Zweckmäßigkeit einer Informationsregelung zur Erfüllung der oben genannten Aufgabe ist nur unter Berücksichtigung des jeweiligen Adressatenkreises zu beurteilen. Im wesentlichen sind folgende Personengruppen an Informationen über die Unternehmung interessiert:

a) Unternehmensleitung (im Fall der personellen Trennung von Management und Eigentum)

Die Unternehmensleitung wird zur periodischen Selbstinformation über die wirtschaftliche Situation des Unternehmens angehalten (z.B. durch die Aufzeichnungspflicht von Handelsgeschäften nach den §§ 238 ff. HGB). Die Qualität des Rechnungswesens ist auch ein Indiz für die Erfolgsaussichten eines Krisenmanagements.[12] Unternehmen mit einem gut ausgebauten Rechnungswesen können Krisen besser bewältigen, da insbesondere strukturelle Relationen des Unternehmensgefüges im Rechnungswesen festgelegt werden. Der Jahresabschluß kann außerdem als Grundlage für längerfristige Dispositionen dienen.

b) Eigentümer (Anteilseigner bzw. potentielle Anteilseigner)

Die gegenwärtigen sowie potentiellen Eigentümer haben insbesondere wegen ihrer zu fällenden Entscheidung ("Behalten oder Verkaufen von Anteilen") ein Informationsinteresse. Diesem trägt auch das GmbHG Rechnung, denn GmbH-Geschäftsführer haben jedem Gesellschafter Auskunft über die Angelegenheiten der Gesellschaft zu geben und Einsicht in die Bücher und Schriften zu gestatten (§ 51 a GmbHG). Einem Aktionär hingegen ist in der Hauptversammlung Auskunft über Angelegenheiten der Gesellschaft zu geben, soweit sie zur sachgemäßen Beurteilung des Gegenstandes der Tagesordnung erforderlich ist. Die Auskunft hat den Grundsätzen einer gewissenhaften und getreuen Rechenschaft zu entsprechen (§ 131 AktG).

c) Gläubiger

Die Gläubiger benötigen Informationen über die Vermögens-, Finanz- und Ertragslage des Unternehmens, um die gegenwärtige und zukünftige Zahlungsfähigkeit beurteilen zu können. Sie wollen in erster Linie wissen, ob es auch in Zukunft den Zins- und Tilgungszahlungsverpflichtungen termingerecht nachkommen kann und wird.

Dem Informationsbedürfnis der Gläubiger wird z.B. durch folgende gesetzliche Vorschriften Rechnung getragen:

- Dokumentation der Geschäftsfälle, Buchführungspflicht (§§ 238 ff. HGB, §§ 140 f. AO, § 41 I GmbHG, § 33 I GenG)
- Bilanzierungspflicht, Aufstellung des Jahresabschlusses (§ 242 HGB für alle Kaufleute, § 264 I HGB für gesetzliche Vertreter von Kapitalgesellschaften)

  allgemeine Grundsätze für die Gliederung des Jahresabschlusses (§ 265 HGB)
  gesetzliche Gliederungsvorschriften der Bilanz (§ 266 HGB)
  gesetzliche Gliederungsvorschriften der GuV-Rechnung (§ 275 HGB)
  Ansatzvorschriften (§§ 246-251 ff. HGB)
  Bewertungsvorschriften (§§ 252-256 ff., 279-282 ff. HGB
  Inhalt des Anhangs (§§ 284-288 ff. HGB
  Inhalt des Lageberichts (§ 289 HGB
  Offenlegungspflichten (§§ 325-329 ff. HGB)
- Publizitätspflicht gem. §§ 1 und 5 PublG :

Dem Publizitätsgesetz unterliegen alle Unternehmen, die an drei aufeinanderfolgenden Bilanzstichtagen zwei der drei nachstehend genannten Kriterien erfüllen (§ 1 I PublG):

Bilanzsumme > 125 Mio DM
Umsatzerlöse > 250 Mio DM
Arbeitnehmer > 5000

Diese Kriterien sind allerdings in erster Linie für große Personengesellschaften relevant, da die Kapitalgesellschaften bereits nach den wesentlich niedrigeren Grenzwerten der Betriebsgrößenmerkmale gem. § 267 HGB zur Offenlegung verpflichtet sind.

Wenn auch der Informationsgehalt des veröffentlichten Jahresabschlusses in der betriebswirtschaftlichen Literatur zur Bilanz- und Liquiditätsanalyse kontrovers diskutiert wird, so unterstreicht die Vorschrift des § 18 Kreditwesengesetz dessen Informationsgehalt. Diese Vorschrift bestimmt, daß sich die Kreditinstitute von Kreditnehmern, denen Kredite von insgesamt mehr als 100.000 DM gewährt werden, die wirtschaftlichen Verhältnisse, insbesondere durch **Vorlage der Jahresabschlüsse**, offenlegen zu lassen haben.

Nach den einschlägigen Vorschriften des Strafgesetzbuches über Konkursstraftaten der §§ 283 - 283 d StGB wird eine mangelhafte Buchführung bzw. Bilanzierung mit Gefängnis oder einer Geldstrafe bestraft:

Mit Freiheitsstrafe bis zu fünf Jahren oder mit Geldstrafe wird bestraft, wer bei Überschuldung oder bei drohender oder eingetretener Zahlungsunfähigkeit...

(gem. Ziff. 5): ... Handelsbücher, zu deren Führung er gesetzlich verpflichtet ist, zu führen unterläßt oder so führt oder verändert, daß die Übersicht über einen Vermögensstand erschwert wird.

(gem. Ziff. 7): ... entgegen dem Handelsrecht

a) Bilanzen so aufstellt, daß die Übersicht über seinen Vermögensstand erschwert wird, oder
b) es unterläßt, die Bilanz seines Vermögens oder das Inventar in der vorgeschriebenen Zeit aufzustellen (§ 283 I StGB).

d) Fiskus

Die Finanzbehörden benötigen Informationen über die ordnungsgemäße Feststellung der Besteuerungsgrundlagen. Die Geschäftsvorfälle der Unternehmung müssen genau dokumentiert und die Unterlagen aufbewahrt werden (§§ 238 ff., 257 ff. HGB). Neben handelsrechtlichen verlangen **steuerrechtliche Vorschriften** die Führung von Büchern und den jährlichen Abschluß. Gewerbliche Unternehmer sowie Land- und Forstwirte sind hierzu verpflichtet, wenn die **Umsätze höher als 500.000 DM** liegen, oder das **Betriebsvermögen mehr als 125.000 DM** oder der **Gewinn** aus Gewerbebetrieb bzw. aus Land- und Forstwirtschaft **mehr als 36.000 DM** betragen (§ 141 AO). Diese Vorschrift ist eine Konkretisierung der in § 90 AO festgehaltenen allgemeinen Mitwirkungspflicht der Beteiligten bei der Ermittlung des steuerlich relevanten Sachverhaltes. Neben den allgemeinen Sanktionsdrohungen haben die Finanzbehörden außerdem die Möglichkeit, die Besteuerungsgrundlagen zu schätzen.

e) Arbeitnehmer

Um die Sicherheit ihres Arbeitsplatzes beurteilen und zur Bewältigung von wirtschaftlichen Schwierigkeiten der Unternehmung beitragen zu können, benötigen die Arbeitnehmer Informationen über die allgemeine Unternehmensentwicklung. Ein Beispiel für die Regelung der Informationsbedürfnisse der Arbeitnehmer verkörpern die Vorschriften des Betriebsverfassungsgesetzes in den §§ 106 ff. über die Unterrichtung in wirtschaftlichen Angelegenheiten. Nach § 106 I BetrVG ist in allen Unternehmen mit in der Regel mehr als einhundert ständig beschäftigten Arbeitnehmern ein Wirtschaftsausschuß zu bilden, der die Aufgabe hat, wirtschaftliche Angelegenheiten mit dem Unternehmer zu beraten und den Betriebsrat zu unterrichten.

Der Unternehmer hat gem. § 106 II BetrVG den Wirtschaftsausschuß rechtzeitig und umfassend über die wirtschaftlichen Angelegenheiten des Unternehmens unter Vorlage der erforderlichen Unterlagen zu unterrichten, soweit dadurch nicht die Betriebs- und Geschäftsgeheimnisse des Unternehmens gefährdet werden, sowie die sich daraus ergebenden Auswirkungen auf die Personalplanung darzustellen.

Zu den wirtschaftlichen Angelegenheiten im Sinne dieser Vorschrift gehören gem. § 106 III BetrVG :

1. die wirtschaftliche und finanzielle Lage des Unternehmens;
2. die Produktions- und Absatzlage;
3. das Produktions- und Investitionsprogramm;
4. Rationalisierungsvorhaben;
5. Fabrikations- und Arbeitsmethoden, insbesondere die Einführung neuer Arbeitsmethoden;
6. die Einschränkung oder Stillegung von Betrieben oder von Betriebsteilen;
7. die Verlegung von Betrieben oder Betriebsteilen;
8. der Zusammenschluß von Betrieben;
9. die Änderung der Betriebsorganisation oder des Betriebszwecks sowie
10. sonstige Vorgänge und Vorhaben, welche die Interessen der Arbeitnehmer des Unternehmens wesentlich berühren können.

f) Kunden und Lieferanten

Kunden und Lieferanten haben ein Interesse an der Aufrechterhaltung bzw. an dem Ausbau einer erfolgreichen Geschäftsverbindung. Sie benötigen daher Informationen über die Geschäftsentwicklung, die Ertragslage und die Situation des Unternehmens am Markt.

g) Interessierte Öffentlichkeit

Der an der Unternehmung interessierten Öffentlichkeit geht es primär um die Beurteilung des gesamtwirtschaftlichen Nutzens dieser Unternehmung. Die Öffentlichkeit soll durch Rechnungslegung nach den Vorschriften der §§ 238 ff. und 242 ff. HGB und dem PublG die notwendigen Informationen über die Vermögens-, Finanz- und Ertragslage erhalten.

2.2.3 Die gesetzlich relevanten Vorschriften im Überblick

I. Ausschüttungssperre

(Gläubigerschutz, Erhaltung eines Mindesthaftungsvermögens)

1.) Verbot der Rückgewähr von Grundkapital (§ 57 I AktG)
2.) Beschränkung der Ausschüttung auf den Bilanzgewinn (§ 58 V AktG)
3.) Höchstwertbestimmungen für die Bewertung des Vermögens (§ 253 I HGB)
4.) Nichtigkeit des Jahresabschlusses bei Überbewertung (§ 256 V AktG)
5.) Bildung von Rücklagen bis 50 % des Jahresüberschusses (§ 58 I, II AktG)
6.) Bildung einer gesetzlichen Rücklage (§ 150 I AktG) mit Dotierung gem. § 150 II AktG
7.) Bildung einer Rücklage für eigene Anteile (§ 272 IV HGB)
8.) Bildung einer Rücklage für Ingangsetzungs- und Erweiterungsaufwendungen (§ 269 HGB)

II. Mindestausschüttung

(Schutz der Minderheitsaktionäre)

1.) Anspruch auf Bilanzgewinn (§ 58 IV AktG)
2.) Begrenzung der Rücklagenbildungsmöglichkeiten durch den Vorstand auf 50 % des Jahresüberschusses (§ 58 II S.2 AktG) bzw. 50% des Grundkapitals (§ 58 II S. 4 AktG)
3.) Anfechtungsmöglichkeiten des Gewinnverwendungsbeschlusses (§ 254 I AktG)
4.) Wertansatzvorschriften (§ 253 II, III HGB)

III. Informationsregelung

(... ein den tatsächlichen Verhältnissen entsprechendes Bild der Vermögens-, Finanz- und Ertragslage vermitteln...)

§ 238 I : Buchführungspflicht, Dokumentation der Geschäftsvorfälle

§ 238 II : Aufbewahrungspflicht, Zurückbehaltungspflicht

§ 239 : Führung der Handelsbücher
- I : Lebende Sprache
- II : Vollständig, richtig, zeitgerecht, geordnet
- III : Ursprünglicher Inhalt der Eintragungen muß feststellbar sein
- IV : Handelsbücher können in der geordneten Ablage von Belegen bestehen, Führung auf Dateiträgern ist möglich, wenn GoB erfüllt. Daten müssen verfügbar sein.

§ 240 : Inventar
- I : Jeder Kaufmann hat zu Beginn seines Handelsgewerbes seine Grundstücke, seine Forderungen und seine Schulden, den Betrag seines baren Geldes sowie seine sonstigen Vermögensgegenstände genau zu verzeichnen und den Wert der einzelnen Vermögensgegenstände und Schulden anzugeben.
- II : Inventar ist auch für den Schluß eines jeden Geschäftsjahres aufzustellen. Darf 12 Monate nicht überschreiten. Ist innerhalb der einem ordnungsmäßigen Geschäftsgang entsprechenden Zeit zu bewirken.
- III : Konstanter Wert, wenn für das Unternehmen von nachrangiger Bedeutung und regelmäßig ersetzt. Körperliche Bestandsaufnahme alle drei Jahre.
- IV : Gleichartige Gegenstände zu Gruppen zusammengefaßt und mit Durchschnittswert angesetzt.

§ 241 : Inventurvereinfachungsvorschriften

§ 242 : Pflicht zur Aufstellung des Jahresabschlusses
- I : Darstellung des Vermögens und der Schulden - Bilanz
- II : Gegenüberstellung der Aufwendungen und Erträge - GuV
- III : I + II = Jahresabschluß

§ 243 : Aufstellungsgrundsatz
- I : gem. GoB
- II : Klar und übersichtlich
- III : Innerhalb der einem ordnungsmäßigen Geschäftsgang entsprechenden Zeit

§ 244 : Deutsche Sprache, in Deutscher Mark

§ 245 : Alle persönlich Haftenden müssen unterzeichnen

§ 264 : Gesetzliche Vertreter von Kapitalgesellschaften
- I : Anhang und Lagebericht innerhalb von drei Monaten
- II : Ein den tatsächlichen Verhältnissen entsprechendes Bild der Vermögens-, Finanz- und Ertragslage
  true and fair view?
  Einen angemessenen Einblick in die wahre Lage der Unternehmung.
  Ein den tatsächlichen Verhältnissen angemessenes Bild von der Unternehmung.

§§ 265 ff. : Inhalt des Jahresabschlusses

§§ 284 ff. : Inhalt des Anhangs

§ 289 : Inhalt des Lageberichts

§§ 325 ff. : Offenlegung

§ 328 : Form und Inhalt der Veröffentlichung

2.3 Bilanztheorien

2.3.1 Kriterien zur Gliederung von Bilanztheorien

Objekt der Bilanztheorie ist der Jahresabschluß im Sinne des Handels- und Aktienrechts. In der Regel betrachtet man die Jahresbilanz als Träger der Unternehmensrechnung, wobei die Jahresbilanz unmittelbar mit der GuV-Rechnung verknüpft ist.

Bilanzen als Gegenüberstellungen von Aktiva und Passiva haben grundsätzlich den Zweck, Vermögen und (oder) Gewinn zu ermitteln. Was dabei als Aktiva und Passiva zu gelten hat und wie diese Positionen zu bewerten und zu gliedern sind, hängt davon ab, wozu die Vermögens- bzw. Gewinnermittlung erfolgen soll.

Die unterschiedlichen Auffassungen über den Zweck der Bilanzaufstellung haben ihren Niederschlag in verschiedenartigen Bilanztheorien gefunden, in denen insbesondere die diesen Zwecken dienenden Bewertungsregeln entwickelt wurden.

Für die Systematisierung der Bilanztheorien bieten sich folgende Kriterien an:[13]

a) Aufgabenstellung der Bilanz:

- Dient die Bilanz der Vermögens- oder der Erfolgsermittlung oder dem Liquiditätsausweis?
- Sollen durch die Bilanz zusätzliche Informationen, z.B. über den Ausschüttungsbetrag oder die soziale Relevanz der Geschäftstätigkeit,vermittelt werden? Die statische Bilanztheorie verfolgt als primäre Zielsetzung den Vermögensausweis, während in der dynamischen Bilanztheorie der Erfolgsausweis dominiert.

b) Anzahl der mit der Bilanz verfolgten Aufgaben:

Nach der Anzahl der mit der Bilanz verfolgten Aufgaben unterscheidet man monistische, dualistische und pluralistische Bilanzauffassungen. Die statische und dynamische Bilanztheorie sind unter diesem Aspekt den monistischen Bilanzauffassungen zuzuordnen, da sie jeweils primär ein Ziel verfolgen.

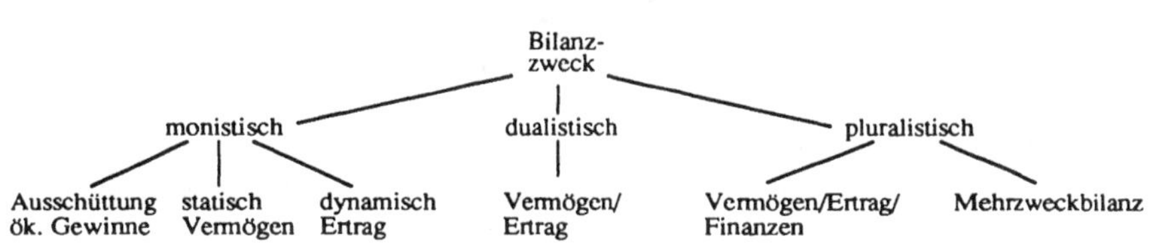

Abb. 5

Die heute geltenden Rechnungslegungsvorschriften fordern in § 264 II HGB im Rahmen der Bewertungsvorschriften ein den tatsächlichen Verhältnissen entsprechendes Bild der Vermögens-, Finanz- und Ertragslage des Unternehmens. Sie verfolgen also eine pluralistische Zielsetzung. Die Instrumente der Rechnungslegung sind hierbei die Bilanz, die Gewinn- und Verlustrechnung, der Anhang, der Lagebericht sowie Zusatzrechnungen (z.B. Aufstellung einer Kapitalflußrechnung oder einer Sozialbilanz).

Andere pluralistische Bilanzauffassungen (z.B. die totale Bilanz von Le Coutre) stellen an die Bilanz zahlreiche Anforderungen.[14] Sie soll nicht nur der Aufdeckung der Vermögens- und Ertragslage dienen und eine Liquiditätsanalyse erlauben, sondern u.a. auch Dispositionsgrundlage für die Unternehmensführung sein.

Die nachstehende Darstellung beschränkt sich auf die wohl wichtigsten klassischen Bilanzierungstheorien. Sie verkörpern in ihren unterschiedlichen Bilanzierungs- und Bewertungsprinzipien keine unterschiedlichen sich gegenseitig ausschließenden Wahrheiten. Sie stellen vielmehr unterschiedliche Aspekte eines gewaltigen Problemkomplexes in den Vordergrund. Die Wahl des jeweiligen Problemausschnittes ist nicht unabhängig von der Ausbildung und der beruflichen Tätigkeit des jeweiligen Bilanztheoretikers. Daneben haben die zu unterschiedlichen Zeitpunkten jeweils im Vordergrund stehenden unterschiedlichen Sachprobleme ebenfalls den Blick auf bestimmte Fragen gelenkt und die Herausarbeitung der entsprechenden Theorien begünstigt.

Herman Veit Simon war Jurist und als solcher insbesondere dem Gläubigerschutz verbunden. Zu seiner Zeit, im letzten Viertel des vorigen Jahrhunderts, stand außerdem die Diskussion über die Vermögensaufstellung im Vordergrund. Sie wurde ebenfalls sehr stark von den Juristen geprägt. Im Gegensatz hierzu war Eugen Schmalenbach Betriebswirt mit einem aus praktischen Erfahrungen geschärften Bewußtsein für die Notwendigkeit eines verläßlichen Rechnungswesens zu Lenkungs- und Berichtszwecken.

2.3.2 Statische Bilanzauffassung

Nach der statischen Bilanzauffassung besteht die Aufgabe des Jahresabschlusses in der Vermögensdarstellung zu einem bestimmten Zeitpunkt; die Bilanz als die Gegenüberstellung der Vermögens- und Kapitalquanten steht dabei im Vordergrund der Betrachtung. Der GuV-Rechnung kommt nur untergeordnete Bedeutung zu. Der Periodenerfolg ergibt sich nach dieser Bilanzauffassung lediglich durch den Vergleich des Vermögens am Anfang und am Ende des Geschäftsjahres.[15] Basis dieser Interpretationen sind die allgemeinen Rechnungslegungsvorschriften der §§ 238 ff. HGB. Das Vermögen wird als Schuldendeckungspotential verstanden. Es interessiert die Fähigkeit zur Auszahlungsdeckung im Zeitablauf.

Weil das künftige Schicksal der Unternehmung grundsätzlich in den beiden alternativen Entwicklungen der Fortführung oder der Zerschlagung bestehen kann, ist es nur konsequent, daß die statische Bilanzauffassung im wesentlichen zwei Varianten der Bilanzansätze kennt:

a) Ansatz zu Zerschlagungswerten (ROHG Reichsoberhandelsgericht)

b) Ansatz zu Fortführungswerten (H.V. Simon)

Im ersten Fall wird das Fremdkapital in erster Linie aus den Liquidationserlösen der Verwertung des gesamten Vermögens bedient. Im zweiten Fall erfolgt die Bedienung des Fremdkapitals primär aus den laufenden Umsatzerlösen.

ad a) Nach der Theorie des ROHG soll das Vermögen unter der Fiktion der Unternehmenszerschlagung ermittelt werden. Das Bilanzvermögen ist mithin mit den im Verwertungsfall zur Gläubigerbefriedigung erzielbaren Einnahmebeträgen anzusetzen.

Aus dieser Maxime resultieren folgende Bilanzierungs- bzw. Bewertungsgrundsätze:

- Nur solche Objekte sind als Vermögen aufzuführen, die überhaupt Bestandteil des Zerschlagungsvermögens sein können.
- Die genannten Objekte sind mit dem Veräußerungserlös zu bewerten.
- Maßgeblich sind Einzelveräußerungspreise, wie sie ohne die besonderen Begleitumstände eines Notverkaufs zu erwarten wären. Dieser objektivierte Wertansatz ist als gemeiner Wert (allgemeiner Verkehrswert) in das geltende Recht eingegangen. [16]

"Der objektive Werth für das Geschäft ist es auch, den das R.O.H. im Sinne hat, wenn es in seiner Entscheidung Bd.12 S. 19 sagt: „Der Bilanz liegt die Idee einer fingierten augenblicklichen Realisierung sämtlicher Aktiva und Passiva zu Grunde, wobei jedoch davon ausgegangen werden muß, daß in Wirklichkeit nicht die Liquidation, sondern vielmehr der Fortbestand des Geschäfts beabsichtigt wird, und daß daher bei der Ermittlung und Feststellung der einzelnen Werthe derjenige Einfluß unberücksichtigt zu lassen ist, welchen eine Liquidation auf dieselben ausüben würde." Simon (Bilanzen S. 293) erblickt in diesem Anspruch einen unlöslichen Widerspruch, weil man nicht einen Werthansatz machen könne, wie wenn das Vermögen sofort realisiert würde, und dabei die Werthsverminderung nicht berücksichtigen, welchen eine allgemeine Versilberung mit sich bringen würde. Indessen eine allgemeine Veräußerung und der Fortbestand des Geschäfts sind nicht Dinge, die sich ausschließen; es soll durch Verbindung dieser beiden Voraussetzungen der Werth markiert werden, den die Gegenstände beim Fortbestehen des Geschäfts, jedoch ohne Rücksicht auf besondere, vom Regelmäßigen abweichende Verhältnisse des zeitigen Besitzers haben, vielmehr nur mit Rücksicht auf Umstände die den Werth erzeugen, auch wenn das Geschäft in andere Hände überginge." [17]

ad b) Nach H.V. Simon soll das Vermögen unter der Annahme der Unternehmensfortführung bestimmt werden. Simon will das individuelle Vermögen des betreffenden Kaufmannes und nicht das Gläubigerzugriffsvermögen im Konkursfall ermitteln. Die Bewertungsvorschriften differenzieren in Anlage- und Umlaufvermögen. Die Veräußerungsgegenstände (nach heutiger Terminologie:

Umlaufvermögen) sollen zum Verkaufswert, die Betriebsgegenstände (Anlagevermögen) sollen zum Gebrauchswert angesetzt werden. Dieser subjektivierte Wertansatz einzelner Vermögensgegenstände bei Fortführung des Betriebes spiegelt sich im "Teilwert" des geltenden Einkommensteuer- und Bewertungsgesetzes wider.[18] Die Bewertung unter der Annahme der Unternehmensfortführung ist heute unter der Bezeichnung *Going concern* allgemein üblich.

" Ist es somit unrichtig den allgemeinen Verkehrswerth als Prinzip oder auch nur als Regel der Bilanzansätze anzusehen, so ist es auf der anderen Seite nothwendig, einen gemeinsamen Gesichtspunkt zu finden, aus welchem dieselben erklärt werden können. Denn durch die Bilanz soll der augenblickliche Werth des Vermögens gefunden werden, und es müssen daher einheitliche Grundsätze über den Werthansatz vorhanden sein; sonst würde die Bilanz in Einzelposten zerfallen, für welche der Vergleichsmaßstab fehlt.

Jenes einheitliche Prinzip aber läßt sich nur aus der Natur der Bilanz erklären. Sie soll die Darstellung des Vermögens einer bestimmten Persönlichkeit bilden. Losgelöst von dieser Persönlichkeit nehmen die einzelnen Vermögensobjekte einen anderen Charakter an; manche sind überhaupt nicht übertragbar, noch mehr aber verändern ihren Werth in zweiter Hand. Was für den einen nur als Gebrauchsgegenstand in Betracht kommt, ist für den anderen nur als Veräußerungsgegenstand von Bedeutung. Was der eine mit Rücksicht auf seine Beziehungen oder seine Stellung in der Geschäftswelt zu hohem Preise zu veräußern in der Lage ist, kann der andere nur zu erheblich niedrigerem verkaufen. Dieselbe Sache kann für verschiedene Personen verschiedenen Gebrauchswerth haben: je nach den Mitteln, welche sie auf die Sache zu verwenden in der Lage sind, und je nach den Zwecken, welche sie verfolgen. ... Hiernach können wir den Werth, welcher für die Bilanz maßgebend sein muß, als den individuellen Werth bezeichnen. Es ist dies der besondere Gebrauchs- oder Verkehrswerth." [19]

Die Annahme der Fortführung prägt auch das jetzige Bewertungsrecht, denn gem. § 252 I Nr.2 HGB ist bei der Bewertung grundsätzlich von der Fortführung der Unternehmenstätigkeit auszugehen. Simon stellt auf das individuelle Verhalten des einzelnen Kaufmannes ab, er möchte den jeweils vom Kaufmann realisierbaren Wert in der Bilanz ansetzen. Moxter führt Simons Lehre auf folgende einfache Formel zurück: *"Nur der Wert dessen, was zum Verkauf bestimmt ist, wird sinnvollerweise durch den Verkaufspreis gemessen, was dagegen dem Gebrauche dient, hat einen Gebrauchswert, und dieser Gebrauchswert wird durch den Anschaffungspreis abzüglich eingetretener Wertminderungen bestimmt."*[20]

Beurteilung der statischen Bilanzauffassung

Die Interpretation der Vermögensgegenstände als Zerschlagungsvermögen gemäß des Ansatzes des ROHG basiert auf einer starken Betonung des Gläubigerschutzes. Die Gläubiger messen jedoch die Schuldendeckungsmöglichkeiten heute nicht (mehr) primär am Verhältnis von Zerschlagungsvermögen und Schulden, sondern primär an den Möglichkeiten einer vertragsgemäßen Bedienung des Fremdkapitals bei Unternehmensfortführung. Diese steht auch bei Simon im Vordergrund. Die Aussichten einer Schuldenbegleichung bei Fortbestehen des Unternehmens lassen sich jedoch nur sehr ungenau aus den Bestandsrelationen der Bilanz ersehen. Die Gegenüberstellung der künftigen Auszahlungen und der künftigen Einzahlungen, nach Fälligkeitszeitpunkten geordnet, liefert bessere Einsichten. Der Informationsgehalt der stichtagsbezogenen Bestandsgrößen in der Bilanz ist erst in der Gegenüberstellung mit den periodenbezogenen Stromgrößen von Finanzflußrechnungen auszuloten. In der kurzfristigen Betrachtung liefert die Finanzplanung mit den expliziten Zahlungen die adäquate Informationsbasis. In der langfristigen Betrachtung kann die Extrapolation ertragsorientierter Strukturgrößen der GuV durchaus zu verläßlichen Informationen führen.[21]

2.3.3 Dynamische Bilanzauffassung

Unter dem Begriff der "dynamischen Bilanz" kann man die bilanztheoretischen Bemühungen um eine periodengerechte Gewinnermittlung zusammenfassen. Bilanziert wird mit der Absicht, den Gewinn als Erfolg wirtschaftlichen Handelns zu ermitteln. Die Bilanz ist in der dynamischen Theorie ein Hilfsinstrument zur Periodenabgrenzung des Erfolges.[22]

In der dynamischen Betrachtung ist die Darstellung der Bilanzbestände Resultat einer periodengerechten Erfolgsermittlung. "Die Bilanz ist mithin die Darstellung des Kräftespeichers der Unternehmung".[23] Sie verkörpert auch in erster Linie die in den künftigen Perioden zu erwartenden Ströme, wobei sich die Transformation der angegebenen Bestände in Ströme auf sehr unterschiedliche Zeiträume erstreckt: Manche Bilanzpositionen werden mehrmals im Jahr umgeschlagen, wie z.B. Fertigfabrikate, Forderungen und Verbindlichkeiten aus Lieferungen und Leistungen, manche Bilanzpositionen hingegen nur einmal in mehreren Jahren, wie z.B. bebaute Grundstücke oder Pensionsrückstellungen.[24]

Schmalenbach, als der bekannteste Vertreter der dynamischen Bilanzauffassung, fordert die Ermittlung relativ richtiger Gewinne zur Feststellung der Erfolgsänderung, der Richtung der Veränderung. Die Ermittlung des absolut richtigen Periodengewinnes ist von sekundärem Interesse. Relativ richtig sind Periodengewinne dann, wenn sich die einzelnen Periodengewinne untereinander vergleichen lassen. Schmalenbach hat nur wenige und wenig klar formulierte Regeln zur Ermittlung eines relativ richtigen Periodengewinns angegeben. Versucht man die Bewertungsregeln Schmalenbachs herauszuschälen, kommt man zu folgenden Ergebnissen:

Der beherrschende Grundsatz ist die Forderung nach Methodenstetigkeit: Die einmal gewählten Verfahren zur Aufwands- und Ertragsermittlung sollen nicht ohne besonderen Anlaß gewechselt werden. Außerdem lassen sich die folgenden Bewertungsprinzipien festhalten:[25]

a) Zuschreibungsverbot: Wurde ein Aktivum abgewertet, so ist in den nächsten Rechnungsperioden der niedrige Wertansatz beizubehalten.

b) Abschreibungen sind eher zu hoch als zu niedrig anzusetzen. Zwei Argumente werden dafür vorgebracht:

- Eine zu hoch angesetzte Regelabschreibung hilft, später Sonderabschreibungen zu vermeiden.

- Ein zu hoher Gewinnausweis ist für den Kaufmann wesentlich gefährlicher als ein zu niedrig berechneter Gewinn.

c) Ansatz des Vorratsverbrauchs zu periodennahen Preisen. Schmalenbach empfiehlt, Vorräte nach lifo (last in first out) zu bewerten. Die Bewertung des Lagerbestandes erfolgt zu verbrauchsfernen Preisen, die des Verbrauchs zu verbrauchsnahen Preisen.

d) Vermeidung von willkürlich gebildeten stillen Rücklagen/Reserven.

Beurteilung der dynamischen Bilanzauffassung[26]

Schmalenbach arbeitet insbesondere die Bedeutung der Methodenstetigkeit bei der Bilanzierung für den Gewinnvergleich und damit für die Unternehmenssteuerung heraus. Allerdings darf das Prinzip der Methodenstetigkeit nicht schematisch angewandt werden, um Veränderungen des Gewinns in der Periode entsprechend bilanziell auszuweisen. Beispiel[27]: Ein Unternehmer erkennt, daß er bisher zu hoch abgeschrieben hat. (Die Nutzungsdauer wurde als zu kurz angesehen.) Die neuen, für zutreffend gehaltenen Einkommenserwartungen lassen sich im Periodengewinn nur ausdrücken, wenn man die Abschreibungen herabsetzt, also die Abschreibungsstetigkeit durchbricht. Schmalenbach gibt außerdem keine Regeln, mit deren Hilfe eine Veränderungsrichtung des Gewinns sicher zu bestimmen wäre. Am einfachsten erkennt man das am Grundsatz überhöhter Abschreibungen: Eine zu rasche Abschreibung bewirkt, daß der ausgewiesene Periodengewinn nach vorzeitiger Erschöpfung der Abschreibungsmöglichkeiten stark steigt. Das Bilanzziel **Ermittlung des richtigen Periodengewinns** wird dadurch nicht erreicht.

Das Prinzip der Vergleichbarkeit gewinnt insbesondere an Bedeutung bei einer real und/oder nominal wachsenden Unternehmung, zumal in einer ebenfalls wachsenden Wirtschaft. Mit dieser Frage hat sich nicht nur die dynamische Bilanzauffassung auseinandergesetzt, sie ist Gegenstand auch anderer Bilanzbetrachtungen. Die wesentlichen Vorschläge seien deshalb nachstehend in einem zusammenfassenden Kapitel wiedergegeben.

2.3.4 Bilanztheorien unter dem Aspekt der Kapital- und Substanzerhaltung

a) Nominelle Kapitalerhaltung[28]

Als Vertreter der nominellen Kapitalerhaltung gilt insbesondere Rieger (1928). Gemäß der nominellen Kapitalerhaltung gilt die Leistungsfähigkeit eines Unternehmens dann als gewahrt, wenn das nominelle (Geld)kapital ziffernmäßig von Periode zu Periode gleich bleibt. Gewinn ist somit der Betrag, um den das Kapital am Ende der Periode das Kapital am Anfang der Periode übersteigt.

Grundsätzlich erfolgt die Bewertung zu Anschaffungs- und Herstellungskosten. Dieses Konzept der nominellen Kapitalerhaltung nach dem Prinzip "Mark gleich Mark" bildet die Grundlage des Handels- und Steuerrechts. Die Equity-

Methode erlaubt jedoch eine Durchbrechung dieses Grundsatzes im Rahmen der Konzernrechnungslegung.

b) Reale (indexorientierte) Kapitalerhaltung[29]

Sie wird von Schmalenbach zur Sicherstellung der Vergleichbarkeit bei Preissteigerungen insbesondere im Vorratsvermögen vorgeschlagen.

Die reale Kapitalerhaltung gilt dann als realisiert, wenn die Kaufkraft des Kapitals zum Ende einer Periode der Kaufkraft des Kapitals zu Beginn der Periode entspricht. Die Umrechnung dieser realen Vorstellung erfolgt mit Hilfe eines Kaufkraftindex, der als Maßstab für ein verändertes Preisniveau anzusehen ist. Gewinn ist demnach der Überschuß des mit Hilfe des Kaufkraftindex auf gleiche Kaufkraft umgerechneten Endkapitals über das Anfangskapital.

c) Leistungsmäßige Substanzerhaltung[30]

Eine leistungsmäßige (auch: absolute, materielle oder reproduktive) Substanzerhaltung liegt vor, wenn aus dem Umsatzerlös alle im Leistungsprozeß verbrauchten Güter in gleicher Menge und Qualität wiederbeschafft werden können. Gewinn ist der darüber hinaus erwirtschaftete Geldbetrag.

d) Relative Substanzerhaltung[31]

Eine relative (auch: qualifizierte) Substanzerhaltung ist gewahrt, wenn aus dem Umsatzerlös sowohl die verbrauchten Produktionsfaktoren wiederbeschafft, als auch zusätzlich Produktionsfaktoren in einer solchen Menge und Qualität beschafft werden können, daß das Unternehmen seine relative Stellung in der Gesamtwirtschaft unter Berücksichtigung des technischen Fortschritts und der allgemeinen Entwicklung der Branche erhalten kann. F. Schmidt berücksichtigt in seiner organischen Bilanzauffassung die Einbettung der einzelnen Unternehmung in die gesamtwirtschaftliche Entwicklung.

Das nachstehende Beispiel soll die Zusammenhänge illustrieren:

Ein Händler verfügt über 100 Geldeinheiten. Er erwirbt hierfür einen Posten Ware, den er nach 12 Monaten zum Preise von 140 veräußert. In diesen 12 Monaten betrug die an einem allgemeinen Kaufkraftindex gemessene Geldentwertung 10 %. Die Wiederbeschaffungspreise der betreffenden Ware sind allerdings stärker gestiegen als der allgemeine Index, nämlich um 20 %. Für die Wiederbeschaffung der Ware müßte der Händler also 120 aufwenden. Wie hoch war der Gewinn des Händlers?

Lösung: Der Händler verfügt am Ende der Periode über ein Mehr von 40. Durch die allgemeine Kaufkraftminderung entsprechen 110 Einheiten am Periodenende 100 Einheiten am Periodenanfang. Da er 140 Einheiten erlöst hat, beträgt sein Überschuß 30. Bei angenommenen Wiederbeschaffungsauszahlungen von 120 ergibt sich ein Überschuß von nur 20.

Die Überschußdefinition ist untrennbar mit der Kapitaldefinition verbunden. Kapital wird hier als Einsatzbetrag verstanden, Überschuß liegt erst vor, wenn der ursprünglich eingesetzte Kapitalbetrag interpretiert werden kann als statisch, dynamisch nominelle, als indexorientierte Kaufkraft oder als speziell organische Unternehmenssubstanz.

Übersichtsschema zum Zahlenbeispiel[32]

Kriterien der Kapitalerhaltung	ursprünglicher Geldbetrag	ursprüngliche 'allg.' Kaufkraft (Kaufkraftindex)	ursprüngliche Substanz(Wiederbeschaffungspreise)
Kapitalerhaltungsmaßstab in Geld am Periodenende	100	110	120
Vorhandenes Geld am Periodenende	140	140	140
Überschuß (Gewinn)	40	30	20

Die in den vergangenen Jahren fortschreitende Inflation in der ganzen Welt führte dazu, daß der Gedanke der Inflations-Bilanzierung neu auflebte. Deutlich wird das beispielhaft an der Diskussion über die Bewertung des Umlaufvermögens zu Wiederbeschaffungspreisen im Zusammenhang mit der Formulierung der 4. EG-Richtlinie.[33] In der Bundesrepublik jedoch konnte sich diese Bewertungsmethode als allgemeine Regelung nicht durchsetzen. Es wird am Anschaffungskostenprinzip festgehalten. Als ein Schritt in Richtung "Bewertung zu Wiederbeschaffungspreisen" kann jedoch angesehen werden, daß den Ländern (Großbritannien und Italien), die bereits auf nationaler Ebene zu Wiederbeschaffungspreisen bewerten, eine Beibehaltung dieses Bewertungsverfahrens erlaubt ist (vgl. Art. 33 Abs. 1 und 2, 4. EG-Richtlinie).

2.3.5 Bilanztheorien zur Feststellung des nachhaltig ausschüttbaren Gewinns[34]

Die dynamische mehrperiodige Betrachtung verlangt die Beantwortung der Frage, ob denn der ausgewiesene Gewinn auch weiterhin erzielbar ist und damit auch nachhaltig ausgeschüttet werden kann, ohne die künftige Gewinnerzielungsfähigkeit zu beeinträchtigen. Diese Fragestellung wird in den Wirtschaftswissenschaften seit längerem untersucht, teils auf Irving Fisher teils auf John Hicks zurückgeführt.[35] Unter dem Namen des ökonomischen Gewinns hat sich mit ihr vor allem Dieter Schneider beschäftigt.[36] Der nach den handelsrechtlichen Vorschriften ermittelte Gewinn der einzelnen Perioden ist nicht frei von Abgrenzungsproblemen und/oder außergewöhnlichen Einflüssen, die ihn als Maßstab für den nachhaltig ausschüttbaren Gewinn beeinträchtigen. Die ökonomische Gewinnkonzeption schaltet die Gewinnschwankungen aus, indem zunächst die auf den heutigen Zeitpunkt bezogenen Barwerte der künftigen Gewinne g_t bzw. Einnahmeunterschüsse berechnet und zum Ertragswert E der Unternehmung zusammengefaßt werden. Formal gilt folgender Zusammenhang:

$$E = \sum_{t=1}^{n} g_t * (1+i)^{-t}$$

Hierbei sind außerdem
i = Kalkulationszinssatz
n = Anzahl der betrachteten Perioden

Für diesen Ertragswert kann nun nachhaltig, d.h. dauernd, ein Gewinn g in der Höhe ausgeschüttet werden, die der Verzinsung des Ertragswertes zum Kalkulationszinssatz entspricht.

$$g = E * i$$

Dabei gelten folgende Annahmen:
- die Lebensdauer der Unternehmung strebt gegen unendlich
- der "ausschüttbare Gewinn"wird als konstant angenommen: $g_t = g_{t+1} = g$

Bei Berücksichtigung von Änderungen in der Ertragsschätzung ergeben sich folgende Modifikationen in der Ausschüttungsberechnung. Die Ausschüttungsschätzungen sowie die am Markt geltenden Zinssätze sollen sich ändern. Zwar wurde in t_0 ein nachhaltiger Entnahmestrom von 10 (a_0, t_1 fließend) erwartet, in t_1 veranschlagt man indessen den Einnahmestrom auf 12. Es ergibt sich folgende Reihe. Bei einem Zinssatz von 10 % erhält man die links stehenden Ertragswerte.

t =	0	1	2	3	4	Ertragswert nach Ausschüttung	Ertragswert vor Ausschüttung
Entnahmestrom alt		10	10 . . .			100	110
Einnahmestrom neu		12	12 . . .			120	132

Die Berechnungsweise kann an Hand der Zahlungen auf dem Zeitstrahl verdeutlicht werden. Die Ertragswerte vor Ausschüttung verkörpern die Barwerte einer vorschüssigen Zahlungsreihe, die nach Ausschüttung, die einer nachhaltigen Zahlungsreihe.

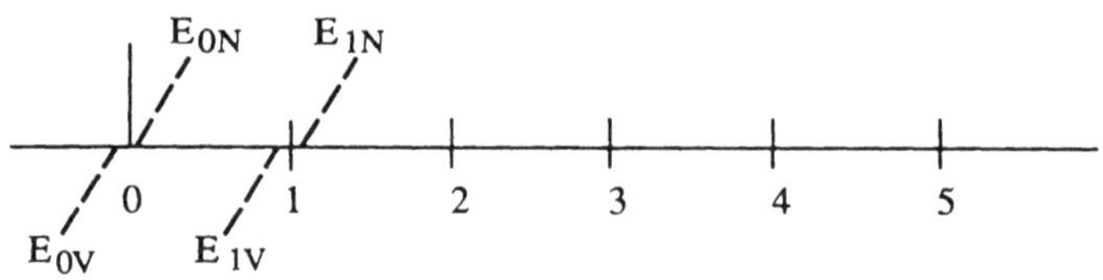

E_{0V} vor Ausschüttung einschließlich Einnahme in t = 0

$$= \sum_{t=0}^{n} g\,(1+i)^{-t}$$

$$= \frac{g\left[\left(\frac{1}{1+i}\right)^{n+1} - 1\right]}{\frac{1}{1+i} - 1}$$

$$= \frac{g\,(1+i)}{i}\left(1 - \left(\frac{1}{1+i}\right)^{n+1}\right)$$

Bei einem unendlichen Betrachtungszeitraum erhält man schließlich

$$E_{0V} = \frac{g\,(1+i)}{i}$$

$$= E_{0N} + g$$

E_{0V} = Ertragswert unmittelbar vor Ausschüttung in t=0
E_{0N} = Ertragswert unmittelbar nach Ausschüttung in t=0

Entsprechend gilt:
E_{1V} = Ertragswert unmittelbar vor Ausschüttung in t=1
E_{1N} = Ertragswert unmittelbar nach Ausschüttung in t=1

Es gelten folgende Berechnungen für die Ertragswerte:

$$E_{0alt} = 100 = \frac{10}{0{,}10}$$

Bei unveränderter Geltung des alten Einnahmestromes wäre E_{1alt} vor Entnahme mit E_{1alt} = 110 anzusetzen.

Bei Berücksichtigung der neuen Einnahmenschätzung gilt für den Ertragswert vor Ausschüttung:

E_{1neu} vor Ausschüttung = 132

E_{0alt} = Ertragswert der Unternehmung in t = 0 aufgrund der alten Einnahmeschätzung
E_{1neu} = Ertragswert der Unternehmung in t = 1 aufgrund der neuen Einnahmeschätzung
E_{1alt} = Ertragswert der Unternehmung in t = 1 aufgrund der alten Einnahmeschätzung

Der Ertragswert in t=1 (E_1=132) vor Ausschüttung ist hier aufgrund der neuen Information berechnet. 132 ergibt sich als Summe des Gewinns von 12 in t_1=1 plus dem Barwert der ab t=2 fließenden Entnahmereihe von 12 in t_1=1. Dieser Barwert in t=1 beträgt 120. Die Summe beider Beträge ist 132.

Bei Verwendung des dynamischen Gewinns zur Berechnung des ausschüttungsfähigen Betrages sind grundsätzlich folgende Fragen zu beantworten:

(1) Wie ist der Kalkulationszinsfuß zu ermitteln?

(2) Wie äußert sich die Zukunftsbezogenheit der Erfolgskonzeption?

ad 1) Mit Hilfe des Kalkulationszinsfußes werden die innerhalb des festgelegten Planungszeitraums anfallenden Einzahlungsüberschüsse auf den aktuellen Zeitpunkt abgezinst und in eine äquivalente Reihe gleicher Zahlungen umgeformt.

Die Teilprobleme, die sich hierbei ergeben, lauten wie folgt:

a) Festlegung des "richtigen Kalkulationszinsfußes", zu dem

b) innerhalb des Planungszeitraumes die Aufnahme von Krediten und die Anlage von Kapital zum Kalkulationszinsfuß erfolgen kann (Wiederanlageprämisse).

ad 2) Die Orientierung der Erfolgsrechnung an den zukünftigen Einnahmen und Ausgaben kann zur Folge haben, daß im errechneten ökonomischen Gewinn noch nicht realisierte Gewinnanteile enthalten sind. Zum Beispiel durch positive zukünftige Ertragsaussichten. Die Ausschüttung derartiger Gewinnanteile ist jedoch nach dem Realisationsprinzip (bzw. Imparitätsprinzip) verboten. Diese Erfolgsrechnung beruht vorwiegend auf subjektiven Schätzungen, so daß bei einer Orientierung des Jahresüberschusses am ökonomischen Gewinn ein subjektives Element überwiegt, das die Funktion des Jahresüberschusses als externes Rechnungslegungsinstrument gefährden würde.

Nach den in (1) und (2) aufgeführten Problemen kommt die Konzeption des ökonomischen Gewinns als Ersatz für die Gewinnermittlung laut GoB nicht in Betracht. Da aber der Gewinn laut GoB keine Kontrolle der wirtschaftlichen Unternehmenserhaltung zuläßt, hat Schneider die kombinierte Anwendung beider Konzepte (Prinzip des doppelten Minimums) vorgeschlagen:

Berechnung des Gewinns laut GoB im Rahmen der Feststellung des Jahresabschlusses und Berechnung des ökonomischen Gewinns in einer Nebenrechnung.

a) Gilt: ökon. Gew. < Gew. lt. GoB, dann darf maximal der ökonomische Gewinn ausgeschüttet werden; die sich ergebende Differenz wird einer unternehmenserhaltenden Rücklage zugeführt.

b) Gilt: ökon. Gew. > Gew. lt. GoB, dann darf lediglich der Gewinn laut GoB ausgeschüttet werden.

2.3.6 Gesellschaftsbezogene Rechnungslegung (Sozialbilanz)[37]

Eine der neueren Entwicklungen in der Rechnungslegung hat eine gesellschaftsbezogene Berichterstattung zum Ziele. Diese Formen der Rechnungslegung werden häufig unter dem Begriff "Sozialbilanz" zusammengefaßt. Ziel einer Sozialbilanz ist es, die gesellschaftsbezogenen Auswirkungen, die mit jeder unternehmerischen Tätigkeit verbunden sind, aufzuzeigen. Die Unternehmung wird in den Wechselwirkungen mit ihrem sozialen Umfeld aufgezeichnet. Damit soll auch ihre soziale Verantwortung dokumentiert werden. Die freiwillig aufzustellende gesellschaftsbezogene Rechnungslegung ergänzt den gesetzlich vorgeschriebenen Jahresabschluß und besteht häufig aus drei Komponenten:

(1) dem Sozialbericht

(2) der Wertschöpfungsrechnung

(3) der Sozialrechnung

Der **Sozialbericht** ist die mit statistischem Material angereicherte verbale Darstellung der Ziele, Maßnahmen, Leistungen und - soweit darstellbar - der durch die Leistungen erzielten Wirkungen (Output) gesellschaftsbezogener Aktivitäten der Unternehmung.

Die **Wertschöpfung** ist der vom Unternehmen in einer bestimmten Periode geschaffene Wertzuwachs. Sie ist im volkswirtschaftlichen Sinn identisch mit dem Beitrag des Unternehmens zum Sozialprodukt.

Die **Sozialrechnung** ist die zahlenmäßige Darstellung aller quantifizierbaren gesellschaftsbezogenen Aufwendungen eines Unternehmens im Berichtszeitraum sowie der betriebsindividuellen, direkt erfaßbaren gesellschaftsbezogenen Erträge.[38]

Die STEAG (Steinkohle und Elektrizitäts AG) in Essen machte für das Geschäftsjahr 1971/72 den ersten Versuch in Deutschland und veröffentlichte ihre "Sozialbilanz". In der folgenden Übersicht soll die Sozialbilanz als Systematik kurz dargelegt werden. In der veröffentlichten Bilanz sind die einzelnen Positionen noch weiter aufgegliedert und spezifiziert.

Leistungen	Aufwand der STEAG (Mio.DM)	Nutzen für die Gesellschaft
A. Inneres Beziehungsfeld		
- Leistungen für Belegschaft	52,80	Einkommenssteigerung
- Zuführung zur freien Rücklage	8,11	Sicherung der Arbeitsplätze durch Wachstum und Substanzerhaltung
B. Äußeres Beziehungsfeld		
- Forschung und Entwicklung	8,25	Sicherung der Energieversorgung und Verringerung der Umweltbelastung
- Maßnahmen des Umweltschutzes bei bestehenden Anlagen	10,34	Verringerung von Immissionen
- Beziehung zur Öffentlichkeit	16,81	Förderung gemeinnütziger Zwecke
C. Summe der Leistungen	96,31	Diesen Leistungen steht eine an die Aktionäre ausgeschüttete Dividende von unverändert 10 Mio.DM (10%) gegenüber. Der Strompreis blieb mit einer Steigerung von 6,6% in 12 Jahren praktisch konstant.

Die ursprüngliche Intention der Sozialbilanz verlangt die Lösung von neuartigen Bewertungs- und Zurechnungsfragen, die bislang nicht gelöst sind und deren Lösungsmöglichkeiten auch kontrovers diskutiert werden. Häufig entwickelt man eine modifizierte Sozialrechnung aus dem normalen Jahresabschluß wie die nachstehende Aufstellung aus dem Geschäftsbericht der Firma Hoechst illustriert.

Unternehmensleistung Hoechst - Konzern (in Mio. DM)

Leistungskategorie	1987 %	1987 absolut		1986 %	1986 absolut	
Wertschöpfung						
an Mitarbeiter	72,3	10.817		72,4	9.633	
an Darlehensgeber	4,8	722		4,2	558	
an öffentliche Hand	12,7	1.906		13,5	1.799	
an Aktionäre	4,4	659		4,5	605	
im Unternehmen verbleibend	5,8	869	**14.973**	5,4	712	**13.307**
Vorleistungen						
für Abschreibungen		2.129			1.871	
an sonstige Lieferanten		7.848			6.148	
an Lieferanten von Rohstoffen usw.		14.138	**24.115**		13.352	**21.371**
Gesamtleistung			**39.088**			**34.678**

Die in der Sozialbilanz ausgewiesenen Zahlen sind aus der Gewinn- und Verlustrechnung übernommen worden.[39] Bei der Berechnung der Unternehmensleistung werden die Begriffe Unternehmensleistung, Vorleistungen und Wertschöpfung von der Hoechst AG wie folgt definiert:[40]

Die **Unternehmensleistung** ist die "Summe aus Gesamtleistung (Umsatzerlöse, Bestandsveränderungen, andere aktivierte Eigenleistungen) und allen übrigen Erträgen".

Die **Vorleistungen** sind "Aufwendungen für bezogene Waren, Energien sowie alle Arten von Fremdleistungen. Die Anschaffungskosten für Investitionsgüter schlagen sich hier - über die Lebensdauer der Anlagen verteilt - als Abschreibungen nieder".

Die **Wertschöpfung** oder **Veredelungsleistung** ist "durch die Unternehmenstätigkeit erzielter Wertzuwachs, der sich als Unterschied zwischen der Unternehmensleistung abzüglich Vorleistungen an Lieferanten ergibt. Die Wertschöpfungsrechnung zeigt, in welchem Maße die Mitarbeiter, Kapitalgeber und die öffentliche Hand an der Wertschöpfung des Unternehmens teilhaben. Ein Teil der Wertschöpfung, nämlich der nicht ausgeschüttete Teil des Jahresüberschusses, verbleibt dem Unternehmen selbst".

In dieser Form der Sozialbilanz wird die Berechnung der Unternehmensleistung und der Wertschöpfung als Bestandteil der gesellschaftsbezogenen Rechnungslegung betrachtet. Sie zeigt explizit die monetären Beziehungen des Unternehmens zu den verschiedenen gesellschaftlichen Gruppen: Mitarbeiter, Kapitalgeber, Lieferanten, Kunden und öffentliche Hand.

Ihr Vorteil gegenüber der aktienrechtlichen Gewinn- und Verlustrechnung besteht darin, daß, durch die Strukturierung der Daten der GuV-Rechnung nach den genannten gesellschaftlichen Gruppen, die Leistungen des Unternehmens und sein Beitrag zur Volkswirtschaft anschaulicher werden. Dieses Schema einer gesellschaftsbezogenen Rechnungslegung ist jedoch nicht ohne Kritik geblieben:

Der Ableitbarkeit der Sozialbilanz aus dem herkömmlichen Jahresabschluß kann entgegenstehen, daß die Einbeziehung der Beteiligungserträge und sonstigen Finanzerträge sowie bewertungsabhängiger Posten, z.B. Abschreibungen, in die Wertschöpfungsrechnung zu einem falschen Ergebnis führt.[41]

Während die Ausschaltung der Auswirkungen von Beteiligungserträgen möglich ist, dürfte die Neutralisierung von Bewertungseffekten auf Schwierigkeiten stoßen. Im Falle der Abschreibungen müßte beispielsweise auf leistungsbezogene Größen, wie sie in der Kostenrechnung verwandt werden, zurückgegriffen werden.[42]

2.3.7 Die neuere bilanztheoretische Diskussion

Die neuere bilanztheoretische und bilanzrechtliche Diskussion befindet sich in einer lebhaften, durch eine Vielfalt der Beiträge und der postulierten Bilanzziele geprägten Auseinandersetzung.

Unbeschadet der bereits angesprochenen Aufgaben der Sozialbilanz und der noch zu diskutierenden finanzwirtschaftlich orientierten Rechnungslegung sind entsprechend der Systematisierung von Moxter folgende Aufgaben der Bilanzierung zu unterscheiden:[43]

Bilanzierung zum Zwecke

- der Dokumentation (S. 81 ff.)
- der Schuldendeckungskontrolle (S. 86 ff.)
- der Ausschüttungssperre (S. 93 ff.)
- der Gewinnverteilung (S. 98 ff.)
- der Einkommensbesteuerung (S. 108 ff.)
- der Anteilsbewertung (S. 122 ff.)
- der Leistungsfähigkeitsbeeinflussung (S. 139 ff.)

Diese Vielfalt von unterschiedlichen Bilanzierungsaufgaben kann ein einziges Zahlenwerk nur in einer Kompromißlösung verwirklichen, die die eine Zielsetzung mehr und die andere weniger realisiert und die den Informationsbedürfnissen der einzelnen Adressatengruppen auch nur in unterschiedlichem Ausmaß gerecht wird.

Heinen schlägt zur Lösung dieses Dilemmas eine ergänzte Mehrzweckbilanz vor. Deren theoretische Fundierung *"setzt sich zum Ziel, ein bilanzielles Grundmodell zu entwickeln, das den verschiedenen Informationsanforderungen unterschiedlicher Bilanzierungsinteressenten gerecht wird. ... Das Grundmodell soll durch relativ geringfügige Ergänzungen bzw. Modifikationen weitere Informationen geben können, die auf die jeweilige Entscheidungssituation und Einstellung der Informationsempfänger abgestimmt sind."*[44]

"Da der handelsrechtliche Jahresabschluß bereits die Erfüllung mehrerer Bilanzzwecke für mehrere Bilanzinteressenten intendiert, (wird) die Handelsbilanz ... deshalb als Grundmodell der ergänzten Mehrzweckbilanz herangezogen."[45]

Die Realisierungschancen der Ergänzungsbilanzen sind in dieser Konzeption außerdem ziemlich hoch, weil der handelsrechtliche Jahresabschluß ohnehin erstellt werden muß. Die Kenntnis der wesentlichen einschlägigen Vorschriften ist daher auch entscheidend für die Interpretation weitergehender Berichterstattung. Die nachstehende Darstellung beschäftigt sich daher mit den grundlegenden Vorschriften des handelsrechtlichen Jahresabschlusses.

"Die gesetzlich vorgeschriebene Offenkundigkeit der wichtigsten geschäftlichen Tatsachen wird in der Praxis häufig als sehr lästig empfunden. ... Darf man hieraus nun schließen, daß die Publizität in der Hauptsache einen Nachteil für die Aktiengesellschaft bedeutet? Das wäre meines Erachtens völlig unrichtig."[46]

3. Der Einzelabschluß

3.1 Einführung

Die handelsrechtlichen Vorschriften zur Regelung des Jahresabschlusses sind im dritten Buch des Handelsgesetzbuches unter dem Titel *Handelsbücher* in den §§ 238 - 339 HGB zusammengefaßt.[47] Der erste Abschnitt mit den §§ 238 - 263 HGB enthält die für alle Kaufleute geltenden Vorschriften, der zweite Abschnitt mit den §§ 264 - 335 HGB enthält ergänzende und präzisierende Vorschriften für Kapitalgesellschaften. Kapitalgesellschaften unterliegen aufgrund der im zweiten Abschnitt des dritten Buches des HGB aufgeführten Spezialvorschriften strengeren Rechnungslegungs-, Gliederungs-, Veröffentlichungs- und Prüfungspflichten als die "allgemeinen Kaufleute" (Personenunternehmen).

Die Relevanz der Vorschriften ist außerdem zum Teil größenabhängig, wobei § 267 HGB folgende drei Größenklassen unterscheidet:

Kriterien / Größenklasse	Bilanzsumme	Umsatzerlöse	Beschäftigte
Kleine Kapitalgesellschaften	≤ 3,9 Mio DM	≤ 8,0 Mio DM	≤ 50
Mittlere Kapitalgesellschaften	≤ 15,5 Mio DM	≤ 32,0 Mio DM	≤ 250
Große Kapitalgesellschaften	> 15,5 Mio DM	> 32,0 Mio DM	> 250

Abb. 6

3.2 Pflicht zur Aufstellung des Jahresabschlusses

Gemäß § 242 HGB hat jeder Kaufmann zu Beginn seines Handelsgewerbes und für den Schluß eines jeden Geschäftsjahres einen das Verhältnis seines Vermögens und seiner Schulden darstellenden Abschluß aufzustellen. Er hat außerdem für den Schluß eines jeden Geschäftsjahres eine Gegenüberstellung der Aufwendungen und der Erträge des Geschäftsjahres (Gewinn- und Verlustrechnung) zu erstellen. Die Bilanz und die Gewinn- und Verlustrechnung bilden den Jahresabschluß. Alle Kapitalgesellschaften haben die Bilanz und die GuV-Rechnung um einen Anhang zu erweitern und zusätzlich einen Lagebericht aufzustellen. Hinsichtlich der Fristen für die Erstellung des Jahresabschlusses werden kleinen Kapitalgesellschaften Erleichterungen eingeräumt (§ 264 I HGB).

3.3 Feststellung des Jahresabschlusses

Der vom Vorstand einer AG vorgelegte Jahresabschluß gilt als festgestellt, wenn der Aufsichtsrat ihn billigt, es sei denn, Vorstand und Aufsichtsrat beschließen, die Feststellung des Jahresabschlusses der Hauptversammlung zu überlassen (§ 172 AktG). Die Feststellung des Jahresabschlusses durch die Hauptversammlung erfolgt nach den Vorschriften des § 173 AktG.

Gemäß § 42a GmbHG haben die Geschäftsführer den Jahresabschluß und den Lagebericht unverzüglich nach der Aufstellung den Gesellschaftern zum Zwecke der Feststellung des Jahresabschlusses vorzulegen.

3.4 Prüfung des Jahresabschlusses

Kapitalgesellschaften müssen ihren Jahresabschluß und den Lagebericht von einem Abschlußprüfer prüfen lassen. Ohne diese Prüfung kann der Jahresabschluß nicht festgestellt werden. Kleine Kapitalgesellschaften unterliegen dieser Prüfungspflicht nicht (§ 316 I HGB).

3.5 Veröffentlichung von Jahresabschlüssen

Alle Kapitalgesellschaften unterliegen der Publizitätspflicht (§ 325 I HGB). Die konkreten Veröffentlichungspflichten sind allerdings größenabhängig :

- Kleine Kapitalgesellschaften sind grundsätzlich nur verpflichtet, ihre verkürzte Bilanz und den Anhang zum Handelsregister des Sitzes der Gesellschaft einzureichen. Im Bundesanzeiger ist lediglich der Hinweis zu veröffentlichen, bei welchem Handelsregister und unter welcher Nummer die Unterlagen eingereicht worden sind (§ 325 I und § 326 HGB).
- Mittelgroße Kapitalgesellschaften müssen darüber hinaus auch die GuV-Rechnung sowie den Lagebericht beim Handelsregister einreichen (§ 325 I und § 327 HGB).
- Große Kapitalgesellschaften sind verpflichtet, zunächst alle Teile des Jahresabschlusses im Bundesanzeiger bekannt zu machen und anschließend die Unterlagen beim Handelsregister einzureichen (§ 325 II HGB).

  Unabhängig von den handelsrechtlichen Publizitätspflichten sind selbstverständlich auch die Vorschriften des Publizitätsgesetzes zu beachten.

3.6 Die Grundsätze ordnungsmäßiger Buchführung und Bilanzierung (GoB)

Die GoB sind Rahmengrundsätze der Rechnungslegung, die in der Vergangenheit nicht konkret kodifiziert waren. Durch das Bilanzrichtlinien-Gesetz sind diese Grundsätze in den für alle Kaufleute geltenden Abschnitt des HGB aufgenommen worden. Es sind die nachstehenden Bewertungsgrundsätze zu unterscheiden:

a) Der generelle Aufstellungsgrundsatz des § 243 HGB

b) Der Vollständigkeitsgrundsatz des § 246 I HGB

c) Die allgemeinen Bewertungsvorschriften des § 252 HGB

ad a) Die Vorschrift des § 243 HGB schreibt als übergeordnete Norm explizit vor, daß der Jahresabschluß nach den Grundsätzen ordnungsmäßiger Buchführung aufzustellen ist, daß er klar und übersichtlich sein muß und innerhalb der einem ordnungsmäßigen Geschäftsgang entsprechenden Zeit aufzustellen ist.

ad b) Der Vollständigkeitsgrundsatz des § 246 I HGB fordert, daß der Jahresabschluß sämtliche Vermögensgegenstände, Schulden, Rechnungsabgrenzungsposten, Aufwendungen und Erträge zu enthalten hat. Die Erfüllung dieser Forderung verlangt zwangsläufig die Erfassung aller Geschäftsvorfälle und die Überprüfung dieser Aufzeichnungen durch eine Inventur.

ad c) Als allgemeine Bewertungsvorschriften sind in § 252 HGB sieben generelle Grundsätze in den Ziffern 1-6 formuliert:

1) Identitätsprinzip: Die Wertansätze in der Eröffnungsbilanz des Geschäftsjahres müssen mit denen der Schlußbilanz des vorhergehenden Geschäftsjahres übereinstimmen (§ 252 I Nr.1 HGB).

2) Going - concern - Prinzip: Bei der Bewertung ist von der Fortführung der Unternehmenstätigkeit auszugehen, sofern dem keine tatsächlichen oder rechtlichen Gegebenheiten entgegenstehen (§ 252 I Nr.2 HGB).

3) Einzelbewertungsprinzip: Vermögensgegenstände und Schulden dürfen nicht gemeinsam bewertet werden. Beispielsweise ist die Berücksichtigung von Kombinationswerten aus Saldierungen unzulässig (§§ 246 I, II und 252 I Nr.3 HGB).

4) Stichtagsprinzip: Grundsätzlich ist die Bewertung auf Basis der Verhältnisse am Abschlußstichtag vorzunehmen (§ 252 I Nr.3 HGB). Aus der Spezialvorschrift des § 253 III Satz 3 HGB geht allerdings hervor, daß Durchbrechungen dieses Grundsatzes im Gläubigerschutzinteresse dann erlaubt sind, wenn in der nächsten Zukunft Wertminderungen eintreten oder ein niedrigerer Wertansatz notwendig wird.

5) Vorsichtsprinzip: Die Vorschrift des § 252 I Nr.4 HGB kodifiziert den Grundsatz der Vorsicht in den beiden Ausprägungen Realisations- bzw. Imparitätsprinzip. Das Realisationsprinzip verbietet grundsätzlich den Ausweis des am Bilanzstichtag noch nicht realisierten Gewinnes. Als realisiert gilt der Gewinn bei Leistungsbewirkung, d.h. in der Regel bei Rechnungserteilung.[48]

   Nach dem Imparitätsprinzip müssen alle Verluste, die bis zum Abschlußstichtag vorhanden sind, berücksichtigt werden, selbst solche, die erst in der Zeit zwischen dem Bilanzstichtag und dem Tag der Aufstellung des Jahresabschlusses bekannt werden. Die Verursachung muß allerdings noch im alten Geschäftsjahr liegen.

6) Abgrenzungsprinzip: Aufwendungen und Erträge eines Geschäftsjahres sind unabhängig davon zu berücksichtigen, ob bereits Zahlungen geflossen

sind (§ 252 I Nr. 5 HGB). Diese Regelung unterstreicht den Unterschied zwischen der handelsrechtlichen Erfolgsrechnung und einer internen Finanzrechnung.

7) Stetigkeitsprinzip: Die Vorschrift des § 252 I Nr.6 HGB bestimmt, daß die auf den vorhergehenden Jahresabschluß angewandten Bewertungsmethoden grundsätzlich beibehalten werden sollen. Die Bewertungsstetigkeit ist eine notwendige Voraussetzung zur Sicherung der Vergleichbarkeit von Jahresabschlüssen im Zeitablauf.

   Die Formulierung als Sollvorschrift eröffnet Möglichkeiten, diesen Grundsatz zu bestimmten Zwecken, insbesondere im Sinne des Gläubigerschutzes, zu durchbrechen.

Eine Abweichung von diesen allgemeinen Bewertungsgrundsätzen ist gemäß § 252 II HGB nur in begründeten Ausnahmefällen erlaubt. Ein solcher liegt beispielsweise dann vor, wenn eine gesetzliche Einzelvorschrift explizit eine andere Bewertung vorsieht.

3.7 Ansatzvorschriften[49]

Beim Erstellen des Jahresabschlusses ist zunächst die Frage zu klären, welche Vermögensgegenstände und Schulden überhaupt in den Jahresabschluß aufgenommen werden können (Bilanzierungsfähigkeit), welche aufgenommen werden müssen (Bilanzierungspflicht) und welche in den Jahresabschluß aufgenommen werden dürfen (Bilanzierungswahlrecht). Daneben existiert für bestimmte Vermögensgegenstände ein Bilanzierungsverbot. Die in diesem Zusammenhang entstehenden Fragen werden im allgemeinen unter dem Stichwort Ansatzvorschriften zusammengefaßt (§§ 246-251 HGB). Einige Regelungen sind unter Bewertungsvorschriften (§§ 252 ff. und 279 ff. HGB) zu finden.[50] Im einzelnen lassen sich folgende Grundregeln festhalten:

Bilanzierungsfähigkeit

Bilanzierungsfähig sind positive (Vermögen) bzw. negative (Schulden) Wirtschaftsgüter dann, wenn folgende Merkmale erfüllt sind:

1.) Selbständige Bewertungsfähigkeit: Einem Wirtschaftsgut müssen abgrenzbare Aufwendungen zurechenbar sein.

2.) Selbständige Verkehrsfähigkeit: Es muß zumindest die gedankliche Möglichkeit einer eigenständigen Veräußerung bestehen.

3.) Vorhandensein eines wirtschaftlichen Wertes.

4.) Wirtschaftliches, nicht rechtliches Eigentum ist maßgebend für die Bilanzierungsfähigkeit. Deshalb sind sicherungsübereignete bzw. unter Eigentumsvorbehalt gelieferte Wirtschaftsgüter grundsätzlich bei demjenigen zu bilanzieren, der sie wirtschaftlich nutzt.[51]

Bilanzierungspflicht

Für bilanzierungsfähige Wirtschaftsgüter besteht nach herrschender Meinung grundsätzlich die Bilanzierungspflicht. Die Pflicht, sämtliche Vermögensgegenstände und Schulden in die Bilanz aufzunehmen, wird aus dem Vollständigkeitsprinzip des § 246 I HGB hergeleitet.[52]

Einer besonderen Erwähnung bedarf der Sonderposten mit Rücklageanteil:

Diese Position ist im Bilanzgliederungsschema des § 266 nicht aufgeführt. Sie ist einzurichten bei:

1.) Rücklagen, die aus dem noch unversteuerten Gewinn gebildet werden dürfen, in späteren Jahren aber erfolgswirksam aufzulösen sind.

    Das Steuerrecht erkennt bestimmte Rücklagen bei der steuerrechtlichen Gewinnermittlung nur dann an, wenn diese in der Handelsbilanz gebildet werden. Diese Rücklagen sind unter der Position "Sonderposten mit Rücklageanteil " auszuweisen (§ 247 III HGB).

    Sie werden in der Handelsbilanz nur zum Zwecke der steuerlichen Anerkennung gebildet und kennzeichnen Situationen der umgekehrten Maßgeblichkeit. Die eingestellten Beträge enthalten sowohl Eigenkapitalanteile als auch Fremdkapitalanteile, die sich durch die anfallende Besteuerung bei der Auflösung ergeben.

    Das Maßgeblichkeitsprinzip ist kodifiziert in § 5 EStG: Bei Gewerbetreibenden, die aufgrund gesetzlicher Vorschriften verpflichtet sind, Bücher zu führen und regelmäßig Abschlüsse zu machen, ..., ist für den Schluß des Wirtschaftsjahres das Betriebsvermögen anzusetzen, das nach den handelsrechtlichen Grundsätzen ordnungsmäßiger Buchführung auszuweisen ist. Danach sind für die steuerliche Gewinnermittlung grundsätzlich - allerdings mit vielen Ausnahmen - die handelsrechtlichen Wertansätze maßgebend.

    Das umgekehrte Maßgeblichkeitsprinzip - Maßgeblichkeit der Steuerbilanz für die Handelsbilanz - leitet sich aus § 254 HGB ab. Danach können Abschreibungen auch vorgenommen werden, um Vermögensgegenstände des Anlage- oder Umlaufvermögens mit dem niedrigeren Wert anzusetzen, der auf einer nur steuerrechtlich zulässigen Abschreibung beruht.

2.) Beträge, die sich aus der Abschreibungsmöglichkeit von Vermögensgegenständen des Anlage- oder Umlaufvermögens auf einen steuerlich niedrigeren Wert ergeben (§ 254 HGB).

    Der Unterschiedsbetrag zwischen dem handelsrechtlich gebotenen und steuerlich zulässigen Wertansatz kann durch Einstellung in den Sonderposten mit Rücklageanteil berücksichtigt werden.

    Der Sonderposten mit Rücklageanteil ist in der Bilanz vor den Rückstellungen auszuweisen (§ 273 HGB) und ist aufzulösen, wenn

    1. die Vermögensgegenstände, für die er im Rahmen der Sonderabschreibung auf den steuerlich zulässigen Wert gebildet wurde, aus dem Vermögen der Unternehmung ausscheiden

2. die steuerrechtliche Wertberichtigung durch handelsrechtliche Abschreibung ersetzt wird, § 281 I HGB

Erträge aus der Auflösung des SoPo werden als **sonstige betriebliche Erträge, Einstellungen** in den SoPo werden als **sonstige betriebliche Aufwendungen** erfaßt (§ 281 II HGB).

Bilanzierungswahlrecht

Als Ausnahme zu interpretieren sind die Bilanzierungswahlrechte. Spezielle Vorschriften des HGB lassen verschiedene Wertansätze für bestimmte Vermögensgegenstände und Schulden zu. Beispiele für Vermögensgegenstände mit *Aktivierungswahlrechten* sind der derivative Geschäfts- oder Firmenwert (§ 255 IV HGB) sowie ein Disagio (Damnum) (§ 250 III HGB). *Passivierungswahlrechte* bestehen für bestimmte Rückstellungen (§ 249 HGB) und Teile aus dem Sonderposten mit Rücklageanteil (§ 273 HGB).

Bilanzierungshilfen

Aufwendungen für die Ingangsetzung und Erweiterung des Geschäftsbetriebes dürfen gem. § 269 HGB als gesonderter Posten unter der expliziten Bezeichnung vor dem Anlagevermögen ausgewiesen werden, auch wenn sie eigentlich nicht bilanzierungsfähig sind. Das Gesetz spricht daher auch von der Aktivierung als Bilanzierungshilfe. Die besondere Qualität kommt auch in der damit verbundenen Ausschüttungssperre gem. § 269 Satz 2 HGB zum Ausdruck.

Bilanzierungsverbote

Das HGB verbietet den Ansatz bestimmter (insbesondere immaterieller) Wirtschaftsgüter. Beispielsweise darf der originäre Geschäfts- oder Firmenwert nicht bilanziert werden. Auch die Aufwendungen für die Gründung des Unternehmens sowie unentgeltlich erworbene immaterielle Gegenstände des Anlagevermögens dürfen nicht aktiviert werden (§ 248 HGB). Nicht passiviert werden dürfen bewußt überhöhte oder fingierte Positionen und solche, deren Rechtsgültigkeit erloschen ist.[53]

3.8 Bewertungsvorschriften

Wird ein positives bzw. negatives Wirtschaftsgut in die Bilanz aufgenommen, regeln die Bewertungsvorschriften (§§ 252-256, 279-283 HGB) die Höhe des für das Aktivum bzw. Passivum anzusetzenden Betrages.

Die Bewertung der einzelnen Vermögensgegenstände und Schulden ist für alle Kaufleute grundsätzlich in § 253 HGB geregelt. Die Vorschriften der §§ 279 ff. HGB beziehen sich auf bestimmte Spezialvorschriften für Kapitalgesellschaften, die hier vernachlässigt werden sollen.

a) Für die Bewertung der Aktiva gelten folgende Regeln:

Vermögensgegenstände sind höchstens mit den um Abschreibungen verminderten Anschaffungs- oder Herstellungskosten zu bewerten (§ 253 I HGB).

Anschaffungskosten sind die Aufwendungen, die geleistet werden, um einen Vermögensgegenstand zu erwerben und ihn in einen betriebsbereiten Zustand zu versetzen, einschließlich der Nebenkosten und nachträglichen Anschaffungskosten (§ 255 I HGB).

Herstellungskosten sind Aufwendungen, die durch den Verbrauch von Gütern und die Inanspruchnahme von Diensten für die Herstellung, Erweiterung oder Verbesserung eines Vermögensgegenstandes entstehen (§ 255 II, III HGB).

Vermögensgegenstände unterliegen aufgrund von Abnutzung, Verschleiß, technischem Fortschritt, fallenden Preisen u.ä. einer Entwertung. Diese Wertminderung wird mittels Abschreibungen im Jahresabschluß berücksichtigt. Bei Vermögensgegenständen des Anlagevermögens, deren Nutzung zeitlich begrenzt ist (d.h. bei abnutzbaren Vermögensgegenständen), sind die Anschaffungs- oder Herstellungskosten um planmäßige Abschreibungen zu vermindern.

Bei allen Vermögensgegenständen des Anlagevermögens, also auch den Gegenständen ohne zeitlich begrenzte Nutzung, können außerplanmäßige Abschreibungen vorgenommen werden, wenn der Wert am Bilanzstichtag niedriger ist als der Ansatz zu Anschaffungs- oder Herstellungskosten bzw. dem durch planmäßige Abschreibungen festgeschriebenen Wert (§ 253 II HGB). Diese Kann-Vorschrift (**mildes Niederstwertprinzip**) ist eine Ausprägung des Realisationsprinzips.

Bei Vermögensgegenständen des Umlaufvermögens ist eine Abschreibung auf den niedrigeren Wert am Bilanzstichtag vorzunehmen, wenn dieser *Tageswert* (z.B. Börsen- oder Marktpreis) niedriger ist als der Ansatz zu Anschaffungs- oder Herstellungskosten (§ 253 III HGB). Diese Regelung ist als Mußvorschrift zu interpretieren (**strenges Niederstwertprinzip**). Die Differenzierung der Wahlmöglichkeit resultiert zum einen aus der größeren Marktnähe des Umlaufvermögens: Diese Güter werden bald am Markt veräußert, kurzfristige Preisschwankungen können nicht ausgeglichen werden. Andererseits führen beim Anlagevermögen die planmäßigen Abschreibungen ohnehin zu einer Verringerung des Bilanzansatzes.

b) Für die Bewertung der Passiva gelten folgende Regeln:

- Verbindlichkeiten sind mit dem Rückzahlungsbetrag zu bewerten,
- Rentenverpflichtungen, für die keine Gegenleistung mehr zu erwarten ist, sind mit dem Barwert anzusetzen,
- Rückstellungen sind nach vernünftiger kaufmännischer Beurteilung zu bewerten (§ 253 I HGB).

Die Ansatz- und Bewertungsvorschriften für Bilanzpositionen sind auch geprägt von den einschlägigen Aufwands- und Ertragsgrößen der Erfolgsrechnung.

Die Größen der GuV - Rechnung stehen in einem direkten Zusammenhang zu den Bilanzwerten. Dafür sorgt rein schematisch bereits die doppelte Buchführung.[54] Die Zusammenhänge werden bei der Diskussion der Bewegungsbilanz im Rahmen der Kapitalflußrechnung noch deutlicher.

"In einem Konzern lassen sich Jahresabschluß und Geschäftsbericht des einzelnen Konzernglieds ... besonders leicht manipulieren."[55]

4. Der Konzernabschluß

4.1 Aufgaben des Konzernabschlusses

Im Zuge der Umsetzung der 7. EG-Richtlinie (Konzernabschluß-Richtlinie) in deutsches Recht wurden die Vorschriften der Konzernrechnungslegung im Vergleich zu den entsprechenden Vorschriften des AktG 1965 erweitert und neu gefaßt in das dritte Buch des HGB aufgenommen (§§ 290-315 HGB).[56]

Im folgenden soll der Konzernabschluß in den Grundzügen dargestellt werden, die generell die alte sowie die neue Rechtssituation erfassen. Die Zitate aus den gesetzlichen Vorschriften betreffen das neue Recht.

Die neue Regelung ist erstmals auf Jahresabschlüsse der nach dem 31.12.1989 beginnenden Geschäftsjahre anzuwenden (Art. 23 II E - HGB). Der Konzernabschluß faßt die Einzelabschlüsse der in den Konzernabschluß einbezogenen Unternehmen zusammen. Er soll Informationen über die Vermögens-, Finanz- und Ertragslage der Gesamtheit der einbezogenen Unternehmen aufzeigen.

Anders als der Einzelabschluß liegt der Konzernabschluß weder der Besteuerung noch der Ausschüttung bzw. Thesaurierung zugrunde. Der Konzernabschluß hat also keine Zahlungsbemessungsfunktion, sondern primär eine Informationsfunktion.[57] Er soll ein Bild von der wirtschaftlichen Situation des gesamten Unternehmenskomplexes **Konzern** vermitteln. Die getrennte Betrachtung der Individualabschlüsse reicht hierzu nicht aus. Da es um die Beurteilung des Konzerns an Hand seiner Außenbeziehungen geht, verfälschen die in den Einzelabschlüssen enthaltenen wechselseitigen Verflechtungen zwischen den Konzernunternehmungen das für die Beurteilung relevante Bild. Diese Innenbeziehungen, wie z.B. Forderungen und Verbindlichkeiten gegenüber verbundenen Unternehmungen, sind Beteiligungspositionen und somit zu eliminieren.

Bilanzieren außerdem die Konzernunternehmen zu unterschiedlichen Stichtagen, dann können die jeweils rechnungslegenden Einzelunternehmungen durch kurzfristige Übertragung von Positionen auf andere (zu dem Zeitpunkt nicht bilanzierende) Konzernunternehmen den Liquiditäts- und Erfolgsausweis, den Vorstellungen entsprechend, anpassen.

Im wesentlichen geht es also um eine Korrektur der verflechtungsbedingten internen Wechselbeziehungen zwischen den einzelnen als Konzern verbundenen Unternehmen, die in den Einzelabschlüssen enthalten sind. Diese Korrektur wird dadurch erreicht, daß bei der Zusammenfassung der Einzelbilanzen zur Konzernbilanz bestimmte Kapital-, Schulden- und Gewinnkonsolidierungen und bei der Zusammenfassung der einzelnen GuV-Rechnungen zur Konzernerfolgsrechnung Eliminierungen bestimmter Erfolgspositionen vorgenommen werden.

4.2 Konzernbegriff

In der bisherigen Diskussion war implizit unterstellt worden, daß die Rechnungslegung der Unternehmung als rechtliche Einheit auch die Verhältnisse der gesamten wirtschaftlichen Einheit repräsentiert. Die erfaßten Vermögens- und Kapitalquanten waren in der Dispositionsbefugnis des Unternehmens, außerhalb dessen gab es weder zusätzliche rechtliche Ansprüche noch Verpflichtungen. Bei der Realisierung des Unternehmensziels muß sich das Unternehmen der Konkurrenz der anderen Unternehmen auf dem Markt stellen. Unternehmen und Markt sind in dieser Sicht voneinander abgrenzbar.

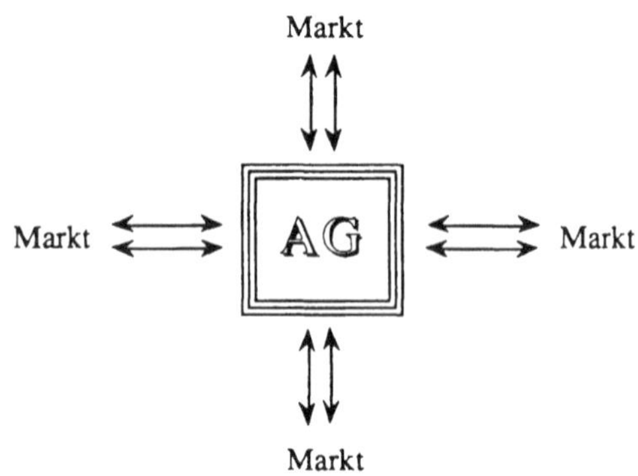

Abb. 7

Diese Vorstellung entspricht in der Regel nicht den heute herrschenden Verhältnissen. Eine wirtschaftliche Einheit kann aus den verschiedensten Gründen in mehrere rechtlich selbständige Gesellschaften aufgeteilt sein. Die Rechnungslegung einer einzigen Gesellschaft gibt dann nicht mehr die wahre Situation der wirtschaftlichen Einheit wieder. Nachstehende Graphik verdeutlicht den Zusammenhang:

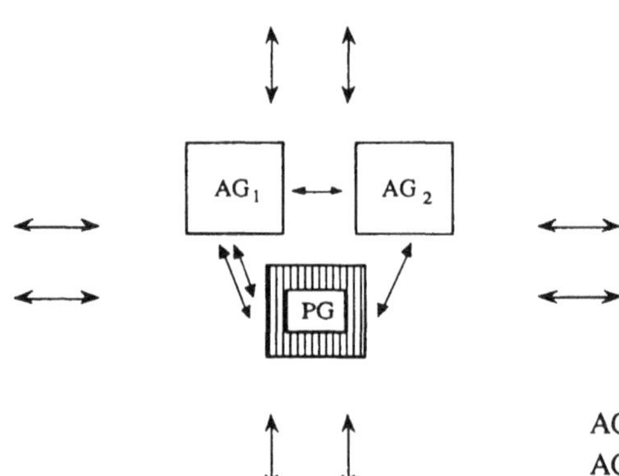

AG_1 = Aktiengesellschaft # 1
AG_2 = Aktiengesellschaft # 2
PG = Personengesellschaft

Abb. 8

Die Berichterstattung der wahren wirtschaftlichen Situation verlangt die Berücksichtigung der gesamten Beziehungen nach außen und die Elimination der inneren Beziehungen zwischen den Konzernunternehmen. Solange die Beteiligungen jeweils 100% betragen, die Jahresabschlüsse nach den gleichen Prinzipien und zu einem einheitlichen Stichtag aufgestellt werden, lassen sich diese Vereinheitlichungen, man spricht von Konsolidierungen, vergleichsweise einfach durchführen. Schwieriger ist die Konsolidierung, die Umsetzung des Grundsatzes eines angemessenen Einblicks in die wahre Lage des gesamten Unternehmensgebildes in die konkreten Vorschriften, wenn die oben genannten Bedingungen nicht vollständig erfüllt sind. Wie ist z.B. zu verfahren, wenn die Beteiligung unter 100% liegt? Bis zu welchem Prozentsatz der Beteiligung ist der Wert der Beteiligung durch die explizite anteilige Übernahme der Vermögens- und der Schuldenquoten sinnvoll?[58]

Die Beziehung eines Unternehmens zum Markt ist nicht eindeutig abzugrenzen. Folgendes Schema gibt den Zusammenhang wieder:

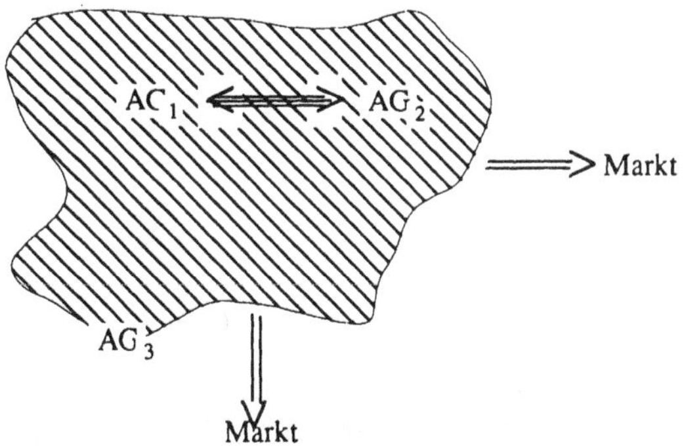

Abb. 9

Entsprechend den Unterschieden in der Beteiligung gibt es auch Unterschiede in der Form der Konsolidierung:

Das Gesetz unterscheidet **Vollkonsolidierung** gem. § 300 HGB, **Quotenkonsolidierung** gem. § 310 HGB und die Berücksichtigung **assoziierter Unternehmen** gem. § 311 HGB.

Hilfreich für die Lösung der Frage, welche Unternehmen in einer Konzernrechnung gemeinsam Rechnung legen, wäre eine eindeutige Definition eines Konzernes. Es gibt jedoch weder eine einheitliche Begriffsbestimmung noch eine Legaldefinition. Der Konzernbegriff ist aus mehreren Vorschriften indirekt abzuleiten.

So lassen sich aus § 290 HGB über die Regelung der Aufstellungspflicht und aus § 294 HGB über die Abgrenzung des Konsolidierungskreises Definitionselemente ableiten.

Hinweise liefert auch das AktG:

Es kennt in § 15 AktG **verbundene Unternehmen** als Oberbegriff und unterscheidet hierbei mehrere Kategorien:

1. In Mehrheitsbesitz stehende und mit Mehrheit beteiligte Unternehmen gem. § 16 AktG
2. Abhängige und herrschende Unternehmen gem. § 17 AktG
3. Konzernunternehmen gem. § 18 AktG
4. Wechselseitig beteiligte Unternehmen gem. § 19 AktG
5. Durch Unternehmensverträge verbundene Unternehmen gem. §§ 291, 292 AktG

In der Gruppe der verbundenen Unternehmen wird in § 18 I AktG der Unterordnungskonzern als eine Konzernform angesprochen. Ein herrschendes Unternehmen ist an (mehreren) abhängigen Unternehmen beteiligt:

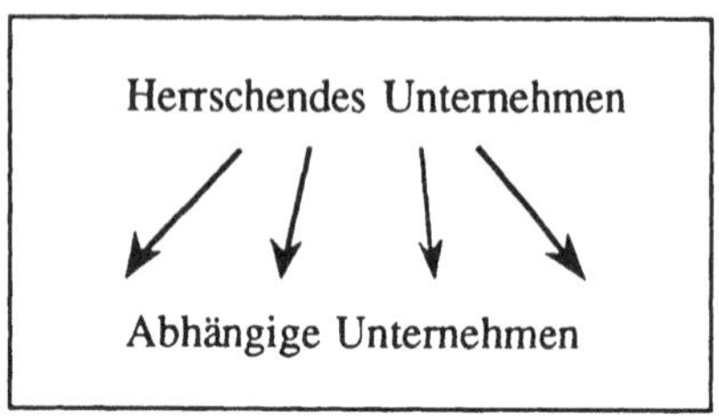

Unterordnungs-
konzern
gem. § 18 I AktG

Abb. 10

Die Zugehörigkeit zu einem Konzern bildet normalerweise eine widerlegbare Vermutung. Die Vermutung wird jedoch unwiderlegbar, wenn ein Beherrschungsvertrag gem. § 291 AktG oder ein Eingliederungsvertrag gem. § 319 AktG vorliegt. Nach § 17 AktG liegt Abhängigkeit vor, wenn ein anderes Unternehmen beherrschenden Einfluß ausüben kann. Ein beherrschender Einfluß kann gem. § 290 II HGB durch Besetzung der gesetzlichen oder satzungsmäßigen Organe erreicht werden, wenn man im Besitz der Stimmenmehrheit ist.

Das AktG kennt in § 18 II noch den Gleichordnungskonzern, bei dem selbständige Unternehmen unter einheitlicher Leitung zusammengefaßt sind:

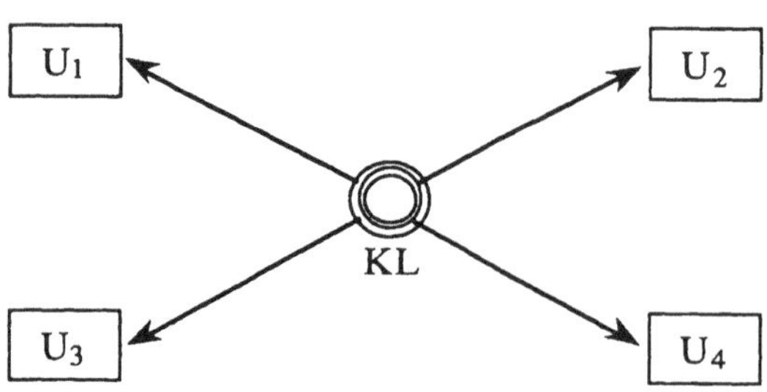

Abb. 11

Die Geschäftspolitik der Konzerngesellschaften $U_1 .... U_4$ wird durch die einheitliche Leitung - der Konzernleitung (KL) - aufeinander abgestimmt.

Die einheitliche Leitung kann entweder durch die faktische Macht der Beteiligungsverhältnisse oder durch rechtliche Verpflichtung kraft vertraglicher Vereinbarungen zustande kommen. Das Aktiengesetz kennt mehrere vertragliche Verbindungen, die in den §§ 291, 292 AktG geregelt sind:

Beherrschungsvertrag § 291 AktG

Eine Aktiengesellschaft unterstellt mit einem Beherrschungsvertrag die Leitung ihrer Gesellschaft einem anderen Unternehmen. Ein Beherrschungsvertrag liegt nicht vor, wenn sich Unternehmen, die voneinander unabhängig sind, durch Vertrag unter einheitliche Leitung stellen, ohne daß dadurch eines von ihnen von einem anderen vertragschließenden Unternehmen abhängig wird.

Gewinnabführungsvertrag § 291 AktG

In einem Gewinnabführungsvertrag verpflichtet sich eine Gesellschaft, ihren ganzen Gewinn an ein anderes Unternehmen abzuführen.

Gewinngemeinschaftsvertrag § 292 AktG

In einem solchen Vertrag verpflichtet sich eine AG oder eine KGaA ihren Gewinn oder den Gewinn einzelner ihrer Betriebe ganz oder zum Teil mit dem Gewinn anderer Unternehmen zur Aufteilung eines gemeinschaftlichen Gewinnes zusammenzulegen. In einem Teilgewinnabführungsvertrag verpflichtet sie sich, einen Teil ihres Gewinnes oder den Gewinn eines Teilbetriebes ganz oder teilweise abzuführen.

Im Rahmen eines Betriebspacht- und Betriebsüberlassungsvertrages verpachtet die Gesellschaft den Betrieb ihres Unternehmens.

4.3 Konsolidierungspflicht

Nach den Vorschriften des HGB sind lediglich Unterordnungskonzerne zur Aufstellung eines Konzernabschlusses und der Vorlage eines Konzernlageberichtes verpflichtet (§§ 290 ff HGB). Eine Konsolidierungspflicht für Gleichordnungskonzerne enthält das HGB nicht. Wenn eine Kapitalgesellschaft mit Sitz im Inland (Mutterunternehmen) eine Beteiligung an einem Tochterunternehmen hält, mit dem es durch eine einheitliche Leitung verbunden ist, so haben die gesetzlichen Vertreter des Mutterunternehmens einen Konzernabschluß und einen Konzernlagebericht aufzustellen (§ 290 I HGB).

Diese Verpflichtung gilt für Kapitalgesellschaften, also auch für GmbH´s und nicht nur für AG´s. In den Konzernabschluß einzubeziehen sind auch sog. assoziierte Unternehmen, bei denen ein maßgeblicher Einfluß auf die Geschäfts- und

Firmenpolitik ausgeübt wird. Dieser Einfluß wird vermutet bei einer Beteiligung von mindestens 20% (§ 311 HGB). Die Form der Einbeziehung unterscheidet sich jedoch von der bei mehrheitlich beteiligten Unternehmen.

Diese Aufstellungspflicht gilt in jedem Fall dann, wenn dem Mutterunternehmen

- die Mehrheit der Stimmrechte des Tochterunternehmens zusteht (§ 290 II HGB),
- das Recht zusteht, die Mehrheit der Mitglieder des Verwaltungs-, Leitungs- oder Aufsichtsorgans zu bestellen oder abzuberufen, und sie gleichzeitig Gesellschafter ist,
- das Recht zusteht, einen beherrschenden Einfluß aufgrund eines mit diesem Unternehmen geschlossenen Beherrschungsvertrags oder aufgrund einer Satzungsbestimmung dieses Unternehmens auszuüben.

Die Konsolidierungspflicht umfaßt auch mehrstufige Konzerne, denn gem. § 290 III HGB gelten als Rechte, die einem Mutterunternehmen zustehen, auch die einem Tochterunternehmen zustehenden Rechte und die den für Rechnung des Mutterunternehmens oder von Tochterunternehmen handelnden Personen zustehenden Rechte. Gemäß der Formulierung des § 290 II HGB Ziff. 1 kommt es auf die Stimmenmehrheit, nicht auf die Kapitalmehrheit der Beteiligung an.

Die Aufstellungspflicht ist von der Größe des Konzerns abhängig. Im einzelnen gelten gem. § 293 HGB folgende Grenzen; die Werte für alle Konzernunternehmen ergeben sich aus der Addition der Einzelabschlußzahlen:

	Merkmale		
Gesellschaft	Bilanzsumme Mio DM	Außenumsätze Mio DM	Beschäftigte
Mutterunternehmen	39	80	500
Alle Konzernunternehmen	46,8	96	500
PublG	125	250	5000

Für Kreditinstitute und Versicherungsunternehmen gelten andere Kriterien und Größen.

Die Vorschriften der §§ 290 ff HGB betreffen Kapitalgesellschaften. Das Publizitätsgesetz hat die Pflicht zur Konzernrechnungslegung, entsprechend den oben angegebenen Größen, auch auf Unternehmen in anderer Rechtsform ausgeweitet (§ 11 I PublG).

4.4 Konsolidierungskreis

Mit Inkrafttreten des neuen Rechts sind grundsätzlich in den Konzernabschluß die Mutter- und alle Tochterunternehmen ohne Rücksicht auf den Sitz der Tochterunternehmen einzubeziehen (§ 294 I HGB). Ausnahmen sind in den §§ 295, 296 geregelt:

Gemäß § 294 I HGB in Verbindung mit § 295 HGB darf ein Tochterunternehmen nicht in den Konzernabschluß einbezogen werden, wenn sich seine Tätigkeit von der Tätigkeit der anderen Unternehmen derart unterscheidet, daß die Einbeziehung in den Konzernabschluß mit der Verpflichtung, ein den tatsächlichen Verhältnissen entsprechendes Bild der Vermögens-, Finanz- und Ertragslage zu vermitteln, unvereinbar ist (z.B. ein Industrieunternehmen als Tochter eines Versicherungskonzerns).

Außerdem läßt § 296 HGB einige Konsolidierungswahlrechte zu. Beispielsweise braucht ein Tochterunternehmen mit nur geringer Bedeutung für die Konzerngesamtheit nicht in den Konzernabschluß einbezogen werden. Die Anwendung dieser Vorschriften ist jedoch im Anhang zu begründen.

4.5 Konsolidierungsgrundsätze

Zur Erfüllung der Informationsaufgabe sind bei der Erstellung des Konzernabschlusses einige allgemeine Grundsätze ordnungsmäßiger Konsolidierung zu beachten:

- Einheitlicher Bilanzstichtag
- Einheitliche Kontenpläne und Gliederungsschemata
- Einheitliche Bewertungsgrundsätze

Im Rahmen der Transformierung der Konzernabschluß-Richtlinie in deutsches Recht sind diese grundsätzlichen Regelungen, auf die bei der Auslegung der Einzelvorschriften zurückzugreifen ist, kodifiziert worden:[59]

a) Abschlußstichtagsprinzip

Grundsätzlich ist für den Konzernabschluß der Abschlußstichtag des Mutterunternehmens maßgeblich. Abweichend davon darf auch ein Stichtag der bedeutendsten oder der Mehrheit der in den Abschluß einbezogenen Unternehmen gewählt werden. Dieses jedoch ist im Konzernanhang anzugeben und zu begründen. Die Jahresabschlüsse der einbezogenen Konzernunternehmen sollen im allgemeinen auf den Stichtag des Konzernabschlusses erstellt werden (§ 299 HGB).

b) Vollständigkeitsprinzip

In den Konzernabschluß sind sämtliche Vermögensgegenstände, Schulden, aktive und passive Rechnungsabgrenzungsposten, Aufwendungen und Erträge der relevanten Unternehmen vollständig aufzunehmen. Bezüglich etwaiger Bilanzierungsverbote und -wahlrechte ist das für das Mutterunternehmen geltende Recht maßgeblich (§ 300 II HGB).

c) Stetigkeitsprinzip

Grundsätzlich sollen die auf den vorhergehenden Konzernabschluß angewandten Konsolidierungsmethoden beibehalten werden. Abweichungen sind in Ausnahmefällen zulässig, allerdings sind sie im Anhang anzugeben und zu begründen (§ 297 III Satz 2-5 HGB).

d) Prinzip der Klarheit "true and fair view"

In Anlehnung an den gleichen Grundsatz für den Einzelabschluß fordert § 297 II HGB, daß der Konzernabschluß klar und übersichtlich aufzustellen ist und ein den tatsächlichen Verhältnissen entsprechendes Bild der Vermögens-, Finanz- und Ertragslage zu vermitteln hat. Letzteres wird auch als das aus angloamerikanischen Rechtsvorstellungen entstammende "true and fair view-Konzept" bezeichnet. Eine andere Übersetzung der Generalnorm könnte dabei einen angemessenen Einblick in die wahre Lage des Konzerns verlangen.

e) Prinzip der Fiktion der rechtlichen Einheit

Dieser Grundsatz besagt, daß die Vermögens-, Finanz- und Ertragslage im Konzernabschluß so darzustellen ist, als ob die einbezogenen Unternehmen insgesamt ein rechtlich einheitliches Unternehmen bilden würden (§ 297 III Satz 1 HGB). An die Stelle der dem Mutterunternehmen gehörenden Anteile an den einbezogenen Tochterunternehmen treten grundsätzlich die Vermögensgegenstände, Schulden, Rechnungsabgrenzungsposten, Bilanzierungshilfen und Sonderposten der Tochterunternehmen (§ 300 I HGB).

f) Prinzip der Einheitlichkeit der Bewertung

Die obengenannte Einheitsfiktion implizierte nach der aktienrechtlichen Regelung von 1965, daß jene Positionen, deren Ansätze und Werte bereits im Einzelabschluß einheitlichen Bilanzierungsregeln entsprachen, unverändert in den Konzernabschluß übernommen wurden. Es galt also bisher das Prinzip der Maßgeblichkeit des Einzelabschlusses für den Konzernabschluß (§ 331 I Nr. 1 AktG 1965).[60] Durch die neue Regelung des HGB 1986 wird dieser Grundsatz aufgegeben und durch das Prinzip der Einheitlichkeit der Bewertung ersetzt.[61] Nach der neuen Interpretation der Einheitsfiktion bestimmt § 308 HGB, daß die in den Konzernabschluß übernommenen Vermögensgegenstände und Schulden der einbezogenen Unternehmen nach den auf den Jahresabschluß des Mutterunternehmens anwendbaren einheitlichen Bewertungsmethoden zu bewerten sind.

Diese Vorschrift bezieht sich lediglich auf die Wertansätze der Konsolidierung und nicht auf die Wertansätze der Einzelabschlüsse. Das bedeutet, daß die Bewertung in den Einzelabschlüssen abweichend vom Konzernabschluß vorgenommen werden darf.[62]

g) Publizitätsumfang

Die handelsrechtliche Konzernrechnungslegung umfaßt eine Konzernbilanz, eine Konzern-GuV-Rechnung, einen Konzernanhang und einen Konzernlagebericht (§§ 297 I, 315 HGB).

4.6 Aufstellung der Konzernbilanz

Bei der Bilanzkonsolidierung sind die Bereiche der Kapital-, der Schulden- und der Gewinnkonsolidierung zu unterscheiden.[63] Die Konsolidierungsgrundsätze seien jeweils an einfachen Beispielen erläutert.

Kapitalkonsolidierung

Im Konzernabschluß ist der Jahresabschluß des Mutterunternehmens mit den Jahresabschlüssen der Tochterunternehmen zusammenzufassen (§ 300 I HGB).

In einer reinen Summenbilanz würden die Werte der Tochterunternehmen mehrfach eingehen, denn einerseits würde das Eigenkapital der Tochtergesellschaft auf der Passivseite ausgewiesen, andererseits der entsprechende Beteiligungsbuchwert auf der Aktivseite des Mutterunternehmens. Diese Bilanzaufblähung wird durch die Kapitalkonsolidierung beseitigt: aus der Bilanz des Mutterunternehmens wird der Beteiligungsbuchwert herausgenommen und statt dessen die von ihm verkörperten, beim Tochterunternehmen vorhandenen Vermögensgegenstände, Schulden, Rechnungsabgrenzungsposten, Bilanzierungshilfen und Sonderposten eingesetzt (§ 301 HGB). Die sukzessive Entwicklung der Konzernbilanz aus einem Mutterunternehmen (MU) und einem Tochterunternehmen (TU) soll die Aufgaben verdeutlichen.

Einzelbilanz MU

Div. Aktiva	1200	Gez. Kap.	300
Bet.	200	Rücklagen	300
		FK	800
	1400		1400

Einzelbilanz TU

Div. Aktiva	500	Gez. Kap.	100
	500	Rücklagen	50
		FK	350
			500

Die beiden Einzelbilanzen sind zu einer einzigen dergestalt zusammenzufassen, daß sämtliche Vermögenswerte und Schulden gegenüber Dritten, aber auch nur diese, dargestellt werden. Die schematische Addition der beiden Aktiv- und Passivseiten würde zwar wieder formal eine Bilanz ergeben, weil die Summen der beiden Bilanzseiten wieder übereinstimmen, inhaltlich jedoch würde die intendierte Information nicht vermittelt werden, denn die beiden Bilanzen enthielten auch die gegenseitigen Forderungen und Verbindlichkeiten. Sie sind zu eliminieren.

Im wesentlichen ist bei diesem einfachen Beispiel der Posten "Beteiligungen" bei Mutterunternehmen durch die effektiven Vermögenswerte des Tochterunternehmens zu substituieren.

Des weiteren ist das FK des Tochterunternehmens in der Konzernbilanz auszuweisen. Dabei wird unterstellt, daß das FK in diesem einfachen Fall nur Verbindlichkeiten an außenstehende Dritte und nicht an das Mutterunternehmen enthält.

Die Eigenkapitalquanten des Tochterunternehmens werden als (rechnerischer) Residualposten nicht übertragen.

Der Vermögensausweis des Mutterunternehmens ist um die Vermögensgegenstände der Tochterunternehmen zu erhöhen. Sie ersetzen die Position "Beteiligung", die bei den Mutterunternehmen eigentlich mehr eine Platzhalterfunktion besitzt.

Die differierende Höhe der beiden Positionen macht ein zentrales Problem der Konsolidierung deutlich: Zu welchem Wertansatz sind die Vermögensgegenstände der Tochterunternehmen in die Konzernbilanz zu übernehmen? Der Wertansatz beeinflußt entscheidend die Struktur der Konzernbilanz, wie die hypothetischen alternativen Ansätze verdeutlichen.

a) Ansatz der Vermögensgegenstände zum **Beteiligungswert Mutterunternehmen**

Konzern

Div.AktivaMU	1200	Gez. Kap.	300
Div.AktivaTU	200	FK MU	800
Verlust	50	FK TU	350
	1450		1450

EK - Anteil:

$$\frac{250}{1400} = 17{,}86\ \%$$

b) Ansatz der Vermögensgegenstände zum **Buchwert Tochterunternehmen**

Konzern

Div.AktivaMU	1200	Gez. Kap.	300
Div.AktivaTU	500	Rücklagen	250
		FK MU	800
		FK TU	350
	1700		1700

EK - Anteil:

$$\frac{550}{1700} = 32{,}35\ \%$$

c) Ansatz der Vermögensgegenstände zum **Tageswert** = 800, z.B. durch Verkauf an eine Leasinggesellschaft.

Konzern

Div. Aktiva MU	1200	Gez. Kap.	300
Div. Aktiva TU	800	Rücklagen	550
		FK MU	800
		FK TU	350
	2000		2000

EK - Anteil:

$$\frac{850}{2000} = 42{,}5\%$$

Dieses einfache Beispiel zeigt bereits die Gestaltungsmöglichkeiten der Konzernbilanz. Bei gleichen realen Verhältnissen kann der EK-Anteil einmal ca. 18%, das andere Mal 42,5% betragen.

Unterstellt man noch , daß in dem FK Pensionsrückstellungen enthalten sind, so kann bei einer Variation des Kapitalisierungszusatzes der Betrag der Pensionsrückstellungen entsprechend gestaltet werden, so daß der EK-Ausweis sich entsprechend verändert.

Diese grundsätzlichen Möglichkeiten werden durch den Gesetzgeber in den Vorschriften der §§ 300 ff HGB strukturiert.

§ 300 HGB verlangt generell, daß an die Stelle der dem Mutterunternehmen gehörenden Anteile an den einbezogenen Tochterunternehmen die Vermögensgegenstände, Schulden, Rechnungsabgrenzungsposten, Bilanzierungshilfen und Sonderposten der Tochterunternehmen treten. Die **Kapitalkonsolidierung** ist in den §§ 301, 302 HGB, die **Schuldenkonsolidierung** in § 303 HGB, die Grundsätze der **Aufwands-** und **Ertragskonsolidierung** schließlich in § 305 HGB geregelt.

Der Wertansatz, der dem Mutterunternehmen gehörenden Anteile an einem in den Konzernabschluß einbezogenen Tochterunternehmen, ist mit dem auf diese Anteile entfallenden Eigenkapital zu verrechnen. Es umfaßt nach der neuen Regelung neben dem gezeichneten Kapital auch Kapitalrücklagen, Gewinnrücklagen, den Bilanzgewinn und einen Gewinnvortrag.[64]

Das HGB kennt nach § 301 HGB grundsätzlich zwei Verfahren zur Konsolidierung des Kapitals.

Buchwertmethode gem. § 301 I Ziff. 1 HGB und

Neubewertungsmethode gem. § 301 I Ziff. 2 HGB

Die Kapitalkonsolidierung bei Interessenzusammenführung ist in § 302 HGB geregelt. Die unterschiedliche Vorgehensweise sei an zwei unterschiedlichen Beispielen erläutert.

Konsolidierung

Gem. § 308 II HGB ist eine Neubewertung der Vermögensgegenstände und Schulden, entsprechend der zugrunde zu legenden Bewertungsvorschriften des Mutterunternehmens, vorzunehmen. Diese Ergänzungsrechnungen werden in diesem Zusammenhang auch als *Handelsbilanz II* bezeichnet. In der Handelsbilanz II wird die Bilanz der Tochterunternehmen so aufbereitet, daß sie nach Form und Inhalt den deutschen Grundsätzen ordnungsmäßiger Buchführung, den gesetzlichen Vorschriften oder den Konzernbilanzierungsrichtlinien entspricht.[65]

Die in der Handelsbilanz II vorzunehmenden Änderungen betreffen vor allem folgende Bereiche:[66]

- Gliederung (§ 298 I i.V.m. § 266 HGB)
- Bilanzansatz (§ 300 HGB)
- Bewertung (§ 308 HGB)
- Währungsumrechnungen

Konsolidierung nach der Buchwertmethode

Bei der Buchwertmethode errechnet sich das zu konsolidierende Eigenkapital nach den Buchwerten der Bilanzposten des Tochterunternehmens. Es wird verglichen mit dem Beteiligungsansatz in der Bilanz des Mutterunternehmens. Ein Unterschiedsbetrag ist auf die Wertansätze der Vermögensgegenstände des Tochterunternehmens aufzuteilen. Bei welchen Vermögensgegenständen der ursprüngliche Buchwertansatz erhöht oder gesenkt wird, bestimmt sich gem. § 301 I Satz 3 HGB aus dem Vergleich der ursprünglichen Ansätze mit den auf einen Stichtag bezogenen Wertansätzen:

Ein Unterschiedsbetrag ist den Wertansätzen der Vermögensgegenstände und Schulden des Tochterunternehmens insoweit zuzuschreiben oder mit diesen zu verrechnen, als deren neu berechneter Stichtagswert höher oder niedriger ist als der bisherige Wertansatz.

§ 301 II HGB sieht folgende alternative Zeitpunkte für die Wertermittlungen vor:

- Zeitpunkt des Erwerbs der Anteile
- Zeitpunkt der erstmaligen Einbeziehung des Tochterunternehmens in den Konzernabschluß
- Zeitpunkt, zu dem das Unternehmen (z.B. bei sukzessivem Anteilserwerb) Tochterunternehmen geworden ist. Der gewählte Zeitpunkt ist außerdem im Konzernanhang anzugeben.

Kann die Erstkonsolidierungsdifferenz, d.h. der ursprüngliche, als Differenz zwischen bilanziellem Eigenkapital des Tochterunternehmens und Kaufpreis der Beteiligung ermittelte Unterschiedsbetrag[67], nicht vollständig mit den Wertansätzen der Wirtschaftsgüter des Tochterunternehmens verrechnet werden, so ist dieser Restsaldo als eigener Posten in der Konzernbilanz auszuweisen. Gem. § 301 III HGB ist ein aktivischer Unterschiedsbetrag als "Geschäfts- oder Firmenwert", ein Passivsaldo als "Unterschiedsbetrag aus der Kapitalkonsolidierung" auszuweisen.

Beispiel in Anlehnung an Coenenberg: [68]

	MU A	MU P	TU Buchwerte A	TU Buchwerte P	TU Zeitwerte A	TU Zeitwerte P
Div. Aktiva	1200		500		560	
Bet.	200					
Gez. Kap.		300		100		100
Rücklagen		300		50		50
Neubewertungs-differenz						60
FK		800		350		350

Der Wertansatz der Beteiligung von 200 ist durch die Vermögens- und Schuldenpositionen zu substituieren. Die diversen Aktiva der Tochterunternehmen enthalten stille Reserven in Höhe von 60. Diese Neubewertungsdifferenz ist zunächst zu verrechnen mit dem Unterschied zwischen Beteiligungswert und Eigenkapital in Höhe von 50.

Da hierbei ein Rest in Höhe von 10 verbleibt, ist dieser nach § 301 III HGB in der Konzernbilanz als Ausgleichsposten aus der Kapitalkonsolidierung auszuweisen.

Wir erhalten somit für die Konzernbilanz

A	Konzern		P
Div. Aktiva	1760	Gez. Kap.	300
		Rücklagen	300
		Ausgleichsposten	10
		FK	1150
	1760		1760

Neubewertungsmethode

Nach dieser Methode ist das Eigenkapital gem. § 301 I Ziff. 2 HGB mit dem Betrag anzusetzen, der dem Wert der Vermögensgegenstände, Schulden, Rechnungsabgrenzungsposten, Bilanzierungshilfen und Sonderposten am gewählten Stichtag entspricht.

Bei konsequenter Verfolgung dieses Konsolidierungsprinzips werden beim Tochterunternehmen grundsätzlich alle stillen Reserven aufgedeckt. Da jedoch in der deutschen Rechnungslegung generell, also auch bei der Konzernbilanzierung, das Anschaffungswertprinzip gilt, kann die Aufdeckung stiller Reserven allenfalls bis zur Höhe des Beteiligungswertansatzes bei den Mutterunternehmen gehen.

Bei Vorliegen einer 100%igen Beteiligung führen Buchwert -und Neubewertungsmethode wegen des durch den Beteiligungsbuchwert gegebenen Höchstwertes zum gleichen Ergebnis.[69] Liegt jedoch keine vollständige Beteiligung vor, dann ergeben sich Unterschiede bei der Anwendung dieser Methoden.[70] Sie resultieren vor allem aus der Aufdeckung der stillen Reserven. Nach § 307 I HGB ist in der Konzernbilanz ein Ausgleichsposten für die Anteile der anderen Gesellschafter in Höhe ihres Anteils am Eigenkapital unter entsprechender Bezeichnung gesondert auszuweisen.

Bei der Buchwertmethode werden in der Konzernbilanz nur die Teile der stillen Reserven aufgedeckt, die bei dem Tochterunternehmen auf die Beteiligung des Mutterunternehmens entfallen. Heinen spricht in diesem Zusammenhang von einer "quotalen Aufdeckung der stillen Reserven und des Goodwills".[71] Bei der Neubewertungsmethode fordert jedoch § 307 I Satz 2 HGB explizit, daß bei der Berechnung und Aufgabe der Minderheitenanteile auch die anteiligen stillen Reserven mit einzubeziehen sind.

Konsolidierung assoziierter Unternehmen

Die Behandlung sog. assoziierter Unternehmen ist in den §§ 311, 312 HGB gesondert geregelt. Nach der Legaldefinition des § 311 I HGB liegt ein assoziiertes Unternehmen dann vor, wenn von einem in den Konzernabschluß einbezogenen Unternehmen ein maßgeblicher Einfluß auf die Geschäfts- und Finanzpolitik eines nicht einbezogenen Unternehmens, an dem das Konzernunternehmen gem. § 271 I HGB beteiligt ist, ausgeübt wird.

Diese Beteiligung ist dann in der Konzernbilanz unter einem besonderen Posten mit entsprechender Bezeichnung auszuweisen. Die näheren Umstände sind im Gesetz nicht beschrieben, bei einer Beteiligung von mindestens 20% wird ein solcher Einfluß gem. § 311 I Satz 2 HGB vermutet.

Eine Beteiligung an einem assoziierten Unternehmen ist in der Konzernbilanz entweder mit dem **Buchwert** oder mit dem Betrag, der dem **anteiligen Eigenkapital des assoziierten Unternehmens entspricht,** anzusetzen (§ 312 I Satz 1 HGB). Die Bewertung erfolgt nach der sog. **Equity Methode**. Es gilt dabei folgendes Schema:[72]

Anschaffungskosten der Beteiligung
\+ anteiliger Jahresüberschuß des assoziierten Unternehmens
./. anteiliger Jahresfehlbetrag des assoziierten Unternehmens
./. vereinnahmte Gewinnausschüttung vom assoziierten Unternehmen
./. außerplanmäßige Abschreibungen
\+ Zuschreibungen
= Wertansatz der Beteiligung

Die Intention einer möglichst zeitnahen Bewertung kommt auch darin zum Ausdruck, daß der Wert der Beteiligung nicht nur von der bereits vereinnahmten Gewinnausschüttung abhängt, sondern auch bereits von den Jahresüberschüssen, unbeschadet eines Gewinnverteilungsbeschlusses, dessen Realisierung in der

Regel längere Zeit in Anspruch nimmt. Die Bewertung im Abschluß des assoziierten Unternehmens muß nicht auf die Konzernbewertung ausgerichtet werden. Diese Abweichung ist allerdings im Anhang anzugeben (§ 312 V Satz 1 u. 2 HGB). Die Equity-Methode kann in *zwei Varianten* praktiziert werden, der **Buchwertmethode** oder der **Kapitalanteilsmethode.**[73]

Wesentlich ist bei beiden Varianten, den nach § 312 IV Satz 1 HGB im Jahr der Erstkonsolidierung ermittelten Wertansatz in den Folgejahren um den Betrag der Eigenkapitalveränderungen, die den dem Mutterunternehmen gehörenden Anteilen am Kapital des assoziierten Unternehmens entsprechen, zu erhöhen oder zu vermindern; auf die Beteiligung entfallende Gewinnausschüttungen sind abzusetzen.

In der Konsolidierungspraxis kommt nach einer Untersuchung von Küting/Zündorf[74] sowohl die Buchwertmethode als auch die Kapitalanteilsmethode zur Anwendung.

Schuldenkonsolidierung

Nach der *Einheitsfiktion* soll die Vermögens-, Finanz- und Ertragslage so dargestellt werden, als ob die einbezogenen Unternehmen insgesamt ein einziges Unternehmen wären.

Da ein einziges Unternehmen weder Forderungen noch Schulden gegenüber sich selbst haben kann, sind Ausleihungen und andere Forderungen, Rückstellungen, Verbindlichkeiten sowie entsprechende Rechnungsabgrenzungsposten zwischen den in den Konzernabschluß einbezogenen Unternehmen wegzulassen (§ 303 I HGB).

Beispiel zur Schuldenkonsolidierung

Bilanz MU

Div. Aktiva	700	EK	400
Bet.	100	FK	600
Ford. TU	200		
	1000		1000

Bilanz TU

Div. Aktiva	500	EK	100
		FK	200
		Verb. MU	200
	500		500

Konzernbilanz

Div. Aktiva	1200	EK	400
		FK	800
	1200		1200

Zur Vereinfachung wurde unterstellt, daß die Beteiligung dem EK entspricht, keine Wertänderungen sich ergeben und somit die Kapitalbeteiligung keine Veränderung der sonstigen Positionen bewirkt. Die Entwicklung zeigt, daß die Schuldenkonsolidierung zu einer Bilanzverkürzung führt, die vom Grundsatz erfolgsneutral ist. Sie kann jedoch aufgrund von fehlender Synchronisation der Innenverhältnisse zur Erfolgswirksamkeit führen.

Solche Diskrepanzen können sich aufgrund unterschiedlicher Wertansätze für Forderungen und Verbindlichkeiten ergeben (z.B. Tageswert bzw. Rückzahlungswert). Sie können auch durch Fehlbuchungen bzw. durch zeitliche Unterschiede zustande kommen. Die Bewertungsunterschiede können auch durch unterschiedliche Bewertungsvorschriften z.B. für Anlage- und Umlaufvermögen, bzw. Vorräte und Waren verursacht werden.

Gewinnkonsolidierung

Zwischen den einzelnen einbezogenen Unternehmen können Lieferungen oder sonstige Leistungen erfolgen. Die dadurch *erwirtschafteten konzerninternen Gewinne gelten als nicht realisiert und dürfen deshalb nicht ausgewiesen werden.* Das bedeutet, daß Lieferungen und sonstige Leistungen innerhalb der wirtschaftlichen Einheit des Konzerns erfolgsneutral zu halten sind. § 304 I HGB fordert, daß Vermögensgegenstände, die ganz oder teilweise auf Lieferungen oder Leistungen zwischen den einbezogenen Unternehmen beruhen, so zu bilanzieren sind, als ob die einbezogenen Unternehmen auch rechtlich ein einziges Unternehmen bilden würden.

4.7 Aufstellung der Konzern-Gewinn- und Verlustrechnung

Bei der Erstellung der Konzern-GuV-Rechnung sind *Aufwands- und Ertragskonsolidierungen* notwendig.

Da im Sinne der wirtschaftlichen Einheit des Konzerns nur die Zahlen in die Konzern-GuV-Rechnung Eingang finden sollen, die den Geschäftsverkehr mit konzernfremden und nicht einbezogenen Unternehmen widerspiegeln, sind konzerninterne Aufwendungen und Erträge miteinander zu verrechnen. Dieses geschieht konkret dadurch, daß die Umsatzerlöse und andere Erträge aus Lieferungen und Leistungen zwischen den einbezogenen Unternehmen grundsätzlich gegen die ihnen gegenüberstehenden Aufwendungen verrechnet werden, soweit sie nicht als Erhöhung der Bestände an fertigen und unfertigen Erzeugnissen oder als andere aktivierte Eigenleistungen auszuweisen sind.

Andere Erträge aus Lieferungen und Leistungen zwischen den in den Konzernabschluß einbezogenen Unternehmen sind mit den auf sie entfallenden Aufwendungen zu verrechnen, soweit sie nicht als andere aktivierte Eigenleistungen auszuweisen sind (§ 305 I Ziff 1 u. 2 HGB).

4.8 Bedeutung der Konzernrechnungslegung für die Rechnungslegung der Unternehmung

Die vorstehenden Ausführungen haben gezeigt, daß die Aufstellung des Konzernabschlusses einen höheren Aufwand und größeren Gestaltungsfreiraum aufweist als die einzelgesellschaftliche Rechnungslegung. Obwohl die neuen Vorschriften erst ab dem 1.1.1990 beachtet werden müssen, erstellen die meisten bislang schon konzernabschlußpflichtigen deutschen Unternehmen nicht nur ihren Einzel-, sondern auch den Konzernabschluß nach neuem Recht.[75]

Durch das neue Bilanzrecht erhalten die Konzernabschlüsse künftig eine im Vergleich zum Einzelabschluß gewichtige Bedeutung. Durch die Möglichkeit einer eigenständigen Konzernbewertungspolitik wird auch die Stellung der Konzernleitung erheblich aufgewertet. Sie braucht sich nicht mehr nur auf bloße Konsolidierungstechniken zu beschränken, sondern kann echte Bilanzpolitik betreiben. Zum Beispiel kann der Eigenkapitalausweis in der Konzernbilanz durch gezielte Maßnahmen erhöht bzw. verringert werden. Insbesondere können hier folgende Möglichkeiten angesprochen werden:

- Auflösung steuerlicher Sonderposten in Steuerrückstellungen und freie Rücklagen.[76]
- Ansatz aktiver latenter Steuern auf eliminierte Zwischengewinne.
- Umwandlung von stillen Rücklagen in offene Rücklagen durch Änderung der Bewertung z. B. von Rückstellungen.
- Erhöhung der als Eigenkapital geltenden Minderheitenanteile durch Anwendung der Anteilsmethode bei der Kapitalkonsolidierung.

Aber auch als Informationsbasis für Unternehmensanalysen gewinnt der Konzernabschluß an Bedeutung. Die Substitution des Maßgeblichkeitsprinzips der Einzelabschlüsse für den Konzernabschluß durch die Einheitlichkeit der Bewertung und das Weltabschlußprinzip führen dazu, daß dem Konzernabschluß bei der Beurteilung von Unternehmensgruppen eine größere Bedeutung zukommt.[77]

Zu beachten ist allerdings, daß ohne die Bekanntgabe zusätzlicher interner Daten bei der Konzernanalyse verläßliche Aussagen kaum zu erwarten sind. Dennoch muß bei der Bilanzanalyse von konzernmäßig verflochtenen Unternehmen immer auch der Konzernabschluß mit einbezogen werden. Für international tätige Unternehmen, die ausländische Kapitalmärkte in Anspruch nehmen, wird der Konzernabschluß zum "eigentlichen" Abschluß, wie in den USA schon längst üblich.[78] Dies wird sich auch auf die rechtlich normierten Funktionen des Konzernabschlusses auswirken. Die Verwendung des Jahresüberschusses (z. Zt. geregelt in § 58 II AktG) wird sich zukünftig nicht mehr nur nach den Einzelabschlüssen richten können.

Die zunehmende Bedeutung des Konzernabschlusses für die Rechnungslegung der einbezogenen Unternehmen zeigen auch folgende Tatsachen: Erstens stellen schon relativ viele Mutterunternehmen den Konzernabschluß ihrem Einzelabschluß voran. Zweitens wird der Konzernanhang immer stärker für Abschlußerläuterungen genutzt, besondere Sachverhalte der einzelgesellschaftlichen Rechnungslegung werden gesondert angesprochen. Schließlich kommt dem Konzernabschluß bei den Haupt- und Gesellschafterversammlungen sowie in Pressekonferenzen eine wachsende Bedeutung zu.[79]

Abschließend muß noch erwähnt werden, daß durch z. T. noch ungelöste Probleme bei der Konsolidierung nach neuem Bilanzrecht erhöhte Anforderungen an den Konsolidierungsfachmann gestellt werden. Hier kann insbesondere die Problematik der Erfassung latenter Steuern und die Equity-Bewertung angesprochen werden. In der Praxis wird man wohl versuchen, diese Schwierigkeiten durch Hilfslösungen zu überwinden, da exakte Lösungsmethoden noch nicht zur Verfügung stehen. Dies hat aber auch zur Folge, daß die unterschiedlichsten Lösungswege beschritten werden und dadurch die Vergleichbarkeit der verschiedenen Konzernabschlüsse, ohne zusätzliche interne Informationen, wesentlich verschlechtert wird.

Der nachstehend wiedergegebene Jahresabschluß der Firma Bayer soll die konkrete Handhabung der Rechnungslegungsvorschriften verdeutlichen.

5. Wiedergabe eines Jahresabschlusses

Jahresabschluß Bayer 1988*

Bilanz Bayer-Konzern (in Mio DM)

Aktiva	Anhang	31.12.1988	31.12.1987
Anlagevermögen	(1)		
Immaterielle Vermögensgegenstände		128	118
Sachanlagen		11.170	10.346
Finanzanlagen	(2)	764	849
		12.062	**11.313**
Umlaufvermögen			
Vorräte	(3)	7.892	7.220
Forderungen und sonstige Vermögensgegenstände			
Ford. aus Lieferungen und Leistungen	(4)	7.322	6.141
Ford. gegen verbundene Unternehmen		84	63
Übrige Ford. und sonstige Vermögensgegenstände	(5)	1.282	1.149
		8.688	**7.353**
Flüssige Mittel	(6)	4.486	5.100
		21.066	**19.673**
Rechnungsabgrenzungsposten	(7)	**1.217**	**1.167**
		34.345	**32.153**

Passiva	Anhang	31.12.1988	31.12.1987
Eigenkapital			
Gezeichnetes Kapital der Bayer AG	(8)	3.171	3.089
Kapitalrücklage	(9)	4.288	4.476
Gewinnrücklagen	(10)	5.430	4.492
Konzerngewinn		1.855	1.498
Anteile anderer Gesellschafter		492	474
		15.236	**14.029**
Sonderposten mit Rücklageanteil	(11)	**80**	**87**
Rückstellungen			
Rückst. für Pensionen und ähnliche Verpflichtungen	(12)	6.236	5.676
Andere Rückstellungen	(13)	3.766	3.111
		10.002	**8.787**
Verbindlichkeiten			
Anleihen	(14)	1.881	2.288
Verbindlichkeiten gegenüber Kreditinstituten		1.899	2.246
Verbindlichkeiten aus Lieferungen und Leistungen	(15)	2.357	2.005
Verbindlichkeiten aus Wechseln		249	237
Verbindlichkeiten gegenüber verbundenen Unternehmen		100	58
Übrige Verbindlichkeiten	(16)	2.510	2.382
		8.996	**9.216**
Rechnungsabgrenzungsposten		**31**	**34**
		34.345	**32.153**

Gewinn- und Verlustrechnung Bayer-Konzern (in Mio DM)

	Anhang	1988	1987
Umsatzerlöse	(17)	**40.468**	**37.143**
Herstellungskosten der zur Erzielung der Umsatzerlöse erbrachten Leistungen		23.622	21.970
Bruttoergebnis vom Umsatz		**16.846**	**15.173**
Vertriebskosten		8.284	7.426
Forschungskosten		2.460	2.343
Allgemeine Verwaltungskosten	(18)	1.776	1.690
Sonstige betriebliche Erträge	(19)	1.274	835
Sonstige betriebliche Aufwendungen	(20)	1.598	1.273
Ergebnis der betrieblichen Tätigkeit		**4.002**	**3.276**
Beteiligungsergebnis	(21)	+91	+63
Zinsergebnis	(22)	-270	-339
Übrige finanzielle Aufwendungen und Erträge	(23)	-47	+66
Finanzergebnis		**-226**	**-210**
Ergebnis der gewöhnlichen Geschäftstätigkeit/Gewinn vor Ertragssteuern		**3.776**	**3.066**
Steuern vom Einkommen und vom Ertrag	(24)	1.867	1.522
Jahresüberschuß		**1.909**	**1.544**
Anderen Gesellschaftern zustehender Gewinn/Verlust	(25)	54	46
Konzerngewinn		**1.855**	**1.498**

* Entnommen aus Geschäftsbericht der Bayer AG 1988, S. 87 - 108

Bilanz Bayer AG (in Mio DM)

Aktiva	Anhang	31.12.1988	31.12.1987
Anlagevermögen	(1)		
Immaterielle Vermögensgegenstände		33	27
Sachanlagen		3.663	3.408
Finanzanlagen	(2)	6.008	4.400
		9.704	**7.835**
Umlaufvermögen			
Vorräte	(3)	2.058	1.901
Forderungen und sonstige Vermögensgegenstände			
Ford. aus Lieferungen und Leistungen	(4)	2.716	2.315
Ford. gegen verbundene Unternehmen		1.297	1.234
Übrige Ford. und sonstige Vermögensgegenstände	(5)	451	473
		4.464	**4.022**
Flüssige Mittel	(6)	3.557	4.339
		10.079	**10.262**
Rechnungsabgrenzungsposten	(7)	**83**	**100**
		19.866	**18.197**

Passiva	Anhang	31.12.1988	31.12.1987
Eigenkapital			
Gezeichnetes Kapital	(8)	3.171	3.089
Bedingtes Kapital 481 Mio DM			
Kapitalrücklage	(9)	4.321	4.083
Gewinnrücklagen	(10)	2.905	2.655
Bilanzgewinn		761	680
		11.158	**10.507**
Sonderposten mit Rücklageanteil	(11)	**2**	**3**
Rückstellungen			
Rückst. für Pensionen und ähnliche Verpflichtungen	(12)	4.088	3.705
Andere Rückstellungen	(13)	2.542	2.085
		6.630	**5.790**
Verbindlichkeiten			
Anleihen	(14)	500	500
Verbindlichkeiten aus Lieferungen und Leistungen	(15)	908	795
Verbindlichkeiten gegenüber verbundenen Unternehmen		225	135
Übrige Verbindlichkeiten	(16)	443	467
		2.076	**1.897**
		19.866	**18.197**

Gewinn- und Verlustrechnung Bayer AG (in Mio DM)

	Anhang	1988	1987
Umsatzerlöse	(17)	**17.852**	**16.697**
Herstellungskosten der zur Erzielung der Umsatzerlöse erbrachten Leistungen		11.495	10.982
Bruttoergebnis vom Umsatz		**6.357**	**5.715**
Vertriebskosten		2.872	2.707
Forschungskosten		1.475	1.359
Allgemeine Verwaltungskosten	(18)	409	380
Sonstige betriebliche Erträge	(19)	347	278
Sonstige betriebliche Aufwendungen	(20)	492	434
Ergebnis der betrieblichen Tätigkeit		**1.456**	**1.113**
Beteiligungsergebnis	(21)	+377	+299
Zinsergebnis	(22)	+282	+233
Übrige finanzielle Aufwendungen und Erträge	(23)		+12
Finanzergebnis		**659**	**544**
Ergebnis der gewöhnlichen Geschäftstätigkeit/Gewinn vor Ertragssteuern		**2.115**	**1.657**
Steuern vom Einkommen und vom Ertrag	(24)	1.104	762
Jahresüberschuß		**1.011**	**895**
Einstellung aus dem Jahresüberschuß in andere Gewinnrücklagen		250	215
Bilanzgewinn		**761**	**680**

Konzernanhang und Anhang der Bayer AG

Anwendung des Bilanz-Richtlinien-Gesetzes

Der Konzernabschluß und der Jahresabschluß der Bayer AG werden seit 1987 nach den Vorschriften des Bilanzrichtlinien - Gesetzes aufgestellt und gemeinsam erläutert.

Soweit nicht besonders vermerkt, gelten die Ausführungen für beide Abschlüsse.

Zur Verbesserung der Klarheit der Darstellung sind in der Bilanz und Gewinn- und Verlustrechnung einzelne Posten zusammengefaßt; sie werden im Anhang erläutert.

Konsolidierungskreis

In den Konzernabschluß sind neben der Bayer AG 28 inländische und 162 ausländische Tochterunternehmen einbezogen, bei denen der Bayer AG unmittelbar oder mittelbar die Mehrheit der Stimmrechte zusteht oder die unter ihrer einheitlichen Leitung stehen. Vier Gemeinschaftsunternehmen, an denen eine Beteiligung von jeweils 50% besteht, werden anteilmäßig konsolidiert. Weitere vier assoziierte Unternehmen werden nach der Equity-Methode erfaßt.

Unberücksichtigt blieben 176 Tochterunternehmen von insgesamt untergeordneter Bedeutung für die Vermögens-, Ertrags- und Finanzlage sowie sieben Gesellschaften mit zweckgebundenem Vermögen. Änderungen des Konsolidierungskreises haben sich im wesentlichen ergeben durch die erstmalige Einbeziehung der Matrix Corp., Orangeburg/USA und der Mobay Synthetics Corp., Houston/USA, die im Jahr 1988 erworben wurden, sowie durch den Verkauf der Metzeler Schaum GmbH, Memmingen, und die Auflösung der Bayer International Finance N.V., Curacao.

Bilanzierungs- und Bewertungsmethoden

Die Jahresabschlüsse der einbezogenen Unternehmen sind grundsätzlich auf den Stichtag des Konzernabschlusses erstellt. Bei abweichenden Abschlußstichtagen werden Zwischenabschlüsse aufgestellt. Die in den Konzernabschluß übernommenen Vermögensgegenstände und Schulden der einbezogenen Unternehmen sind einheitlich nach den folgenden Grundsätzen der Bayer AG bilanziert und bewertet worden:

Entgeltlich erworbene immaterielle Vermögensgegenstände sind zu Anschaffungskosten, vermindert um planmäßige Abschreibungen, angesetzt.

Die Bilanzierung der Sachanlagen erfolgt zu Anschaffungs- bzw. Herstellungskosten, vermindert um planmäßige, nutzungsbedingte Abschreibungen. Bei voraussichtlich dauernden Wertminderungen werden außerplanmäßige Abschreibungen vorgenommen. Die nur nach steuerlichen Vorschriften zulässigen Abschreibungen sind beibehalten worden.

Die Herstellungskosten der selbsterstellten Anlagen enthalten neben den Einzelkosten angemessene Teile der notwendigen Material- und Fertigungsgemeinkosten sowie den fertigungsbedingten Wertverzehr des Anlagevermögens.

Fremdkapitalzinsen, die auf den Zeitraum der Herstellung entfallen, sind grundsätzlich nicht aktiviert.

Anteile an verbundenen Unternehmen und übrigen Beteiligungen sind - mit Ausnahme der im Konzernabschluß nach der Equity-Methode angesetzten vier Beteiligungen - mit den Anschaffungskosten oder den niedrigeren beizulegenden Werten bilanziert.

Die Wertpapiere des Anlagevermögens sind zu Anschaffungskosten bewertet. Soweit der Wert, der ihnen am Bilanzstichtag oder an einem früheren Abschlußstichtag beizulegen war, unter den Anschaffungskosten liegt, ist dieser angesetzt.

Unverzinsliche oder gering verzinsliche Ausleihungen sind mit dem Barwert, die übrigen Ausleihungen mit dem Nennwert bilanziert.

Unter den Vorräten sind die Roh-, Hilfs- und Betriebsstoffe sowie die Handelswaren grundsätzlich mit den fortgeschriebenen Anschaffungskosten und die Erzeugnisse mit ihren jeweiligen (Konzern-) Herstellungskosten angesetzt. Diese enthalten neben den Einzelkosten angemessene Teile der notwendigen Material- und Fertigungsgemeinkosten sowie der Abschreibungen. Niedrigere Börsen- oder Marktpreise bzw. niedrigere beizulegende Werte werden durch Abschreibungen berücksichtigt. Steuerrechtlich zugelassene Abschläge werden abgesetzt.

Forderungen und sonstige Vermögensgegenstände werden mit dem Nennwert nach Abzug erforderlicher Wertberichtigungen bilanziert.

Bei den Forderungen aus Lieferungen und Leistungen sind Abschläge wegen erkennbarer Ausfallrisiken und späterer Fälligkeit berücksichtigt.

Wertpapiere sind mit den Anschaffungskosten oder mit den niedrigeren Börsenkursen am Bilanzstichtag oder einem früheren Abschlußstichtag angesetzt.

Das unter den Rechnungsabgrenzungsposten ausgewiesene Disagio ist zum Nennwert aktiviert. Es wird jährlich durch planmäßige Abschreibungen getilgt, die über die gesamte Laufzeit der zugrundeliegenden Verbindlichkeit verteilt werden.

Sonderposten mit Rücklageanteil sind in Höhe der steuerlich zulässigen Beträge angesetzt, soweit ihre Anerkennung den Ausweis in der Handelsbilanz voraussetzt.

Rückstellungen für Pensionen und ähnliche Verpflichtungen sind bei den inländischen Gesellschaften aufgrund versicherungsmathematischer Gutachten mit dem Teilwert gem. § 6a EStG bilanziert; bei ausländischen Gesellschaften wird vergleichbar verfahren.

Die anderen Rückstellungen berücksichtigen alle erkennbaren Risiken und ungewissen Verpflichtungen. Für unterlassene Instandhaltungsaufwendungen sind Rückstellungen angesetzt, wenn sie im folgenden Geschäftsjahr innerhalb von drei Monaten nachgeholt werden.

Latente Steuern werden auf zeitlich begrenzte Abweichungen zwischen Steuerbilanz und Handelsbilanz berechnet. Ergibt sich dabei ein aktivischer Abgrenzungsposten, so wird dieser bei Bayer AG nicht angesetzt. Im Konzernabschluß sind die aktiven latenten Steuern aus der Konsolidierung mit den latenten Steuern aus den Einzelabschlüssen verrechnet.

Die Verbindlichkeiten sind zum Nennwert bzw. zum höheren Rückzahlungsbetrag bilanziert.

Die ausgewiesenen Eventualverbindlichkeiten aus Bürgschaften und Gewährleistungsverträgen entsprechen den am Bilanzstichtag in Anspruch genommenen Kreditbeträgen bzw. den Verpflichtungen.

Währungsumrechnung

Nicht kursgesicherte Forderungen und die Verbindlichkeiten in fremder Währung sind mit dem Kurs am Buchungstag oder mit einem niedrigeren (Forderungen) bzw. höheren (Verbindlichkeiten) Bilanzkurs bewertet.

Bei Kurssicherungsmaßnahmen für das Umlaufvermögen ist der Sicherungskurs angesetzt.

Die Abschlüsse der ausländischen Beteiligungsgesellschaften werden nach der erfolgsneutralen Zeitbezugsmethode in Deutsche Mark umgerechnet, und zwar

mit dem durchschnittlichen DM-Kurs im Jahr des Zugangs (historischer Durchschnittskurs):

- Sachanlagen, immaterielle Vermögensgegenstände, Beteiligungen und Wertpapiere des Anlagevermögens

mit dem Jahresendkurs:

- alle übrigen Posten der Bilanz einschließlich des Jahresergebnisses

mit dem Jahresdurchschnittskurs:

- alle Aufwendungen und Erträge.

Die Unterschiedsbeträge aus der Währungsumrechnung in der Bilanz werden erfolgsneutral behandelt. Sie sind, soweit sie auf den Bayer-Anteil entfallen, in der Kapitalrücklage und, soweit sie auf den Fremdanteil entfallen, unter Anteile anderer Gesellschafter ausgewiesen.

Die Unterschiedsbeträge aus der Währungsumrechnung in der Gewinn- und Verlustrechnung werden vor dem Jahresüberschuß im Ergebnis der betrieblichen Tätigkeit neutralisiert.

Konsolidierungsmethoden

Die Kapitalkonsolidierung wird nach der Methode der erfolgswirksamen Erstkonsolidierung durchgeführt. Dabei sind die Anschaffungswerte der Beteiligungen mit dem anteiligen Buchwert ihres Eigenkapitals im Erwerbszeitpunkt verrechnet worden. Die Unterschiedsbeträge aus der Erstkonsolidierung wurden auf die sie betreffenden Vermögensgegenstände und Schulden verteilt und mit ihnen abgeschrieben bzw. realisiert. Auf erworbene Firmenwerte entfallende Beträge sind mit den Gewinnrücklagen verrechnet.

Konzerninterne Gewinne und Verluste, Umsätze, Aufwendungen und Erträge sowie alle Forderungen und Verbindlichkeiten zwischen den konsolidierten Gesellschaften sind eliminiert.

Bei den ergebniswirksamen Konsolidierungsvorgängen werden - soweit es sich um zeitliche Unterschiede handelt - die ertragsteuerlichen Auswirkungen berücksichtigt und latente Steuern in Ansatz gebracht.

Gemeinschaftsunternehmen werden anteilmäßig nach den gleichen Grundsätzen konsolidiert.

Die für die assoziierten Unternehmen ermittelten Equity-Werte basieren auf der Buchwertmethode. Konzerninterne Ergebnisse aus Lieferungen und Leistungen mit assoziierten Unternehmen werden wegen Geringfügigkeit nicht eliminiert.

Erläuterungen zur Bilanz

(1) Anlagevermögen

Die Gliederung und Entwicklung des Anlagevermögens sind im Anlagespiegel für den Konzern dargestellt. Im Anlagespiegel der Bayer AG sind in Abgang die Bayer International Finance N.V. und in Zugang die Bayer USA Inc. in Höhe von jeweils 1.303 Mio DM ausgewiesen.

(2) Finanzanlagen

Die Aufstellung des Anteilsbesitzes des Konzerns und der Bayer AG ist beim Handelsregister des Amtsgerichts Leverkusen hinterlegt. Sie wird auf Anforderung kostenlos von der Bayer AG zugeschickt.

(3) Vorräte

	Konzern		Bayer AG	
	31.12.1988 Mio DM	31.12.1987 Mio DM	31.12.1988 Mio DM	31.12.1987 Mio DM
Roh-, Hilfs-, und Betriebsstoffe	2.090	1.559	472	411
Unfertige und fertige Erzeugnisse sowie Handelswaren	5.773	5.644	1.585	1.489
Geleistete Anzahlungen	29	17	1	1
	7.892	**7.220**	**2.058**	**1.901**

(4) Forderungen aus Lieferungen und Leistungen

	Konzern Mio DM	Bayer AG Mio DM
gegenüber:		
verbundenen Unternehmen	115	952
übrigen Beteiligungen	194	67
sonstigen Kunden	7.013	1.697
	7.322	**2.716**

(5) Übrige Forderungen und sonstige Vermögensgegenstände

	Konzern		Bayer AG	
	31.12.1988 Mio DM	31.12.1987 Mio DM	31.12.1988 Mio DM	31.12.1987 Mio DM
Forderungen gegen übrige Beteiligungen	20	27	19	17
Sonstige Vermögensgegenstände	1.262	1.122	432	456
	1.282	**1.149**	**451**	**473**

In den sonstigen Vermögensgegenständen sind im Konzern 222 Mio DM und bei Bayer AG 166 Mio DM für Vermögensgegenstände enthalten, die erst nach dem Abschlußstichtag rechtlich entstehen. Es handelt sich dabei im wesentlichen um Zinsabgrenzungen.

Forderungen mit einer Restlaufzeit von mehr als einem Jahr

	Konzern Mio DM	Bayer AG Mio DM
Forderungen aus Lieferungen und Leistungen	127	4
Forderungen gegen verbundene Unternehmen	7	129
Sonstige Vermögensgegenstände	154	14
	288	**147**

(6) Flüssige Mittel

	Konzern		Bayer AG	
	31.12.1988 Mio DM	31.12.1987 Mio DM	31.12.1988 Mio DM	31.12.1987 Mio DM
Wertpapiere und Schuldscheine	1.627	1.323	1.341	1.202
Schecks, Kassenbestand, Bundesbank- und Postgiroguthaben, Guthaben bei Kreditinstituten	2.859	3.777	2.216	3.137
	4.486	**5.100**	**3.557**	**4.339**

Die bei der Bayer AG durch Schuldscheine verbrieften Anlagen liquider Mittel bei öffentlich-rechtlichen Körperschaften sind in dem Posten Wertpapiere und Schuldscheine enthalten.

(7) Rechnungsabgrenzungsposten

Das im Rechnungsabgrenzungsposten enthaltene Disagio beträgt im Konzern 305 Mio DM und bei Bayer AG 83 Mio DM. Im Konzern ist hier ferner der Saldo der latenten Steuern in Höhe von 712 Mio DM erfaßt.

(8) Gezeichnetes Kapital

Das gezeichnete Kapital der Bayer AG stieg um 82 Mio DM auf 3.171 Mio DM; und zwar aus dem genehmigten Kapital II durch eine Kapitalerhöhung im Zuge der Börseneinführung in Tokio/Japan um 30 Mio DM (600.000 Stück Aktien im Nennwert von je 50,- DM) sowie um 52 Mio DM (1.026.128 Stück Aktien im Nennwert von je 50,- DM) aus dem bedingten Kapital durch die Ausübung von Optionsrechten. Es ist aufgeteilt in 31.593.435 Stück Inhaberaktien zu unterschiedlichen Nennwerten.

Durch die Hauptversammlung vom 24.6.1987 ist ein genehmigtes Kapital in Höhe von insgesamt 600 Mio DM geschaffen worden. Das genehmigte Kapital I besteht mit 400 Mio DM unverändert fort; das genehmigte Kapital II beträgt zum 31.12.1988 noch 170 Mio DM. Beide sind befristet bis zum 23.6.1992.

(9) Kapitalrücklage

	Mio DM
Stand 1.1.1988 Bayer AG	**4.083**
Einstellungen aus Aufgeld	
Kapitalerhöhung	150
Ausübung von Optionsrechten	88
Stand 31.12.1988 Bayer AG	**4.321**
Unterschiedsbetrag aus der Währungsumrechnung	-33
Stand 31.12.1988 Bayer-Konzern	**4.288**

(10) Gewinnrücklagen

Dieser Posten enthält ausschließlich andere Gewinnrücklagen.

Die Gewinnrücklagen des Konzerns enthalten neben den im Konzern thesaurierten Ergebnissen der Vorjahre die ergebniswirksamen Konsolidierungsmaßnahmen, soweit sie Vorjahre betreffen, sowie Auswirkungen aus Änderungen des Konsolidierungskreises. Firmenwerte aus Zugängen des Berichtsjahres sind mit 177 Mio DM in Abzug gebracht.

In die anderen Gewinnrücklagen der Bayer AG wurden 250 Mio DM aus dem Jahresüberschuß eingestellt.

(11) Sonderposten mit Rücklageanteil

Der Sonderposten enthält Beträge, die von inländischen Gesellschaften nach den §§ 6b und 52 Abs. 8 EStG und § 1 EntwLStG sowie von ausländischen Gesellschaften nach vergleichbaren Steuergesetzen in Anspruch genommen wurden.

(12) Rückstellungen für Pensionen und ähnliche Verpflichtungen

In den Pensionsrückstellungen werden Verpflichtungen aus laufenden Renten sowie aus Anwartschaften ausgewiesen. Außerdem sind hier pensionsähnliche Verpflichtungen, darunter solche aus Vorruhestandsregelungen, bilanziert.

(13) Andere Rückstellungen

	Konzern		Bayer AG	
	31.12.1988	31.12.1987	31.12.1988	31.12.1987
	Mio DM	Mio DM	Mio DM	Mio DM
Rückstellungen für latente Steuern	-	-	23	47
Andere Steuerrückstellungen	974	650	595	322
Sonstige Rückstellungen	2.792	2.461	1.924	1.716
	3.766	**3.111**	**2.542**	**2.085**

Die sonstigen Rückstellungen enthalten Beträge für Tantiemen und Gratifikationen, Urlaubsansprüche, Arbeitnehmerjubiläen, Verpflichtungen aus Umweltschutzmaßnahmen, Rabatte, Vertreterkosten und sonstige ungewisse Verbindlichkeiten.

(14) Anleihen

Als Anleihen sind insbesondere die folgenden Optionsanleihen ausgewiesen:

	Emissions-volumen	Konzern Mio DM	Bayer AG Mio DM
Bayer AG			
3 1/4 % Optionsanleihe 1984/1994	500 Mio DM	500	500
Bayer Capital Corporation N.V.			
2 3/4 % Optionsanleihe 1985/1995	600 Mio DM	600	
6 1/4 % Optionsanleihe 1987/1997	400 Mio DM	400	
2 1/2 % Optionsanleihe 1987/2002	250 Mio SFr	295	

Weitere Ausstattungsmerkmale der Optionsanleihen

	Laufzeit der Options-rechte bis	Options-preis DM	Anzahl der zugeordneten Optionsrechte
Bayer AG			
Optionsanleihe 1984/1994	28.2.1994	140,-	3.500.000
Bayer Capital Corporation N.V.			
Optionsanleihe 1985/1995	1.3.1995	168,-	3.600.000
Optionsanleihe 1987/1997	28.8.1997	330,-	1.600.000
Optionsanleihe 1987/2002	28.8.2002	330,-	900.000

Die 7 1/4 %-US-Dollar-Optionsanleihe der Bayer International Finance N.V. von 1979 wurde zum 1. Februar 1988 vorzeitig getilgt. Noch nicht genutzte Optionsrechte konnten bis zum 28. Februar 1989 ausgeübt werden.

(15) Verbindlichkeiten aus Lieferungen und Leistungen

	Konzern Mio DM	Bayer AG Mio DM
gegenüber:		
verbundenen Unternehmen	20	74
übrigen Beteiligungen	34	69
sonstigen Lieferanten	2.303	765
	2.357	**908**

(16) Übrige Verbindlichkeiten

	Konzern		Bayer AG	
	31.12.1988	31.12.1987	31.12.1988	31.12.1987
	Mio DM	Mio DM	Mio DM	Mio DM
Erhaltene Anzahlungen auf Bestellungen	111	105	-	-
Verbindlichkeiten gegenüber übrigen Beteiligungen	29	24	108	3
Sonstige Verbindlichkeiten	2.370	2.253	335	464
	2.510	**2.382**	**443**	**467**

In den sonstigen Verbindlichkeiten enthaltene Verbindlichkeiten aus Steuern belaufen sich im Konzern auf 260 Mio DM und bei Bayer AG auf 21 Mio DM. Verbindlichkeiten im Rahmen der sozialen Sicherheit bestehen im Konzern mit 243 Mio DM, bei Bayer AG mit 41 Mio DM.

Im Gesamtbetrag der Verbindlichkeiten sind im Konzern 207 Mio DM und bei Bayer AG 13 Mio DM für Verbindlichkeiten enthalten, die erst nach dem Abschlußstichtag rechtlich entstehen. Es handelt sich im wesentlichen um Zinsabgrenzungen.

Restlaufzeiten der Verbindlichkeiten

	Konzern		Bayer AG	
	bis zu 1 Jahr Mio DM	mehr als 5 Jahre Mio DM	bis zu 1 Jahr Mio DM	mehr als 5 Jahre Mio DM
Anleihen	5	1.870	-	500
Verbindlichkeiten gegenüber Kreditinstituten	1.200	228	-	-
Verbindlichkeiten aus Lieferungen und Leistungen	2.346	-	908	-
Verbindlichkeiten aus Wechseln	245	-	-	-
Verbindlichkeiten gegenüber verbundenen Unternehmen	77	9	224	.
Erhaltene Anzahlungen auf Bestellungen	111	-	-	-
Verbindlichkeiten gegenüber übrigen Beteiligungen	14	6	108	.
sonstige Verbindlichkeiten	1.849	253	286	13
	5.847	**2.366**	**1.526**	**513**

Von den Konzernverbindlichkeiten bei Tochterunternehmen sind 336 Mio DM grundpfandrechtlich gesichert.

Die Verpflichtungen aus der mit dem Bundesaufsichtsamt für das Versicherungswesen abgestimmten Negativklausel wurden in vollem Umfang eingehalten.

Haftungsverhältnisse

Im Konzern bestehen Eventualverbindlichkeiten aus der Begebung und Übertragung von Wechseln mit 362 Mio DM, aus Bürgschaften mit 199 Mio DM und aus Gewährleistungsverträgen mit 133 Mio DM, davon gegenüber verbundenen Unternehmen mit 20 Mio DM.

Bei Bayer AG bestehende Eventualverbindlichkeiten setzen sich zusammen aus 106 Mio DM für die Begebung und Übertragung von Wechseln und 1.413 Mio DM für Bürgschaften.

In den Bürgschaftsverpflichtungen sind 1.368 Mio DM für verbundene Unternehmen enthalten.

Sonstige finanzielle Verpflichtungen

Neben den Rückstellungen, Verbindlichkeiten und Haftungsverhältnissen bestehen sonstige finanzielle Verpflichtungen aus Leasing- und langfristigen Mietverträgen.

Die Verpflichtungen in Höhe der abgezinsten Zahlungen teilen sich nach Fälligkeiten wie folgt auf:

	Konzern Mio DM	Bayer AG Mio DM
1989	153	111
1990-1993	286	276
nach 1993	260	346
	699	**733**

Von dem Gesamtbetrag der sonstigen finanziellen Verpflichtungen bestehen im Konzern 1 Mio DM, bei Bayer AG 595 Mio DM gegenüber verbundenen Unternehmen.

Erläuterungen zur Gewinn- und Verlustrechnung

(17) Umsatzerlöse der Bayer AG

nach Regionen

	1988 Mio DM	1987 Mio DM
Bundesrepublik Deutschland	6.037	5.729
Übriges Europa	7.560	7.220
Europa	**13.597**	**12.949**
Nordamerika	1.011	808
Lateinamerika	513	573
Asien	1.833	1.476
Afrika	898	891
	17.852	**16.697**

nach Sektoren

	1988 Mio DM	1987 Mio DM
Polymere	3.983	3.798
Organica	3.305	3.157
Industrieprodukte	4.854	4.432
Gesundheit	2.124	1.847
Landwirtschaft	2.140	2.112
Sonstige	1.446	1.351
	17.852	**16.697**

Für den Konzern ist die Aufgliederung der Umsatzerlöse und Ergebnisse im Lagebericht dargestellt.

(18) Allgemeine Verwaltungskosten

Die im Vorjahr hierin enthaltenen, den Bereichen Herstellung, Vertrieb und Forschung zurechenbaren Kosten wurden entsprechend umgegliedert.

(19) Sonstige betriebliche Erträge

Sie enthalten Erträge aus der Auflösung von Sonderposten mit Rücklageanteil (im Konzern 11 Mio DM; bei Bayer AG 1 Mio DM).

(20) Sonstige betriebliche Aufwendungen

Neben den Einstellungen in den Sonderposten mit Rücklageanteil (im Konzern 11 Mio DM) sind hier u.a. die sonstigen Steuern, darunter insbesondere die Vermögen- und Gewerbekapitalsteuer, ausgewiesen. Die sonstigen Steuern betragen im Konzern 250 Mio DM, bei Bayer AG 138 Mio DM.

(21) Beteiligungsergebnis

	Konzern		Bayer AG	
	1988 Mio DM	1987 Mio DM	1988 Mio DM	1987 Mio DM
Erträge aus Beteiligungen	62	35	173	188
davon aus verbundenen Unternehmen	(14)	(7)	(144)	(141)
Erträge aus Gewinnabführungsverträgen	3	3	208	128
Aufwendungen aus Verlustübernahme	-	-1	-4	-17
Erträge aus assoziierten Unternehmen	26	26	-	-
	91	**63**	**377**	**299**

Die Erträge aus Beteiligungen bei der Bayer AG betreffen im wesentlichen Gewinnausschüttungen durch Bayer Antwerpen N.V., Antwerpen, mit 21 Mio DM, Haarmann & Reimer GmbH, Holzminden, mit 19 Mio DM und Bunawerke Hüls GmbH, Marl, mit 18 Mio DM.

Die Erträge aus Gewinnabführungsverträgen bei der Bayer AG stammen vorwiegend von der EC Erdölchemie GmbH, Köln, mit 150 Mio DM und von der Agfa AG, Leverkusen, mit 57 Mio DM.

(22) Zinsergebnis

	Konzern		Bayer AG	
	1988	1987	1988	1987
	Mio DM	Mio DM	Mio DM	Mio DM
Erträge aus anderen Wertpapieren und Ausleihungen des Finanzanlagevermögens	39	41	67	43
davon aus verbundenen Unternehmen	(-)	(-)	(67)	(42)
Sonstige Zinsen und ähnliche Erträge	343	332	288	266
davon aus verbundenen Unternehmen	(6)	(7)	(63)	(59)
Zinsen und ähnliche Aufwendungen	-652	-712	-73	- 76
davon aus verbundenen Unternehmen	(46)	(6)	(28)	(31)
	-270	**- 339**	**282**	**233**

(23) Übrige finanzielle Aufwendungen und Erträge

	Konzern		Bayer AG	
	1988	1987	1988	1987
	Mio DM	Mio DM	Mio DM	Mio DM
Abschreibungen auf Finanzanlagen und auf Wertpapiere des Umlaufvermögens	-39	- 13	-20	- 10
Sonstige finanzielle Aufwendungen	-61	- 54	-11	- 19
Sonstige finanzielle Erträge	53	133	31	41
	-47	**66**	**.**	**12**

Als sonstige finanzielle Erträge sind die Zuschreibungen zu den Ausleihungen sowie die Gewinne aus dem Abgang von Beteiligungen und der Veräußerung von Wertpapieren ausgewiesen.

(24) Steuern vom Einkommen und vom Ertrag

	Konzern		Bayer AG	
	1988	1987	1988	1987
	Mio DM	Mio DM	Mio DM	Mio DM
Steuern vom Einkommen und vom Ertrag	1.867	1.522	1.124	782
Weiterbelastete Steuerumlagen	-	-	-20	-20
	1.867	**1.522**	**1.104**	**762**

(25) Anderen Gesellschaftern zustehender Gewinn/Verlust

Anderen Gesellschaftern zustehende Gewinne belaufen sich auf 54 Mio DM (Vorjahr 46 Mio DM).

Sonstige Angaben

Materialaufwand

Der Materialaufwand beläuft sich bei Bayer AG auf 6.184 Mio DM. Darin sind Aufwendungen für Roh-, Hilfs- und Betriebsstoffe und für bezogene Waren von 5.763 Mio DM sowie Aufwendungen für bezogene Leistungen von 421 Mio DM enthalten.

Personalaufwand

	Konzern Mio DM	Bayer AG Mio DM
Löhne und Gehälter	9.574	4.373
Soziale Abgaben und Aufwendungen für Altersversorgung und Unterstützung	2.992	1.323
davon für Altersversorgung	(1.360)	(714)
	12.566	**5.696**

Mitarbeiter

Die durchschnittliche Zahl der während des Berichtsjahres beschäftigten Mitarbeiterinnen und Mitarbeiter teilt sich wie folgt auf:

	Konzern	Bayer AG
Produktion	82.542	38.376
Vertrieb	37.208	7.334
Forschung	12.049	6.427
Verwaltung	33.712	11.521
	165.511	**63.658**

In Gemeinschaftsunternehmen sind 4.398 Personen beschäftigt.

Abschreibungen

Die im Geschäftsjahr vorgenommenen außerplanmäßigen Abschreibungen auf das Anlagevermögen setzen sich wie folgt zusammen:

	Konzern Mio DM	Bayer AG Mio DM
Abschreibungen wegen dauernder Wertminderungen	8	3
Steuerrechtliche Abschreibungen	266	197
	274	**200**

Durch die Inanspruchnahme von steuerrechtlichen Sonderabschreibungen hat sich im Berichtsjahr der Jahresüberschuß des Konzerns um rund 110 Mio DM und der Bayer AG um rund 73 Mio DM vermindert.

Künftige Ertragsteuerbelastungen, 604 Mio DM für den Konzern und 474 Mio DM für Bayer AG, werden sich auf bis zu 29 Jahre verteilen und deshalb für die zukünftigen Jahresergebnisse ohne erhebliche Bedeutung sein.

Gesamtbezüge des Vorstands und des Aufsichtsrates sowie gewährte Vorschüsse und Kredite

Die Bezüge des Vorstands betrugen bei Bayer AG 11.912.803,- DM, im Konzern 12.105.290,- DM.

Die Bezüge der früheren Vorstandsmitglieder und ihrer Hinterbliebenen belaufen sich bei Bayer AG auf 8.234.178,- DM, im Konzern auf 8.451.281,- DM. Die Pensionsrückstellungen für diese Personengruppe sind bei Bayer AG mit 63.265.068,- DM passiviert.

Für Bezüge des Aufsichtsrats der Bayer AG wurden 1.837.500,- DM zurückgestellt, im Konzern 1.891.250,- DM.

Zum 31.12.1988 betrugen die Kredite an Vorstandsmitglieder 126.702,- DM; im Berichtsjahr wurden 30.506,- DM zurückgezahlt. Die Kredite sind mit Zinssätzen bis zu 7 % p.a. zu verzinsen.

Für Mitglieder des Aufsichtsrats betrugen die Kredite am 31.12.1988 88.500,- DM. Der Zinssatz belief sich auf 6,5% p.a. Die Tilgung erfolgte im ersten Quartal 1989.

Leverkusen, 10. April 1989

Bayer Aktiengesellschaft

Der Vorstand

Fragen

1. Welche Konsolidierungsgrundsätze sollen den Informationsgehalt der Konzernrechnungslegung sicherstellen?
2. Erläutern Sie Möglichkeiten und Grenzen der Informationsgewinnung über die Situation des Unternehmenskomplexes "Konzern" aus dem Jahresabschluß der Muttergesellschaft bzw. dem konsolidierten Abschluß.
3. Erläutern Sie die der Konzernrechnungslegung zugrundeliegenden Auffassungen von der Unternehmenseinheit.
4. Erläutern Sie die Begriffsinhalte der beiden Begriffspaare Aufwand - Ertrag einerseits sowie Kosten - Leistungen andererseits. Erläutern Sie außerdem die Gründe, die zur Differenzierung dieser beiden Begriffsebenen im betrieblichen Rechnungswesen führten.
5. Diskutieren Sie Schmalenbachs Konzept einer dynamischen Bilanzierung insbesondere an Hand der Bewertungsregeln.
6. Erläutern Sie die drei möglichen Komponenten einer Sozialbilanz.
7. Diskutieren Sie die Grenzen und Möglichkeiten der Anwendbarkeit der Konzeption des ökonomischen Gewinns.
8. Diskutieren Sie folgenden Kommentar aus dem Wirtschaftsteil einer Tageszeitung:

   Den Jahresabschlüssen der Unternehmen ist nur bedingt zu trauen...

   Allzu viele Bilanzen, die hierzulande veröffentlicht werden, sind kaum das Glanzpapier wert, auf dem Sie gedruckt sind. Sie dienen weder dem Schutz der Gläubiger wie das Gesetz es vorschreibt, noch der zuverlässigen Information der Anteilseigner. Sie werden von einem einzigen Punkt her aufgemacht, nämlich der Dividende oder Gewinnausschüttung und alles andere wird danach zurecht gemacht.
9. Erläutern Sie die Ausschüttungssperrfunktion des Jahresabschlusses.
10. Erläutern Sie die Kompetenzen bei der Aufstellung des Jahresabschlusses und der Gewinnverteilung.
11. Erläutern Sie das Niederstwertprinzip des Jahresabschlusses.
12. Warum gilt das strenge Niederstwertprinzip für die Bewertung des Umlaufvermögens und das gemilderte für die Bewertung des Anlagevermögens.

Anmerkungen

1) Goethe, nach H.V. Simon: Die Bilanzen der Aktiengesellschaften und der Kommanditgesellschaften auf Aktien, Berlin 1886, Vorwort S. VI
2) Vgl. Simon (1886), S. 12
3) Vgl. Rathenau (1918), S. 38, 39 ff.
4) Simon (1899), S. 474
5) Vgl. Lachnit (1979), S. 95 mit weiteren Nachweisen
6) Vgl. Arrow (1985), S. 37; Franke/Hax (1988)
7) Vgl. Heinen (1986), S. 14 ff.
8) Vgl. Heinen (1982), S. 321 ff.; (1986) S. 333 ff.
9) In der Literatur finden unterschiedliche Systematisierungen und Terminologien Anwendung. Vgl. z.B. Coenenberg (1988), S. 736 ff.; Moxter (1982), S. 206 ff.; Ballwieser (1982), S. 773; Wöhe (1979), S. 38 ff. Sie lassen sich jedoch im wesentlichen zu diesen beiden Aufgaben zusammenfassen.
10) Vgl. Moxter (1984), S. 93 ff.
11) Vgl. Coenenberg (1988), S. 185 f.
12) Vgl. Schmiedel (1984), S.396
13) Vgl. Heinen (1982), S. 35 ff.
14) Vgl. hierzu z.B. die Zusammenstellung bei Stützel (1967), Coenenberg (1988), S. 736 ff. Letzterer differenziert in primäre und sekundäre Abschlußziele.
15) Vgl. die ausführlichen Darstellungen bei Moxter (1984), S. 5 ff.; Coenenberg (1988), S. 725 ff.; Heinen (1982), S. 40 ff.
16) Vgl. Moxter (1984), S. 15
17) Staub (1900), Anm. 3 auf S. 192 f.
18) Vgl. Moxter (1984), S. 15 ff.
19) Simon (1899), S. 303-304
20) Moxter (1976), S. 221
21) Vgl. hierzu Kapitel 2
22) Vgl. Moxter (1976), S. 246; (1984), S. 29 ff.; Coenenberg (1988), S. 727 ff.
23) Vgl. Schmalenbach (1962), S. 74
24) Vgl. hierzu ausführlicher Kapitel 2
25) Vgl. Egner (1974), S. 109 f.; Ordelheide (1984), S. 216 ff.
26) Vgl. Moxter (1984), S. 48 ff., insb. S. 56
27) Vgl. Moxter (1984), S. 53 f.
28) Vgl. Rieger (1928) und die Zusammenstellung bei Heinen (1986), S. 41 ff., S. 58 ff.; Moxter (1976), S. 344 ff. und die dort angegebene Literatur.
29) Vgl. Heinen (1986), S. 72 ff.
30) Vgl. Heinen (1986), S. 52 ff., S. 69 ff.; Moxter (1976), S. 344 ff.; Walb (1966)
31) Vgl. Heinen (1986), S. 55 ff., S. 63 ff.; Moxter (1984), S. 57 ff.; Schmidt (1929)

32) Moxter (1976), S. 354
33) Die EG-Richtlinien sollen zu einer Vereinheitlichung der Rechtsvorschriften der in der EG zusammengeschlossenen Staaten führen.
34) Vgl. Schneider (1980), S. 223 ff.; Heinen (1986), S. 82 ff.; Moxter (1976), S. 348 ff.; (1982), S. 145 ff.
35) Fisher (1906), S.234, vgl.dazu auch Heinen (1986), S.82; Hicks (1946), S. 172; vgl. dazu auch Moxter (1982) S. 150
36) Schneider (1963), S. 464
37) Vgl. Heinen (1986), S.113 ff.; Dierkes (1984), S. 1210 ff.; Welbergen (1978), S. 610 ff.; Scheibe-Lange (1978), S. 631 ff.; Reichmann/Lange (1980), S. 518 ff.; Kücken (1980), S. 1501 ff.
38) Vgl. Kücken (1980), S. 1502
39) Vgl. Feuerbach (1978), S. 621
40) Vgl. Feuerbach (1978), S. 618
41) Vgl. Feuerbach (1978), S. 620; Scheibe-Lange (1978) S. 631 ff.; Reichmann/Lange (1980), S. 518 ff.
42) Vgl. zu diesem Problem Reichmann/Lange (1980), S. 531 ff.; v. Wysocki (1981), S. 153 ff.
43) Vgl. Moxter (1984), S. 81 ff.
44) Heinen (1986), S. 105
45) Heinen (1986), S. 106
46) Passow (1922), S. 525 f.
47) Vgl. insgesamt zum neuen Bilanzrecht Göllert/Ringling (1986); Coenenberg (1988); Heinen (1986); Gross/Schruff (1986); Gräfer (1988); Schildbach (1987)
48) Vgl. Göllert/Ringling (1986), S. 12; Coenenberg (1988), S. 43
49) Vgl. Moxter (1986), S. 20 ff.; Heinen (1986), S. 190 ff.; Göllert/Ringling (1986), S. 8 ff.; Havermann (1986), S.114 ff.
50) Eine klare systematische begriffliche Abgrenzung zwischen Ansatz- und Bewertungsvorschriften ist jedoch aus der Position in den gesetzlichen Vorschriften kaum möglich. Vgl. Havermann (1986) S. 114
51) Vgl. Heinen (1986), S. 190 ff.
52) Vgl. Heinen (1986), S. 191
53) Vgl. Heinen (1986), S. 192
54) Vgl. Moxter (1986), S. 41 ff.; Rosenbach (1986), S. 129 ff.; Göllert/Ringling (1986), S. 13 ff.
55) Moxter (1976), S. 151
56) Vgl. Heinen (1986), S. 365 ff.; Moxter (1986), S. 109 ff.; Busse v. Colbe (1985) S. 761 ff.; Küting (1984), S. 293 ff.; Coenenberg (1988), S. 397 ff.; Gross/Schruff/v. Wysocki (1986)
57) Vgl. Moxter (1986), S. 109 f.

58) Die konzerntypischen Risiken und ihre Konsequenzen auf die Jahresabschlußkonzeption untersucht Ordelheide (1987a), S. 975 ff., vgl. auch Ordelheide (1987b), S. 309 ff., Theisen (1988), S. 279 ff., skizzierte eine Konzernunternehmenslehre
59) Vgl. Moxter (1986), S. 115 ff.; Busse v. Colbe (1985), S. 767 ff.; Küting (1984), S. 297 ff.; Coenenberg (1988), S. 431 ff.; Gross/Schruff/v.Wysocki (1986), S. 88 ff.
60) Vgl. Ordelheide (1987a), S. 957 ff.
61) Vgl. Heinen (1986), S. 383 ff.; Busse v. Colbe (1985), S. 769 f.; Coenenberg (1988), S. 432; Gross/Schruff/v.Wysocki (1986), S. 101
62) Vgl. Heinen (1986), S. 384
63) Vgl. Heinen (1986), S. 386 ff.; Moxter (1986), S. 188 ff.; Busse v. Colbe (1985), S. 771, Coenenberg (1988), S. 435 ff.
64) Vgl. Heinen (1986), S. 390 f, Coenenberg (1988), S. 437 ff.
65) Vgl. Wirtschaftsprüfer-Handbuch (1986), S. 356
66) Vgl. Wirtschaftsprüfer-Handbuch (1986), S. 357
67) Vgl. Heinen (1986), S. 394 f
68) Vgl. Coenenberg (1988), S. 452
69) Vgl. Heinen (1986), S. 397, mit Hinweis auf abweichende Meinungen, sowie Coenenberg (1988), S. 456, Gross/Schruff/v. Wysocki (1986), S. 142
70) Weitergehende Details vgl. z.B. Coenenberg (1988), S. 458, Heinen (1986), S. 398
71) Heinen (1986), S. 398
72) Coenenberg (1988), S. 466, Heinen (1986), S. 434, Havermann (1987)
73) Zu den Unterschieden vgl. z.B. Küting/Zündorf (1988), S. 873
74) Küting/Zündorf (1988), S. 875 ff
75) Küting (1989), S. 1084
76) Die in den Einzelabschlüssen der Siemens-Unternehmen ausgewiesenen Sonderposten mit Rücklageanteil wurden, um die einheitliche Konzernbewertung zu gewährleisten, im Siemens-Konzern aufgelöst. Das Konzern-Eigenkapital konnte durch diese Konsolidierungsmaßnahmen um 1.531,2 Mio DM erhöht und damit die Eigenkapitalquote erheblich verbessert werden. Vgl. Siemens AG, Geschäftsbericht 1987, S. 42
77) Die Deutsche Vereinigung für Finanzanalyse und Anlageberatung (DVFA) teilt diese Ansicht, denn das sog. DVFA-Ergebnis ist auf Konzernabschlußbasis zu berechnen. Auch der Arbeitskreis "Externe Unternehmensrechnung" der Schmalenbachgesellschaft - Deutsche Gesellschaft für Betriebswirtschaft e.V. - nimmt den Konzernabschluß als Grundlage für die Ermittlung des Ergebnisses pro Aktie einer Muttergesellschaft. Vgl. Küting (1989), S. 1087
78) Busse von Colbe (1987), S.204
79) Küting (1989), S. 1089

Literatur

Arrow, K. J. (1985): The Economics of Agency, in: Pratt, J. W., Zeckhauser, R.J. (Hrsg.), Principals and Agents: The Structure of Business, Boston, S. 37 - 51

Ballwieser, W. (1982): Zur Begründbarkeit informationsorientierter Jahresabschlußverbesserungen, in: Zeitschrift für betriebswirtschaftliche Forschung und Praxis, 34. Jg., S. 772 - 793

Busse v. Colbe, W. (1985): Der Konzernabschluß im Rahmen des Bilanzrichtlinien-Gesetzes, in: Zeitschrift für betriebswirtschaftliche Forschung, 37. Jg., S. 761 - 782

Busse v. Colbe, W. (1987): Die neuen Rechnungslegungsvorschriften aus betriebswirtschaftlicher Sicht, in: Zeitschrift für betriebswirtschaftliche Forschung, 39. Jg., S. 191 - 205

Coenenberg, A. G. (1988): Jahresabschluß und Jahresabschlußanalyse, 10. Auflage, Landsberg

Dierkes, M. (1984): Gesellschaftsbezogene Berichterstattung, in: Zeitschrift für Betriebswirtschaft, 54. Jg., S. 1210-1235

Egner, H. (1974): Bilanzen, München

Feuerbach, K. (1978): Die Unternehmensleistung im Geschäftsbericht der Hoechst AG, in: Zeitschrift für Betriebswirtschaft, 48. Jg., S. 616 - 625

Fisher, Irving (1906): The Nature of Capital and Income, New York, S.234

Franke, G./Hax, H. (1988): Finanzwirtschaft des Unternehmens und Kapitalmarkt, Berlin

Göllert, K./Ringling, W. (1986): Bilanzrichtlinien-Gesetz, Sonderveröffentlichung des Betriebs-Beraters, Heidelberg

Gräfer, H. (1988): Der Jahresabschluß der GmbH: unter besonderer Berücksichtigung der kleinen und mittelgroßen Gesellschaften, 2. Aufl., Berlin

Gross, G./ Schruff, L. (1986): Der Jahresabschluß nach neuem Recht, Düsseldorf

Gross, G./ Schruff, L./von Wysocki, K. (1986): Der Konzernabschluß nach neuem Recht, Düsseldorf

Havermann, H. (1986): Ansatzvorschriften für Kapitalgesellschaften, in: Betriebliche Forschung und Praxis, 38. Jg., S. 114-128

Havermann, H. (1987): Die Equity-Bewertung von Beteiligungen, in: Zeitschrift für betriebswirtschaftliche Forschung und Praxis, 39. Jg., S. 302 - 309

Heinen, E. (1982): Handelsbilanzen, 10., verbess. u. erw. Aufl., Wiesbaden

Heinen, E. (1986): Handelsbilanzen, 12., neubearbeitete Aufl., Wiesbaden

Hicks, J. (1946): Value and Capital, 2.Auflage, Oxford, S. 172

Kücken, N. (1980): Sozialbilanzen am Scheideweg, in: Der Betrieb, 33. Jg., S. 1501 - 1504

Küting, K. (1984): Das künftige Konzernbilanzrecht - unter besonderer Berücksichtigung des GmbH-Konzerns, in: GmbH-Rundschau, 75. Jg., S. 293 - 306

Küting, K. (1989): Konzernrechnungslegung in Deutschland, in: Betriebs-Berater, 44. Jg., S. 1084 - 1093

Küting, K./Zündorf H. (1988): Die Praxis des Equity-Accounting, in: Betriebs-Berater, 43. Jg., S. 872 - 881

Lachnit, L. (1979): Systemorientierte Jahresabschlußanalyse, Wiesbaden

Moxter, A. (1976): Bilanzlehre, 2. Aufl., Wiesbaden

Moxter, A. (1982): Betriebswirtschaftliche Gewinnermittlung, Tübingen

Moxter, A. (1984): Bilanzlehre, Band I: Einführung in die Bilanztheorie, 3., vollständig umgearbeitete Aufl., Wiesbaden

Moxter, A. (1986): Bilanzlehre, Band II: Einführung in das neue Bilanzrecht, 3., vollständig umgearbeitete Aufl., Wiesbaden

Ordelheide, D. (1984): Externes Rechnungswesen, in: Baetge, J. u.a. (Hrsg.), Vahlens Kompendium der Betriebswirtschaftslehre, Band II, München, S. 201 - 270

Ordelheide, D. (1987a): Konzernerfolgskonzeptionen und Risikokoordination, in: Zeitschrift für betriebswirtschaftliche Forschung, 39. Jg., S. 975-986

Ordelheide, D. (1987b): Kapitalkonsolidierung und Konzernerfolg, in: Die Wirtschaftsprüfung, 40. Jg., S. 309-315

Passow, R. (1922): Die Aktiengesellschaft, 2., neu bearb. u. erw. Aufl., Jena

Rathenau, W. (1918): Die neue Wirtschaft, Berlin

Reichmann, R./Lange, Ch. (1980): Kapitalflußrechnung und Wertschöpfungsrechnung als Ergänzungsrechnungen des Jahresabschlusses im Rahmen einer gesellschaftsbezogenen Rechnungslegung, in: Zeitschrift für Betriebswirtschaft, 50. Jg., S. 518 - 542

Rieger, W. (1928): Einführung in die Privatwirtschaftslehre, Nürnberg

Rosenbach, G. (1986): Bewertungs- und Gliederungsvorschriften für Kapitalgesellschaften, in: Betriebswirtschaftliche Forschung und Praxis, 38. Jg., S. 129-144

Scheibe-Lange, I. (1978): Wertschöpfung und Verteilung des Unternehmenseinkommens, in: Zeitschrift für Betriebswirtschaft, 48. Jg., S. 631 - 637

Schildbach, T. (1987): Der handelsrechtliche Abschluß, Berlin

Schmalenbach, E. (1962): Dynamische Bilanz, 13. Aufl., Köln

Schmidt, F. (1929): Die organische Tageswertbilanz, 3.Aufl., Leipzig

Schmiedel, E. (1984): Die Prüfung der Sanierungswürdigkeit unter betriebswirtschaftlichen Gesichtspunkten, in: Albach, H., Held, Th. (Hrsg.), Betriebswirtschaftslehre mittelständischer Unternehmen - Wissenschaftliche Tagung des Verbandes der Hochschullehrer für Betriebswirtschaftslehre e.V. 1984, Stuttgart, S. 389-401

Schneider, D. (1963): Bilanzgewinn und ökonomische Theorie, in: Zeitschrift für betriebswirtschaftliche Forschung, 15. Jg., S. 457 - 474

Schneider, D. (1980): Investition und Finanzierung, 5. Aufl., Wiesbaden

Simon, H. V. (1886): Die Bilanzen der Aktiengesellschaften und der Kommanditgesellschaften auf Aktien, Berlin

Simon, H. V. (1899): Die Bilanzen der Aktiengesellschaften und der Kommanditgesellschaften auf Aktien, 3. Aufl., Berlin

Staub, H. (1900): Kommentar zum Handelsgesetzbuch, Band 1, 6. und 7. Aufl., Berlin

Stützel, W. (1967): Bemerkungen zur Bilanztheorie, in: Zeitschrift für Betriebswirtschaft, 37. Jg., S. 314 - 340

Theisen, M.R. (1988): Vorüberlegungen zu einer Konzernunternehmenslehre, in: Die Betriebswirtschaft, 48. Jg. , S. 279-297

Walb, E. (1966): Finanzwirtschaftliche Bilanz, 3. Aufl., Wiesbaden

Welbergen, J.C. (1978): Unternehmensziele und Sozialbilanz, in: Zeitschrift für Betriebswirtschaft, 48. Jg., S. 610-616

Wirtschaftsprüfer-Handbuch 85/86 (1986), herausgegeben vom Institut der Wirtschaftsprüfer, 9. Aufl., Bd. II, Düsseldorf

Wöhe, G. (1979): Bilanzierung und Bilanzpolitik, 5. Aufl., München

v. Wysocki, K. (1981): Sozialbilanzen: Inhalt und Formen gesellschaftsbezogener Berichterstattung, Stuttgart

Kapitel 2: Informationsmöglichkeiten über die finanzielle Situation einer Unternehmung

"Der Mathematiker Kronecker hat einmal gesagt, Gott schuf die natürlichen Zahlen, alles andere sei Menschenwerk. Für die Betriebswirtschaftslehre und alle Einzelprobleme der Rechnungslegung läßt sich leicht abgewandelt schließen: Nur die tatsächlichen Zahlungen sind von Gott, also empirisch wahr. Alle Periodisierungen und Vermögensvergleiche sind Menschenwerk, wenn nicht gar vom Teufel."[1]

1. Die Kapitalflußrechnung als finanzwirtschaftliche Rechnungslegung

1.1 Aufgaben der Kapitalflußrechnung

Traditionell war die externe Rechnungslegung auf Vermögensfeststellung im Rahmen der Bilanz bzw. auf die Erfolgsermittlung im Rahmen der Gewinn- und Verlustrechnung ausgerichtet. Diese duale Aufgabenstellung spiegelt sich auch in der alten Generalnorm der Rechnungslegung nach dem AktG wider, die einen möglichst sicheren Einblick in die Vermögens- und Ertragslage verlangte. Die an ihre Stelle gesetzte Generalnorm des HGB 85 verlangt jedoch von der Rechnungslegung ein den tatsächlichen Verhältnissen entsprechendes Bild von der **Vermögens-, Finanz- und Ertragslage**. Damit wird die Verpflichtung zur finanzwirtschaftlichen Rechnungslegung kodifiziert. Gleichwohl bleibt weitgehend unbestimmt, in welcher Form die Information über die Finanzlage vermittelt werden soll. Hier bietet sich die Form der Kapitalflußrechnung an.[2]

Einen Überblick über die Möglichkeiten einer Rechnungslegung zur Finanzlage bietet Dellmann.[3] Er differenziert in **Zahlungsstromrechnungen** einerseits und die **Kapitalflußrechnungen** (KFR) andererseits. Erstere knüpfen direkt an die mit zahlungswirksamen Geschäftsvorfällen verbundenen Ein- und Auszahlungen an, bei letzterer resultieren diese Größen aus der Kombination von Posten der Veränderungsbilanz und der Aufwands- und Ertragsposten der GuV.[4]

Da die KFR *liquiditätswirksame Vorgänge* innerhalb eines Zeitraumes erfassen will, ist bei allen Konzepten die Frage zu beantworten, wie die finanzwirksamen Vorgänge in einer Abrechnungsperiode erfaßt werden können.

Wird die KFR aus den Daten des Jahresabschlusses aufgestellt, so lassen sich die einzelnen Bilanzveränderungen sowie die Ertrags- und Aufwandspositionen nicht eindeutig in zahlungswirksame und -unwirksame trennen, weil dieses Rechenwerk (einer) anderen Zielsetzung(en) folgt als die KFR.

v. Wysocki[5] leitet in seinem Konzept die notwendigen Informationen aus der Finanzbuchhaltung ab. Busse von Colbe[6] geht in seinem im folgenden dargestellten Konzept davon aus, daß eine Trennung der Jahresabschlußpositionen in finanzwirksame und -unwirksame bereits erfolgte. Er konzentriert sich auf die zweckmäßige Aufgliederung und Systematisierung der bereits als zahlungswirksam identifizierten Vorgänge.

Bei EDV-gestützter Buchführung kann eine entsprechende Differenzierung bereits auf dem Kontenrahmen aufbauen. Dies sei am Beispiel des *Industriekontenrahmens* (IKR), in der Neufassung von 1986 nach dem Bilanzrichtliniengesetz, gezeigt. Zum weiteren Verständnis soll zunächst die Funktion des IKR kurz erläutert werden.

Der IKR wurde 1970 vom *Betriebswirtschaftlichen Ausschuß des Bundesverbandes der Deutschen Industrie* (BDI) verabschiedet. Er löste den *Gemeinschaftskontenrahmen* (GKR) von 1953 ab, der den heutigen Erfordernissen nicht mehr gerecht wird. Der IKR dient der Buchführungsorganisation mit der eindeutigen Bezeichnung und Systematisierung der Konten. *Die klare Trennung der Aufwands- und Ertragsrechnung von der Kosten- und Leistungsrechnung steht im Vordergrund.* Damit erleichtert er zugleich den **Zeit-** und den **Betriebsvergleich.** Der IKR bietet einen EDV - gerechten Aufbau des Kontenschemas und soll zur Harmonisierung des Rechnungswesens auf internationaler Ebene beitragen. Er umfaßt die folgenden Kontenklassen:

- Aktive Bestandskonten
  - Kontenklasse 0: Immaterielle Vermögensgegenstände und Sachanlagen
  - Kontenklasse 1: Finanzanlagen
  - Kontenklasse 2: Umlaufvermögen und aktive Rechnungsabgrenzung
- Passive Bestandskonten
  - Kontenklasse 3: Eigenkapital und Rückstellungen
  - Kontenklasse 4: Verbindlichkeiten und passive Rechnungsabgrenzung
- Erfolgskonten
  - Kontenklasse 5: Erträge
  - Kontenklasse 6: Betriebliche Aufwendungen
  - Kontenklasse 7: Weitere Aufwendungen
- Eröffnungs-/Abschlußkonten
  - Kontenklasse 8: Ergebnisrechnungen
- Konten der Kosten- und Leistungsrechnung
  - Kontenklasse 9: Kosten- und Leistungsrechnung (KLR)

Im Gegensatz zum HGB differenziert der IKR nicht zwischen Einzelunternehmen und Personengesellschaften einerseits und Kapitalgesellschaften andererseits. Trotz der starken Ausrichtung des IKR an den Gliederungsvorschriften der Kapitalgesellschaft bleibt für die übrigen Gesellschaftsformen ein beträchtlicher individueller Gestaltungsspielraum. Die tatsächliche Tiefe der Einteilung der Kontenklassen in Kontengruppen hängt von den spezifischen Gegebenheiten im einzelnen Unternehmen ab.

Drei Feststellungen erleichtern die *Systematisierung in zahlungswirksame und zahlungsunwirksame Vorfälle*:

1. Da Zahlungen Stromgrößen verkörpern, sind grundsätzlich nicht die Bestände, sondern die Veränderungen der Kontenklassen 0 - 4 von Bedeutung. Ausnahmen stellen nur die in der Buchhaltung erfaßten finanzwirtschaftlich relevanten Vermögensreserven dar. Sie ergeben sich zu Beginn des Planungszeitraumes als Bestände insbesondere der folgenden Konten:

   - Kassenbestand, Guthaben bei der Bundesbank und bei Postscheckämtern, (Kontengruppe 28)
   - Guthaben bei Kreditinstituten (Kontengruppe 28)
   - Scheckbestände (Kontengruppe 28)
   - Besitzwechsel (Kontengruppe 28)
   - evtl. noch: Wertpapiere des Umlaufvermögens (Kontengruppe 27)

2. Die Erfassung der Auszahlungs- und Einzahlungsströme verlangt die getrennte Behandlung der Bestandsveränderungen auf der Soll - Seite und der Haben - Seite jedes einzelnen Kontos. Eine Zunahme der Forderungen aus Lieferungen und Leistungen (Kontengruppe 24) z.B. signalisiert, daß ein Teil der Umsatzerlöse der Periode nicht als Einzahlungen zugegangen sind. Eine Abnahme hingegen bedeutet, daß Umsätze dieser oder vergangener Perioden in der laufenden Periode zu einer Einzahlung geführt haben. Die Begriffspaare Einnahmen/Einzahlungen und Ausgaben/Auszahlungen beschreiben den Zusammenhang:

   Auszahlung: Abgang liquider Mittel (Bargeld und Sichtguthaben) pro Periode.

   Einzahlung: Zugang liquider Mittel (Bargeld und Sichtguthaben) pro Periode.

   Ausgabe: Abgang liquider Mittel zuzüglich der Zunahme kurzfristiger Verbindlichkeiten.

   Einnahme: Zugang liquider Mittel zuzüglich der Erhöhung kurzfristiger Forderungen.

3. Soweit eine Forderung uneinbringlich wird, erfolgt eine Wertberichtigung. Ein Zahlungsvorgang ist mit dieser Bestandsminderung nicht verbunden. Entsprechendes gilt für Zuschreibungen (z.B. bei Forderungen in fremder

Währung). Auch hier ist mit der Wertberichtigung nach oben keine Zahlung verbunden. Nur bei einem Zahlungseingang, höher als der gebuchte Forderungsbestand (z.B: Zahlungseingang in fremder Währung ohne vorherige Zuschreibung), liegt eine Zahlungsbewegung vor, die nicht nur finanzwirtschaftlich (als Einnahme) sondern auch erfolgswirtschaftlich (als sonstiger betrieblicher Ertrag) relevant ist.

Gemäß dieser Betrachtungsweise ergibt sich folgende finanzwirtschaftliche Klassifikation der im Industriekontenrahmen erfaßten Kontengruppen.

Der Einnahmenbereich wird untergliedert in sechs Bereiche:

1. Umsatzeinnahmen/-erlöse
2. Einnahmen aus Desinvestitionen von Sachvermögen
3. Einnahmen aus Desinvestitionen von Finanzvermögen
4. Einnahmen aus Finanzierungsvorgängen
5. Sonstige Einnahmen
6. Bestandsveränderungen

Den Hauptbereich bilden die Umsatzeinnahmen (Kontengruppe 50). Unter der Position Umsatzerlöse werden die Summen der Erlöse aller Produktgruppen zusammengefaßt. Eine produktgruppenspeziefische Betrachtung kann im Rahmen einer segmentierten Kapitalflußrechnung sinnvoll sein. Mit Hilfe der getrennten Betrachtung von Zunahme/Abnahme der Forderungen, können die kapitalbindenden und kapitalfreisetzenden Beträge erfaßt werden. Die Erfassung von Forderungen aus Lieferungen und Leistungen erfolgt wie:

S	H
- Zunahme der Forderungen (24, Soll)	- Abnahme der Forderungen (24, Haben)
./. Zuschreibungen zu Forderungen (54, Haben)	./. Abschreibungen auf Forderungen (69, Soll; soweit zurechenbar)
+ Erträge aus dem Eingang von Forderungen (54, Haben; soweit zurechenbar)	
= **Kapitalbindung** (weder Einnahmen noch Ausgaben der Periode)	= **Einnahmen der Periode**

Analog zu der Behandlung der Forderungen im Umsatzbereich sind auch die Bewegungen auf allen anderen Konten der Finanzbuchhaltung daraufhin zu untersuchen, welche Zugänge und welche Abgänge mit Zahlungsbewegungen verbunden sind. In dem Bereich 6 "Bestandsveränderungen" finden die Forderungen für die Einnahmenbereiche 2-5 Berücksichtigung.

Unter der Position "Einnahmen aus Desinvestitionen von Sachvermögen" werden die finanzwirksamen Vorgänge der Kontenklasse 0 analysiert. Da die Abschreibungen nicht finanzwirksam sind, müssen diese Beträge in der Gesamtsumme berücksichtigt werden.

Der Ausgaben-/Geldbereich besteht aus folgenden Positionen:

1. Material
2. Personal
3. Investitionen im Leistungsbereich
4. Investitionen im Finanzbereich
5. Veränderungsbereich
6. Leistungen Dritter
7. Steuern
8. Finanzierungsaufwendungen
9. Kapitaltilgung
10. Neutraler Bereich
11. Geldbereich

Entsprechend dieser Aufgliederung sind die Kontenbewegungen in liquiditätswirksame und nicht liquiditätswirksame zu systematisieren.

Die Ausgaben für Material können aus den entsprechenden Kontengruppen der Kontenklasse 2 "Umlaufvermögen und aktive Rechnungsabgrenzung" abgeleitet werden. Eine Abnahme (Haben) signalisiert bei diesen Konten (20/21/22) in der Regel keine Liquiditätswirksamkeit, denn im Industrieunternehmen bedeutet eine Abnahme der Vorräte zunächst nur, daß sie in den Produktionsprozeß eingegangen sind. Die korrespondierenden Einnahmen sollten zweckmäßigerweise direkt aus den Umsatzerlösen (Kontengruppe 50) abgeleitet werden, da diese Einnahmen erst im Zusammenhang mit dem Umsatzprozeß erfolgen.

Die meisten Aufwandsarten der Kontenklasse 6 "Betriebliche Aufwendungen" werden bereits bei der Korrektur der Bestandskonten erfaßt.

Die Personalaufwendungen (62/63/64, Soll) entsprechen üblicherweise den jeweiligen Ausgaben der Periode, können also unmittelbar übernommen werden. Bei den Aufwendungen für Altersversorgung und Unterstützung (64, Soll) sind allerdings die Zuführungen zu den Pensionsrückstellungen abzuziehen.

Zur Position "Investitionen im Leistungsbereich" gehören spiegelbildlich als Gegenposition die "Einnahmen aus Desinvestitionen von Sachvermögen" (Kontenklasse 0). Das gilt auch für "Investitionen im Finanzbereich" und "Einnahmen aus Desinvestitionen von Finanzvermögen" (Kontenklasse 1).

Der "Veränderungsbereich" erfaßt die Positionen "Zu-/Abnahme der Verbindlichkeiten". Die Position "Schuldwechsel" wird hier nicht näher behandelt. Die Kontenklasse 7 enthält die Teile "Leistungen Dritter", "Steuern", "Finanzierungsaufwendungen" und "Neutraler Bereich". Informationen über "Kapitaltilgung" sind der Kontenklasse 4 zu entnehmen. Hier werden auf der Sollseite (Abnahme) die jeweiligen Tilgungsarten erfaßt. Der "Neutrale Bereich" greift zum einen auf die Kontenklasse 3 und zum anderen auf die Kontenklasse 4 zurück.

Im Geldbereich bedeutet eine Zunahme der Eigenkapital-Positionen (Kontengruppe 30 - 34, Haben, ohne einbehaltene Gewinne) eine Einnahme aus Kapitalaufnahme. Eine Abnahme erfolgt in der Regel, wenn buchtechnisch Verluste ausgeglichen werden müssen. Sie entspricht also keiner Zahlungsbewegung. Eine Zunahme der Kontengruppen

35 Sonderposten mit Rücklageanteil
37 Pensionsrückstellungen
39 sonstige Rückstellungen

korrespondiert nicht mit einer Zahlungsbewegung.

Der Bereich "Einnahmen aus Fremdkapital" findet in der Kontenklasse 4 und den jeweiligen Kontengruppen 42 und 48 Berücksichtigung.

Damit sind alle Konten des Industriekontenrahmens erfaßt und getrennt nach den Bewegungen auf der Soll- und Haben-Seite jeder einzelnen Kontengruppe daraufhin untersucht, inwieweit sie mit Zahlungsbewegungen zusammenhängen.

Dieses Datenmaterial, das nur aus finanzwirksamen Positionen besteht, bildet die Basis zur Liquiditätsanalyse und zur detailierten Analyse unternehmerischer Aktivitäten.

1.2 Konzeption der Kapitalflußrechnung nach Busse v. Colbe

Im Rahmen der Liquiditätsanalyse soll der Vorschlag von Busse v. Colbe[7] näher diskutiert werden. Seine Rechnung, die auch als *Finanzfluß-* oder *Finanzierungsrechnung* bezeichnet werden kann, stellt eine *Veränderungsrechnung* dar, welche die Herkunft und Verwendung liquiditätswirksamer Mittel aufzeigen soll. Busse v. Colbe unterscheidet insgesamt vier verschiedene Bereiche:

- Umsatzbereich
- Anlagebereich
- Kapitalbereich
- Geldbereich

Der **Umsatzbereich** erfaßt alle monetären Transaktionen, die mit dem betrieblichen Produktions- bzw. Dienstleistungsprozeß verbunden sind (*Betriebseinnahmen* bzw. *Betriebsausgaben*).

Die Betriebseinnahmen setzen sich vorwiegend aus Umsatzerlösen zusammen. Als weitere Betriebseinnahmen gelten die sonstigen Erträge (erhaltene Zinsen und Dividenden), die zusammen mit den Umsatzerlösen als Mittelherkunft in der KFR ausgewiesen werden. Die Bestandsveränderungen an Halb- und Fertigfabrikaten führen zu keinen Einnahmen und werden aus diesem Grunde nicht in die KFR übernommen.

Auf der Mittelverwendungsseite stehen die Betriebsausgaben, die sich zusammensetzen aus Material- und Personalkosten, Zinsen, Steuern und sonstigem Aufwand der Periode.

Der Saldo aus Betriebseinnahmen und -ausgaben ergibt die **betrieblichen Nettoeinnahmen**. Sie entsprechen in etwa dem Cash Flow und können als Innenfinanzierungsspielraum interpretiert werden, der für Investitionen, Schuldentilgung und Ausschüttung zur Verfügung steht.

Der **Anlagebereich** zeigt den Kauf und Verkauf von Sach- und Finanzanlagen während der Periode. Als Mittelherkunft erscheinen die Bruttoerlöse aus Verkäufen von Sach- und Finanzanlagen, wobei die Abschreibungen nicht erfaßt werden, da sie nicht finanzwirksam sind. Die Mittelverwendung setzt sich zusammen aus den Bruttoinvestitionen von Sach- und Finanzanlagen.

Der Saldo dieses Bereiches ergibt die **Investitionsnettoausgaben** und stellt, zusammen mit den betrieblichen Nettoeinnahmen (Saldo des Umsatzbereichs) den betrieblichen **Finanzbedarf** bzw. **-überschuß** dar.

Die Deckung des Finanzbedarfs bzw. die Verwendung des Finanzüberschusses zeigen die folgenden Bereiche.

Die **Außenfinanzierung**, die dem Finanzbedarf bzw. -überschuß gegenübersteht, kann aus dem **Kapitalbereich** ersehen werden, der nach Eigen- und Fremdkapital unterscheidet. Die Eigenkapitalpositionen erfassen als Mittelherkunft die Kapitaleinlagen bei der Durchführung einer Kapitalerhöhung, als Mittelverwendung die Ausschüttung der Vorperiode an die Anteilseigner. Der Fremdkapitalbereich ist aufgeteilt in die Aufnahme langfristiger Verbindlichkeiten (Mittelherkunft) und deren Tilgung (Mittelverwendung).

Im **Geldbereich** schlägt sich die Veränderung der liquiden Mittel (Kasse, Bank, Scheck-und Wechselbestände, Wertpapiere des Umlaufvermögens), der kurzfristigen Forderungen und Verbindlichkeiten nieder. Bei diesen Positionen handelt es sich ausschließlich um erfolgsneutrale Größen, die der Veränderungsbilanz und nicht der Gewinn- und Verlustrechnung zu entnehmen sind.

Der Saldo dieses Bereiches muß die Differenz zwischen der Außenfinanzierung (Kapitalbereich) und dem Finanzbedarf bzw. -überschuß (aus Umsatz- und Anlagebereich) ausgleichen. Er wird als **Nettoveränderung des Geldbereichs** bezeichnet.

Der **Verrechnungsbereich** enthält alle nicht finanzwirksamen Transaktionen der Periode (Abschreibungen, Auflösung und Bildung von Rücklagen, Bilanzgewinn der laufenden Periode).

Diese staffelartige Aufstellung der liquiditätswirksamen Transaktionen und der Ausweis der Zwischensalden hat gegenüber anderen Liquiditätskennzahlen, z.B. dem Cash Flow, einen entscheidenden Vorteil:

Der externe Unternehmensanalytiker kann erkennen, welcher Betrag der betrieblichen Nettoeinnahmen zu Ausschüttungen, zur Investitionsfinanzierung, zur Erhaltung bzw. Erweiterung der Kapazität und/oder Schuldentilgung verwandt bzw. wie ein zusätzlicher Kapitalbedarf gedeckt wurde.

Die KFR basiert, so wie sie hier vorgestellt wurde, auf ex- post Größen. Man nennt sie daher auch **retrospektive KFR**. Daneben kann eine *prospektive KFR*, die die wahrscheinliche Entwicklung und geplante Dispositionen der Unternehmung aufzeigen will, erstellt werden. Sie dient insbesondere dem Interesse derjenigen Aktionäre, die bisher keine Möglichkeit hatten, die Unternehmensplanung in ihre Anlageentscheidung einzubeziehen. Es ist jedoch offensichtlich, daß durch den Ausweis ungewisser Zukunftsgrößen die prospektive KFR mit einem Unsicherheitsfaktor belastet ist. Sie stellt auf globale Stukturen ab und kann daher auch nur für die strukturelle Planung herangezogen werden. Eine auf erwarteten Größen basierende prospektive KFR kann eine sinnvolle Ergänzung der von tatsächlich realisierten Werten ausgehenden retrospektiven KFR darstellen. In der Praxis werden derartige prospektive KFR kaum veröffentlicht.

1.3 Beispiele zur retrospektiven Kapitalflußrechnung

Sie bauen auf dem veröffentlichten Jahresabschluß auf und enthalten daher keine Angaben über die Trennung in finanzwirksame und nicht finanzwirksame Positionen. Diese Differenzierung muß beim Erstellen der Kapitalflußrechnung durchgeführt werden. Deswegen ist eine Kontierung sehr hilfreich.

Zu beachten bei der Aufstellung einer KFR ist, daß die

Mittelverwendung (**V**) besteht aus	einer Aktivmehrung, einer Passivminderung oder einer Aufwandsausgabe,
Mittelherkunft (**H**) besteht aus	einer Aktivminderung, einer Passivmehrung oder einer Ertragseinnahme.

Die Kontierung sollte nicht nur die generelle Unterscheidung in H bzw. V enthalten, sondern auch bereits den Bereich als Ziffer angeben.

a) Jahresabschluß zum 31.12.1988 der ABC-AG (Zahlenangaben in Mio. DM)

BILANZ

Aktiva		1988	1987	Δ	Kontierung Art-Bereich
A.	Anlagevermögen				
	Sachanlagen	866,1	846,8	+ 19,3	V2
	Finanzanlagen	119,9	56,5	+ 63,4	V2
B.	Umlaufvermögen				
	Vorräte	314,1	290,5	+ 23,6	19,8 H5 43,4 V4
	Forderungen aus Lief. und Leistungen	60,1	128,5	- 68,4	H4
	Liquide Mittel	136,7	27,8	+108,9	V4
	Sonstige Aktiva	200,3	143,6	+ 56,7	V4
		1697,2	1493,7		

Passiva					
A.	Eigenkapital				
	gez. Kapital	300	300		-
	Rücklagen	304,7	284,7	+ 20,0	H5
B.	Rückstellungen				
	Rückstellungen und Verb. betr. Vorsorgeeinr.	75,6	57,6	+ 18,0	H5
	Andere Rückstellungen	233,6	205,2	+ 28,4	H5
C.	Verbindlichkeiten				
	Langfristige Verb.	443,8	344,8	+ 99,0	H3
	Verb. aus Lief. und Leist.	191,8	174,5	+ 17,3	H4
	Übrige Verb.	93,7	84,9	+ 8,8	H4
D.	Bilanzgewinn	54,0	42,0		H5/V3
		1697,2	1493,7		

G + V - RECHNUNG 1988

Umsatzerlöse	3254,5			H1
Bestandsveränd. u. aktivierte Eigenleistung	- 19,8			V5
Gesammtleistung		3234,7		
Materialaufwand		1709,3		V1
Rohertrag		1525,4		
Zinserträge		15,4		H1
Sonst. betriebl. Erträge		44,8		H1
		1585,6		
Personalaufwand	902,7		884,7	V1
			18,0	V5
Abschreibungen	143,2			V2
Zinsen	47,5			V1
Steuern	86,2			V1
Übrige Aufwendungen	332,0		303,6	V1
			28,4	V5
		1511,6		
Jahresüberschuß		74		
Einstellungen in freie Rücklagen		20,0		V5
Bilanzgewinn		54,0		V5

KAPITALFLUSSRECHNUNG

		Mittel-herkunft	Mittel-verwendung	Saldo
1	Umsatzbereich			
	Umsatzerlöse	3254,5		
	Zinserträge	15,4		
	Sonstige Erträge	44,8		
	Materialaufwendungen		1709,3	
	Personalaufwendungen		884,7	
	Zinsen		47,5	
	Steuern		86,2	
	Übrige Aufwendungen		303,6	
	Betriebliche Nettoeinnahme	3314,7	3031,3	+ 283,4
2	Anlagebereich			
	Sachanlagen		19,3	
	Finanzanlagen		63,4	
	Abschreibungen		143,2	
	Investitionsnettoausgaben		225,9	- 225,9
	Finanzüberschuß (1 + 2)			+ 57,5
3	Kapitalbereich			
	Langfristige Verbindl..	99,0		
	Bilanzgewinn		42,0	
	Netto-Außenfinanzierung	99,0	42,0	+ 57,0
	(1 + 2 + 3)			+ 114,5
4	Geldbereich			
	Verbindl. aus Lief. u. Leist.	17,3		
	Übrige Verbindl.	8,8		
	Ford. aus Lief. u. Leist.	68,4		
	Finanzwirksame Bestands-veränderungen		43,4	
	Liquide Mittel		108,9	
	Sonstige Aktiva		56,7	
	Nettoveränderung des Geldbereichs	94,5	209,0	- 114,5
5	Verrechnungsbereich			
	Bestandsveränderungen	19,8	19,8	
	Rücklagen	20,0	20,0	
	Bilanzgewinn	54,0	54,0	
	Rückstellungen	18,0	18,0	
	übrige Aufwendungen	28,4	28,4	
		140,2	140,2	0

Die Verknüpfung zwischen den Bilanzwerten und den entsprechenden Positionen der GuV ergibt sich aus der grundlegenden Buchhaltungsgleichung:

Anfangsbestand	+	Zugänge	-	Abgänge	=	Endbestand
AB	+	Zug.	-	Abg.	=	EB

Die Liquiditätswirkung entspricht bei verschiedenen Bilanzpositionen unterschiedlichen Salden wie nachstehende Überlegungen zeigen.

Liquiditätswirkung bei der Position:

- Rohstoffe

Bei den Rohstoffen kann man davon ausgehen, daß die Zugänge zu Ausgaben geführt haben, die Abgänge der Rohstoffe selbst zur Erstellung von Zwischen- und Fertigprodukten verwendet werden und unmittelbar zu keinen Liquiditätswirkungen führen. Es interessieren daher die Zugänge. Es gilt folgende Gleichung:

Zugänge	=	EB	-	AB	+	Abg.
		Bewegungsbilanz				GuV

Die Zugänge errechnen sich insgesamt aus dem Saldo der Bilanzbestände zuzüglich der in der GuV ausgewiesenen Bilanzveränderung.

In dem vorliegenden Beispiel betragen die Zugänge mithin insgesamt 23.6 + 19.8 = 43.4 Mio. DM.

Hierbei muß allerdings unterstellt werden, daß Bestandsveränderungen auch nur aus der Veränderung der Rohstofflager resultieren. Resultieren sie aus einer Veränderung der Zwischenlager, dann implizieren sie keine Liquiditätswirkung. Resultieren sie aus einer Änderung des Fertigwarenlagers, dann liegt ebenfalls keine Liquiditätswirksamkeit vor. Ein eventueller Verkauf ist bei den Umsatzerlösen zu berücksichtigen.

- Anlagevermögen

Beim Anlagevermögen gilt unter Berücksichtigung der in den Vorspalten ausgewiesenen Positionen

AB + Zugänge - Abgänge - Abschreibungen = EB

SAV

AB	846.8	Abs.	143.2
Zug.	143.2	EB	866.1
	19.3		
	1.009.3		1.009.3

Es interessiert in erster Linie die Liquiditätswirksamkeit von

Zugänge	-	Abgänge	=	
EB	-	AB	+	Abschreibungen

Unterstellt man vereinfachend, daß Umbuchungen und Zuschreibungen fehlen, dann ergeben sich dort die Kapitalflüsse im Anlagebereich als

EB	-	AB	(aus der Bewegungsbilanz)
	+	Abschreibungen	(aus der GuV)

Eine detaillierte Aufgliederung des Schemas von Busse von Colbe bringt Coenenberg.[8] Sein auf das HGB 85 zugeschnittenes Schema wird nachstehend seinem Beispiel entsprechend wiedergegeben.

	Abfluß		Zufluß	Nettozufluß /-abfluß
I. Umsatzbereich				
Umsatzerlöse			934	
+ Erträge aus Beteiligungen	6			
+ Erträge aus anderen Wertp.u. Ausleih. des FinanzAV	1			
+ sonstige betriebl. Erträge	20			
+ sonstige Zi. und ähnl. Erträge	2		29	
- Aufwendungen für Roh-, Hilfs- und Betriebsstoffe	382			
- Aufw. für bezog. Leistg.	30			
- Löhne und Gehälter	289			
- soziale Abg. u. Aufw. f. Altersvers. u. f. Unterstüt.	139			
- Zi. und ähnl Aufw.	5			
- sonst. betriebl. Aufw.	14			
- Steuern v. Eink. u. v. Ertrag	40			
- sonstige Steuern	9			
	908			
- aktivierte Eigenleistungen	- 5			
+ Vermin. des Bestand. an fert. Erzeugnissen	+ 19	922		
= **ordentlicher Umsatzübersch. im engen Sinne**		922	963	+ 41
+ außerordentliche Erträge	+ 4		4	
- außerordentliche Aufwendungen	- 1	1		
= **Umsatzüberschuß im engen Sinne**		923	967	+ 44
- Abn. der sonst. Rückstell.		6		
+ Zunahme der Verb. aus Lief. und Leist.			12	
- Abn. der pass. Rechnungsabgrenzungsposten		2		
- Zunahme der Ford. aus Lieferungen und Leist. mit einer RLZ> 1 Jahr		2		
- Zunahme der akt. Rechnungsabgrenzungsposten		2		
- Abnahme der Verb. gegenüber Kreditinstituten		29		
+ Abnahme der Vorräte			14	
+ Abnahme der sonst. Vermögensgeg. (ohne Ford. mit einer RLZ ≤ 1 Jahr)			2	
+ Zunahme der erhaltenen Anz. auf Bestellungen			8	
= **Umsatzüberschuß im weiten Sinne**		41	36	5
				+ 39

	Abfluß	Zufluß	Nettozufluß /-abfluß
II. Investitionsbereich			
a) Sachanlagen und immaterielles AV:			
Abgänge von Sachanlagen		5	
Zugänge zu Sachanlagen	32		
b) Finanzanlagen:			
Abgänge		4	
Zugänge	15		
= Nettoanlageinvestitionen	47	9	- 38
Finanzüberschuß/Finanzdefizit:			+ 1
III. Kapitalbereich			
a) Eigenkapital			
Erhöhg. des gez. Kapitals		6	
Zuführ. zur Kapitalrückl.		5	
Dividenden für 01	11		
= **Eigenfinanzierung**	11	11	0
b) Fremdkapital			
Zun. der Schuldverschreibungen		4	
= **Fremdfinanzierung**		4	+ 4
IV. Veränderung (Zunahme) der liquiden Mittel:			+ 5

Fondsänderungsnachweis der liquiden Mittel:

$\Delta F = A_f^+ - A_f^-$ A_f^+: = Aktivmehrung A_f^- : = Aktivminderung

A_f^+ : Forderungen aus Lieferungen und Leistungen

mit einer RLZ ≤ 1 Jahr.. 10

Sonstige Vermögensgegenstände,

davon Forderungen mit einer RLZ ≤ 1 Jahr......................... 1

A_f^- : Wertpapiere.. 2

Flüssige Mittel.. 4

$\Delta F = 10 + 1 - 4 - 2 = + 5$

	Bestand 31.12.01	Zugänge	Abgänge	Bestand 31.12.02
Ford. aus Lief. und Leist., RLZ ≤ 1 Jahr	16	10	-	26
Sonst. Verm.Gegenstände, davon Ford. mit einer RLZ ≤ 1 Jahr	2	1	-	3
Wertpapiere des UV	12	-	2	10
Schecks, Kassenbestand, Bundesbank- und Postgiroguthaben, Guthaben bei Kreditinstituten	44	-	4	40
	74	11	6	79
Zunahme der liquiden Mittel			+ 5	
		11	11	

Coenenberg nimmt folgende Umrechnungen vor, um von dem Ausweis im Jahresabschluß zu liquiditätswirksamen Größen zu gelangen.[9]

1) Die sonstigen betrieblichen Erträge sind um die im Anhang gesondert ausgewiesenen Bewertungserträge gekürzt (40 - 4 - 16 = 20). Hierunter fallen Erträge aus der Auflösung von Aufwandsrückstellungen (4) und Zuschreibungserträge im Anlagevermögen (16).

2) Die sozialen Abgaben und Aufwendungen für Altersversorgung sind um die Zunahme der Pensionsrückstellungen gekürzt (142 - 3 = 139).

3) Die sonstigen betrieblichen Aufwendungen sind mit den fondsunwirksamen Verlusten aus dem Abgang von Gegenständen des Sachanlagevermögens gekürzt ausgewiesen (17 - 3 = 14).

4) Die Korrektur der finanzwirksamen Aufwendungen um die Veränderungen (hier die Abnahme) der Bestände an unfertigen und fertigen Erzeugnissen ist erforderlich, um das Zwischenergebnis des Umsatzüberschusses (enge Definition) bei direkter Berechnung mit dem bei indirekter Ermittlung vergleichbar zu machen. Bei direkter Berechnung wird deshalb der entsprechende Mittelzufluß durch die Verringerung des Bestandes an unfertigen und fertigen Erzeugnissen erst als Aktivminderung im Rahmen der Korrektur des Umsatzüberschusses um weitere Mittelquellen erfaßt.

Die Korrektur der finanzwirksamen Aufwendungen bei direkter Berechnung kann unterbleiben. Es ist jedoch dann zu beachten, daß unter den Korrekturen im Rahmen der erweiterten Definition des Umsatzüberschusses nur die Veränderungen an Roh-, Hilfs- und Betriebsstoffen erfaßt werden dürfen, da ansonsten ein zu hoher Mittelzufluß durch die Bestandsverringerungen an unfertigen und fertigen Erzeugnissen ausgewiesen würde. Entschließt man sich zu dieser Darstellungs- und Berechnungsart, so ist ohne weiteres verständlich, daß das Ergebnis des Umsatzüberschusses nach direkter und indirekter Berechnung erst bei der erweiterten Definition übereinstimmt.

5) Die Abnahme der Rückstellungen (10) ist um die Erträge aus der Auflösung von Aufwandsrückstellungen (4) gekürzt (vgl. auch Erläuterung 1).

6) Die Abgänge von Sachanlagen (8) zu Restbuchwerten sind um die fondsunwirksamen Abgangsverluste (3) gekürzt ausgewiesen.

Es sei nochmals darauf hingewiesen, daß die nach dem Busse von Colbeschen Konzept aufgestellte Kapitalflußrechnung nur dann unter Berücksichtigung der in den Erläuterungen 1, 3, 5 und 6 beschriebenen Aufrechnungen aufgestellt werden kann, wenn die in den sonstigen betrieblichen Aufwendungen und Erträgen enthaltenen Liquidations- und Bewertungserfolge im Rahmen der betragsmäßigen Angabepflichten des § 277 Abs.4 HGB identifiziert werden können.

Die vorstehende Kapitalflußrechnung kann auch bei Anwendung des Umsatzkostenverfahrens aufgestellt werden, da die sekundärgliederungsbedingten Informationsverluste im Bereich der betrieblichen Erfolgskomponenten durch die gesonderte Angabepflicht der Personal- und Materialaufwendungen gemäß § 285 Nr.8 HGB im Anhang kompensiert werden. Zudem entfallen die Korrekturen um die aktivierten Eigenleistungen und die Bestandsänderungen bei der Berechnung des Umsatzüberschusses im engen Sinne, da die hierin enthaltenen Aufwendungen ohnehin nicht in die Erfolgsrechnung aufgenommen werden.

Beispiele für KFR

Kapitalflußrechnung Siemens Welt in Mio.DM

	1986/87	1985/86
Cash Flow		
Jahresüberschuß	+ 1275,3	+ 1474,3
Abschr. auf Anlagen u. verm. Erzeugn.	+ 3467,4	+ 3389,6
Veränd. mittel- und langfr. Rückst.	+ 795,0	1453,4
	+ 5537,7	+ 6317,3
Mittelbindung		
Zugänge im Anlagevermögen	- 5212,3	- 5344,0
Kaufpreis f. erworb. Tochterunt. (abzüglich deren Liqu.)	-128,0	- 1328,0
Veränderung der Vorräte	+ 409,2	- 3662,0
Veränderung sonstiger Bilanzpositionen	+ 459,7	+ 25,0
	- 4697,8	- 8516,0
Finanzierung aus dem Geschäft		
Veränderung der erhaltenen Anzahlungen	+ 202,7	+ 2776,0
Veränderung der Anderen Verbindlichkeiten	+ 629,1	- 635,0
	+ 831,8	+ 2141,0
Sonstige Finanzierungsvorgänge		
Erhöhung des eingezahlten Eigenkapitals	+ 277,1	+ 840,3
Veränderung der Finanzschulden	- 629,3	+ 567,7
	- 352,2	+ 1408,0
Entwicklung der Liquidität	+ 1319,5	+ 1350,3
davon Wertpapiere und Schuldscheine	+ 1174,3	+ 1297,9
flüssige Mittel	+ 145,2	+ 52,4
Liquidität, Stand 30.09.1987 bzw. 01.10.1986	23049,7	21730,2

Kapitalflußrechnung Bayer (Beträge in Mio DM)

Berechnet aus den Abschlüssen (Konzern bzw. AG 1988)

A. Bayer Konzern

	Mittelherkunft	Mittelverwendung	Saldo
1. Umsatzbereich			
Umsatzerlöse	40.468		
Herstellungskosten		20.084	
Vertriebskosten		8.284	
Forschungskosten		2.460	
Allgemeine Verwaltungskosten		1.776	
Sonstige betriebliche Erträge	1.203		
Sonstige betriebliche Aufwendungen		1.587	
Zinsergebnis		270	
Übrige finanzielle Aufwendungen und Erträge		37	
Steuern		1.867	
Saldo Umsatzbereich			+ 5.306
2. Anlagebereich			
Immaterielle Vermögensgegenstände		10	
Sachanlagen		824	
Finanzanlagen	85		
Übrige finanzielle Aufwendungen und Erträge		10	
Herstellungskosten (= Abschr. auf immaterielle Vermögensgegenstände (aus Anlagegitter))		41	
Herstellungskosten (= Abschr. auf Sachanlagen und Zuschreibungen (aus Anlagegitter))		2.282	
Saldo Anlagebereich			- 3.082
3. Kapitalbereich			
Forderungen gegen verbundene Unternehmen		21	
Gezeichnetes Kapital der Bayer AG	82		
Kapitalrücklage		188	
Konzerngewinn		542	
Anleihen		407	
Verbindl. gegen Kreditinstitute		347	
Verbindl. gegenüber verb. Unternehmen	42		
Beteiligungsergebnis	91		
Anderen Gesellschaftern zustehender Gewinn/Verlust		54	
Saldo Kapitalbereich			- 1.344
4. Geldbereich			
Vorräte		672	
Forderungen aus Lieferungen und Leistungen		1.181	
Übrige Forderungen und sonstige Vermögensgegenstände		133	
Flüssige Mittel	614		
Verbindlichk. aus Lieferungen und Leistungen	352		
Wechselverbindlichkeiten	12		
Übrige Verbindlichkeiten	128		
Saldo Geldbereich			- 880
5. Verrechnungsbereich			
Akt. Rechnungsabgrenzungsposten		50	
Gewinnrücklage	938		
Konzerngewinn	1.855	956	
Anteile anderer Gesellschafter	18		
Sonderposten mit Rücklageanteil		7	
Rückstellungen für Pensionen	560		
Andere Rückstellungen	655		
Pass. Rechnungsabgrenzungsposten		3	
Herstellungskosten		1.215	
Sonstige betriebliche Erträge	71		
Sonstige betriebliche Aufwendungen		11	
Konzerngewinn		1.855	
Saldo Verrechnungsbereich			0

B. Bayer AG

1. Umsatzbereich			
Umsatzerlöse	17.852		
Herstellungskosten		9.522	
Vertriebskosten		2.872	
Forschungskosten		1.475	
Allgemeine Verwaltungskosten		409	
Sonstige betriebl. Erträge	346		
Sonstige betriebl. Aufwendungen		492	
Zinsergebnis	282		
Übrige finanzielle Aufwendungen und Erträge	4		
Steuern		1.104	
Saldo Umsatzbereich			+ 2.610
2. Anlagebereich			
Immaterielle Vermögensgegenstände		6	
Sachanlagen		255	
Finanzanlagen		1.608	
Übrige finanzielle Aufwendungen und Erträge		4	
Herstellungskosten (= Abschreibungen auf immaterielle Vermögensgegenstände (aus Anlagegitter))		25	
Herstellungskosten (= Abschreibungen auf Sachanlagen und Zuschreibungen (aus Anlagegitter))		1.108	
Saldo Anlagebereich			- 3.006
3. Kapitalbereich			
Forderungen gegen verb. Unternehmen		63	
Gezeichnetes Kapital	82		
Kapitalrücklage	238		
Bilanzgewinn		680	
Verbindl. gegen verb. Unternehmen	90		
Beteiligungsergebnis	377		
Saldo Kapitalbereich			+ 44
4. Geldbereich			
Vorräte		157	
Forderungen aus Lief. und Leist.	401		
Übrige Forderungen und sonstige Vermögensgegenstände	22		
Flüssige Mittel	782		
Rechnungsabgrenzungsposten	17		
Verbindl. aus Lief. und Leist.	113		
Übrige Verbindlichkeiten		24	
Saldo Geldbereich			+ 352
5. Verrechnungsbereich			
Gewinnrücklagen	250		
Bilanzgewinn	761		
Sonderposten mit Rücklageanteil		1	
Rückstellungen für Pensionen	383		
Andere Rückstellungen	457		
Herstellungskosten		840	
Sonstige betriebliche Erträge	1		
Einstellung in andere Gewinnrücklagen		250	
Bilanzgewinn		761	
Saldo Verrechnungsbereich			0

Der Vergleich der beiden Kapitalflußrechnungen gibt auch Hinweise auf die unterschiedliche Liquiditätslage in Konzern bzw. der AG.

Bewegungsbilanz Bayer-Konzern (in Mio DM)

Aktiva	31.12.1988	31.12.1987	Δ	
Anlagevermögen				
Immaterielle Vermögensgegenstände	128	118	+ 10	V 2
Sachanlagen	11.170	10.346	+ 824	V 2
Finanzanlagen	764	849	- 85	H 2
Umlaufvermöge				
Vorräte	7.892	7.220	+ 672	V 4
Forderungen und sonstige Vermögensgegenstände				
Ford. aus Lieferungen und Leistungen	7.322	6.141	+ 1.181	V 4
Ford. gegen verbundene Unternehmen	84	63	+ 21	V 3
Übrige Ford. und sonstige Vermögensgegenstände	1.282	1.149	+ 133	V 4
Flüssige Mittel	4.486	5.100	- 614	H 4
Rechnungsabgrenzungsposten	**1.217**	**1.167**	**+ 50**	**V 5**
Summe		**34.345**	**32.153**	

Passiva				
Eigenkapital				
Gezeichnetes Kapital der Bayer AG	3.171	3.089	+ 82	H 3
Kapitalrücklage	4.288	4.476	- 188	V 3
Gewinnrücklagen	5.430	4.492	+ 938	H 5
Konzerngewinn[1]	1.855	542		H 5/V 3
		956		V 5
Anteile anderer Gesellschafter	492	474	+ 18	H 5
Sonderposten mit Rücklageanteil	**80**	**87**	**- 7**	**V 5**
Rückstellungen				
Rückst. für Pensionen und ähnliche Verpflichtungen	6.236	5.676	+ 560	H 5
Andere Rückstellungen	3.766	3.111	+ 655	H 5
Verbindlichkeiten				
Anleihen	1.881	2.288	- 407	V 3
Verbindlichkeiten gegenüber Kreditinstituten	1.899	2.246	- 347	V 3
Verbindlichkeiten aus Lieferungen und Leistungen	2.357	2.005	+ 352	H 4
Verbindlichkeiten aus Wechseln	249	237	+ 12	H 4
Verbindlichkeiten gegenüber verb. Unternehmen	100	58	+ 42	H 3
Übrige Verbindlichkeiten	2.510	2.382	+ 128	H 4
Rechnungsabgrenzungsposten	**31**	**34**	**- 3**	**V 5**
Summe	**34.345**	**32.152**		

1 Der Konzerngewinn vom 31.12.1987 in Höhe von 1.498 wurde folgendermaßen verwendet:
Im Verrechnungsbereich:

- für Gewinnrücklagen	938	
- für Anteile anderer Gesellschafter	18	956
Der Rest wurde im Kapitalbereich verbucht:		542

Gewinn- und Verlustrechnung Bayer-Konzern (in Mio DM)

	1988	Buchung
Umsatzerlöse	40.468	H 1
Herstellungskosten der zur Erzielung der Umsatzerlöse erbrachten Leistungen[1]	20.084	V 1
	2.323	V 2
	1.215	V 5
Vertriebskosten	8.284	V 1
Forschungskosten	2.460	V 1
Allgemeine Verwaltungskosten	1.776	V 1
Sonstige betriebliche Erträge[2]	1.203	H 1
	71	H 5
Sonstige betriebliche Aufwendungen[3]	1.587	V 1
	11	V 5
Beteiligungsergebnis	91	H 3
Zinsergebnis	- 270	V 1
Übrige finanzielle Aufwendungen und Erträge[4]	- 37	V 1
	- 10	V 2
Steuern vom Einkommen und vom Ertrag	1.867	V 1
Anderen Gesellschaftern zustehender Gewinn/Verlust	54	V 3
Konzerngewinn	1.855	V 5

1 Die Herstellungskosten in Höhe von 23.622 wurden folgendermaßen aufgeteilt:

Im Anlagebereich:		
- für Abschreibungen auf immaterielle Vermögensgegenstände (aus Anlagegitter)	41	
- für Abschreibungen auf Sachanlagen und Zuschreibungen (aus Anlagegitter)	2.282	2.323
Im Verrechnungsbereich:		
- für Pensionsrückstellungen	560	
- für andere Rückstellungen	655	1.215
Der Rest wurde im Umsatzbereich verbucht:		20.084

2 Die sonstigen betrieblichen Erträge in Höhe von 1.274 teilen sich wie folgt:

Im Verrechnungsbereich:		
- für Sonderposten (lt. Anhang)	11	
- für Sonderposten (Rest)	7	
- für Akt. Rechnungsabgrenzungsposten	50	
- für Pass. Rechnungsabgrenzungskosten	3	71
Der Rest wurde im Umsatzbereich verbucht:		1.203

3 Die sonstigen betrieblichen Aufwendungen in Höhe von 1.598 teilen sich wie folgt:

Im Verrechnungsbereich für Sonderposten (lt. Anhang):	11
Der Rest wurde im Umsatzbereich verbucht:	1.587

4 Die übrigen finanziellen Aufwendungen und Erträge in Höhe von - 47 teilen sich wie folgt:

Im Anlagebereich für Abschreibungen auf Finanzanlagen (lt. Anhang):	- 10
Der Rest wurde im Umsatzbereich verbucht:	- 37

Bewegungsbilanz Bayer AG (in Mio DM)

Aktiva	31.12.1988	31.12.1987	Δ	
Anlagevermögen				
Immaterielle Vermögensgegenstände	33	27	+ 6	V 2
Sachanlagen	3.663	3.408	+ 255	V 2
Finanzanlagen	6.008	4.400	+ 1.608	V 2
Umlaufvermögen				
Vorräte	2.058	1.901	+ 157	V 4
Forderungen und sonstige Vermögensgegenstände				
Ford. aus Lieferungen und Leistungen	2.716	2.315	+ 401	V 4
Ford. gegen verbundene Unternehmen	1.297	1.234	+ 63	V 3
Übrige Ford. und sonstige Vermögensgegenstände	451	473	- 22	H 4
Flüssige Mittel	3.557	4.339	- 782	H 4
Rechnungsabgrenzungsposten	**83**	**100**	**- 17**	**H 4**
Summe	**19.866**	**18.197**		

Passiva				
Eigenkapital				
Gezeichnetes Kapital	3.171	3.089	+ 82	H 3
Kapitalrücklage	4.321	4.083	+ 238	H 3
Gewinnrücklagen	2.905	2.655	+ 250	H 5
Bilanzgewinn	761	680	H 5	V 3
Sonderposten mit Rücklageanteil	**2**	**3**	**- 1**	**V 5**
Rückstellungen				
Rückst. für Pensionen und ähnliche Verpflichtungen	4.088	3.705	+ 383	H 5
Andere Rückstellungen	2.542	2.085	+ 457	H 5
Verbindlichkeiten				
Anleihen	500	500	0	
Verbindlichkeiten aus Lieferungen und Leistungen	908	795	+ 113	H 4
Verbindlichkeiten gegenüber verb. Unternehmen	225	135	+ 90	H 3
Übrige Verbindlichkeiten	443	467	- 24	V 4
Summe	**19.866**	**18.197**		

Gewinn- und Verlustrechnung Bayer AG (in Mio DM)

	1988	Buchung
Umsatzerlöse	17.852	H 1
Herstellungskosten der zur Erzielung der		
Umsatzerlöse erbrachten Leistungen[1]	9.522	V 1
	1.133	V 2
	840	V 5
Vertriebskosten	2.872	V 1
Forschungskosten	1.475	V 1
Allgemeine Verwaltungskosten	409	V 1
Sonstige betriebliche Erträge[2]	346	H 1
	1	H 5
Sonstige betriebliche Aufwendungen	492	V 1
Beteiligungsergebnis	377	H 3
Zinsergebnis	282	H 1
Übrige finanzielle Aufwendungen und Erträge[3]	- 4	V 2
	4	H 1
Steuern vom Einkommen und vom Ertrag	1.104	V 1
Einstellung aus dem Jahresüberschuß in andere Gewinnrücklagen	250	V 5
Bilanzgewinn	761	V 5

1 Die Herstellungskosten in Höhe von 11.495 wurden folgendermaßen aufgeteilt:

Im Anlagebereich:		
- für Abschreibungen auf immaterielle Vermögensgegenstände (aus Anlagegitter)	25	
- für Abschreibungen auf Sachanlagen und Zuschreibungen (aus Anlagegitter)	1.108	1.133
Im Verrechnungsbereich:		
- für Pensionsrückstellungen	383	
- für andere Rückstellungen	457	840
Der Rest wurde im Umsatzbereich verbucht:		9.522

2 Die sonstigen betrieblichen Erträge in Höhe von 347 teilen sich wie folgt:

Im Verrechnungsbereich für Sonderposten (lt. Anhang):	1
Der Rest wurde im Umsatzbereich verbucht:	346

3 Die übrigen finanziellen Aufwendungen und Erträge in Höhe von 0 teilen sich wie folgt:

Im Anlagebereich für Abschreibungen auf Finanzanlagen (lt. Anhang):	- 4
Der Rest wurde im Umsatzbereich verbucht:	4

"Die bilanzmäßige Darstellung des Verschuldungsgrades hat eine große Bedeutung bei der Prüfung der Kreditwürdigkeit und spielt daher eine Rolle bei Verhandlungen mit Banken und anderen Gläubigern. Bankleute sind so sehr gewöhnt, die Bilanzen von dieser Seite zu sehen, daß sie von Natur Statiker zu sein pflegen. In neuerer Zeit mehren sich jedoch die Fälle, in denen auch Bankiers mehr auf den Erfolg der Unternehmung als auf den Status sehen; sie haben offenbar die Erfahrung gemacht, daß bei einer nicht ergiebigen Unternehmung auch ein guter Status wenig Garantie bietet, während eine erfolgreiche Unternehmung auch bei schwacher Vermögensbasis ein guter Schuldner ist."[10]

2. Liquiditätsanalyse aufgrund des Jahresabschlusses

2.1 Problemstellung

Ausgangspunkt und Informationsgrundlage einer **Unternehmensanalyse** mit Hilfe von Bilanzkennzahlen sind die im Jahresabschluß veröffentlichten Zahlenangaben. Sie umfassen die *Bilanz im engeren Sinne* als die Aufstellung der Vermögens- und Kapitalteile und die *Gewinn- und Verlustrechnung* als die Gegenüberstellung der Aufwendungen und Erträge unter Berücksichtigung der Erläuterungen im *Anhang* und des *Lageberichtes.* Die nachstehende Darstellung rekurriert auf die grundlegenden Möglichkeiten der Bilanzanalyse. Auf Detailfragen der Analyse kann nur schwerpunktartig eingegangen werden.[11]

Primär verfolgt man mit der Bilanzanalyse zwei Absichten:

Einmal will man von den Bilanzzahlen auf die *künftige finanzielle Situation der Unternehmung schließen* und die *künftige Entwicklung prognostizieren.* Andererseits will man in einer ex post-Analyse überprüfen, ob die in der Bilanz ausgewiesenen Gewinne des abgelaufenen Geschäftsjahres stimmen und die *Ertragskraft des Unternehmens* richtig widerspiegeln. Der stichtagsbezogene Erfolgsausweis der ja fortlaufenden Geschäfte enthält generell Ungewißheit, einen Bewertungsspielraum und damit auch einen Manipulationsspielraum. Mit der Überprüfung und Würdigung der vergangenheitsbezogenen Daten will man in erster Linie gewollte und ungewollte Verschleierungen der Ertragskraft des Unternehmens aufdecken. Dieses erreicht man am besten dadurch, daß man sich auf Zahlungsströme konzentriert, die weitgehend bewertungs- und damit auch manipulationsfrei sind. Man muß eine Einnahmen-Ausgaben-Rechnung in Form einer Kapitalflußrechnung durchführen. Sie wird als Instrument der Erfolgsbeurteilung seit langem vorgeschlagen und ausführlich untersucht.[12]

Wir wollen diese zweite Intention der Bilanzanalyse nicht primär verfolgen und konzentrieren uns im folgenden vielmehr auf die **Liquiditätsanalyse anhand des Jahresabschlusses.**

Zur Liquiditätsbeurteilung bildet man durch Umgruppierung, Zusammenfassung und Saldierung von einzelnen Bilanzpositionen die unterschiedlichsten Kennzahlen.[13]

So ist z.B. die nachstehende Abänderung des aktienrechtlichen Gliederungsschemas denkbar.

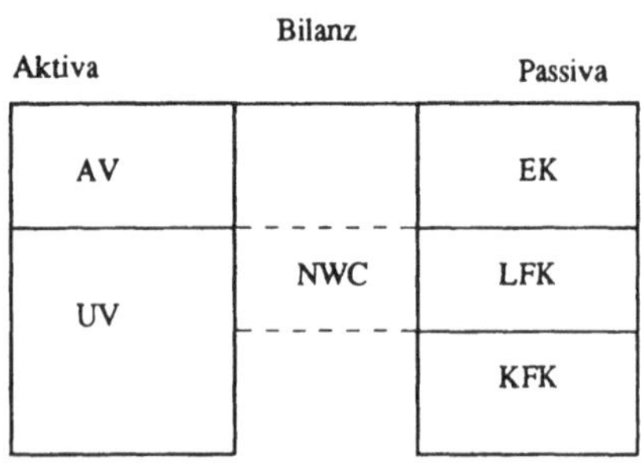

AV = Anlagevermögen
UV = Umlaufvermögen
NWC = Netto-Working-Capital
= UV - KFK

EK = Eigenkapital
LFK = langfristiges Fremdkapital
KFK = kurzfristiges Fremdkapital

Abb. 1

Gewinn- und Verlustrechnung

Aufwendungen	Erträge
I. Aufw. = Ausgaben	I. Erträge = Einn.
II. Aufw. ≠ Ausgaben 1. Abschreibungen 2. Rückstellungen	II. Erträge ≠ Einn.
III. Gewinn	

Abb.2

Eine vor allem in der angelsächsischen Literatur gebräuchliche Kennziffer ist das **Netto-Working-Capital** oder **Working-Capital**, die Differenz zwischen Umlaufvermögen und kurzfristigen Verbindlichkeiten. Eine weitere, interessante und schillernde Größe ist der **Cash Flow.**[14] Seine expliziten Definitionen sind ebenso zahlreich wie unterschiedlich. Die Ursache hierfür dürfte darin liegen, daß der Cash Flow aus der Gewinn- und Verlustrechnung gewonnen wird, die als Zahlenwerk der Erfolgsermittlung die Dimensionen *Aufwendungen* bzw. *Erträge* und nicht die benötigten Dimensionen *Einnahmen* bzw. *Ausgaben* enthält. Für die Ermittlung des Cash Flow ist die Trennung der zahlungswirksamen Erfolgspositionen von den nicht-zahlungswirksamen Positionen erforderlich, denn grundsätzlich soll der Cash Flow die *längerfristig disponiblen Teile der (Umsatz)Einnahmen* erfassen. Das sind die Teile, die nicht sofort wieder zur Bestreitung von erfolgswirksamen Ausgaben abfließen. Formal gilt somit anhand unserer Aufgliederung folgende Definition:[15]

Cash Flow = (einnahmegleiche Erträge) - (ausgabengleiche Aufwendungen)
oder
= Abschreibungen
\+ Rückstellungen
\+ Gewinn
\- Erträge ≠ Einnahmen.

Die zweite, allgemein übliche Definition zeigt die eigentliche Intention des Cash Flow nicht mehr so gut und führte dann auch zu Meinungsverschiedenheiten über die "richtige" Definition des Cash Flow, obwohl es eine richtige Definition nicht geben kann.

Das Problem der nicht allgemein einsichtigen, da nicht eindeutigen Einordnung der einzelnen Bilanzpositionen bei einer Umgliederung für finanzwirtschaftliche Zwecke gilt auch für andere Bilanzbegriffe, z.B. für die Definition der Gesamt- bzw. Effektivverschuldung. Die Relation Effektivverschuldung zu Cash Flow wird auch als **dynamischer Verschuldungsgrad** bezeichnet und ist eine bedeutsame Kennziffer der betrieblichen Finanzstrukur. Sie dient bei der Deutschen Industriekreditbank, einem Spezialinstitut für Industriekredite, als Hilfsmittel der Bonitätsbeurteilung. Sie ist auch wesentlicher Bestandteil der Kreditvereinbarung von Großunternehmen, sog. "ersten Adressen", z.B. der Farbenfabrikant Bayer. Ehe wir darauf näher eingehen, werden zwei unterschiedliche Definitionen von **Cash Flow** und **Gesamtverschuldung** gegenübergestellt:

Cash Flow Industriekreditbank		Bayer AG	
	Bilanzgewinn		Bilanzgewinn
+/-	Rücklagenzuweisung bzw. -entnahme	+/-	Rücklagenzuweisung bzw. -entnahme
+/-	Zuweisung bzw. Auflösung langfristiger Rückstellungen	+	Veränderungen von Pensionsrückstellungen
		-	Erträge aus der Auflösung von Rückstellungen
+	Abschreibungen	+	Abschreibungen auf Anlagen
		+	Wertberichtigungen a. Umlaufverm.
+	a.o. Aufwendungen	+	a.o. Aufwendungen
-	a.o. Erträge	-	a.o. Erträge
		+/-	Verluste/Gewinne aus Anlagenabgängen
+	VSt, KSt		
+/-	Ergebnis aus Beteiligungen	-	sonst. a.o. Erträge

Abb. 3

Gesamtverschuldung	
Industriekreditbank	Bayer AG
Waren-Leistungsschulden + Akzepte + Bankschulden + Rückstellungen + Delkredere + sonst. Verbindlichkeiten + Anzahlungen + Darlehen = Verbindlichkeiten insgesamt - 50% Pensionsrückstellungen - Kasse, Bank, börsengäng. Wertp. - Forderungen aus Lief. + Leistungen - Wechsel - 50% Material + Warenbestände - sonst. kurzfr. Forderungen	Bilanzsumme - Grundkapital - Rücklagen - Delkredere + Gegenwartswert der L+V-Abgaben + 30 % des Bürgschaftsobligos - 50 % Pensionsrückstellungen - 50 % Verbindlichkeiten gegenüber Sozialeinrichtungen - Kundenanzahlungen - Kasse, Bank, Postscheck - Wertpapiere im Umlaufvermögen - Forderungen aus Warenlieferungen und -leistungen

Abb. 4

Wie bereits angedeutet, spielt die Kennziffer $\frac{\text{Gesamtverschuldung}}{\text{Cash Flow}}$ bei der Kreditvergabe eine bedeutsame Rolle.[16] Das Gewicht dieser Kennziffer und noch weiterer zu beachtender Bilanzrelationen wird dann augenscheinlich, wenn man die damit gekoppelte **Negativklausel** erläutert:

Der Kern der Negativklausel besteht darin, das Anlagevermögen nicht zu belasten, solange diese Bilanzrelationen eingehalten werden. Demnach wird dem Darlehen der Farbenfabriken Bayer AG die Deckungsstockfähigkeit attestiert. Der Deckungsstock der Versicherungsunternehmen dient der Risikoabsicherung der Auszahlungsverpflichtungen für Versicherungsfälle. Die hierfür bereitgehaltenen Mittel dürfen nur in Anlagen erster Bonität, die normalerweise mit grundpfandrechtlicher Absicherung verbunden sind, festgelegt werden.

Die Eintragung von Grundpfandrechten kommt nur dann in Betracht, wenn die vereinbarten Relationen nicht eingehalten werden. Für die Farbenfabriken Bayer AG wurden im Einvernehmen mit dem *Bundesaufsichtsamt für das Versicherungswesen und Bausparwesen* folgende Relationen vereinbart:[17]

1.) $\frac{FK}{CF} \leq 3.5$
Das Fremdkapital darf das 3.5 -fache des Cash Flow nicht übersteigen.

2.) $0.70\ AV \leq EK$
Das Eigenkapital muß mindestens 70% des Anlagevermögens decken.

3.) $AV \leq EK + LFK$
Das Anlagevermögen darf nicht größer sein als Eigenkapital und langfristiges Fremdkapital zusammen.

Das Fehlen einer dinglichen Absicherung der Kredite kann nur so interpretiert werden, daß nach Ansicht der Wirtschaftspraxis - sowohl der Kreditgeber als auch der Kreditnehmer - die vorstehenden Relationen ausreichen, um die Zahlungsfähigkeit zu gewährleisten.

Die Kreditsicherungen der Farbenfabriken Bayer sind kein Einzelfall. Auch andere erste Adressen haben bei ihren Kreditvereinbarungen verabredet, daß die Belastung des Anlagevermögens ausgeschlossen bleibt, solange bestimmte, genau festgelegte *Bilanzrelationen* nicht überschritten werden. Im Gegensatz zur tatsächlichen Übung in der Praxis ist nach der gängigen Literaturmeinung die Aufrechterhaltung der Zahlungsfähigkeit dadurch nicht gewährleistet.[18] Die Einhaltung der drei postulierten Relationen sei weder notwendig noch hinreichend für die Zahlungsfähigkeit der Unternehmung, beides seien verschiedene Tatbestände, die nichts oder wenig miteinander zu tun haben.

Die betriebswirtschaftliche Finanzierungstheorie kann sich angesichts der konkreten Vereinbarungen nicht mit dem Argument zufriedengeben, die Liquiditätsbeurteilung an Hand von Finanzierungsregeln und Bilanzkennzahlen sei eine unreflektierte Verhaltensweise und beliebte Übung der Praktiker ohne tiefgehenden Informationsgehalt. Sie muß sich mit der Handhabung in der Praxis auseinandersetzen. Die Frage, ob die Einhaltung von Finanzierungsregeln die Liquidität gewährleistet, muß neu überdacht werden.

Der generelle Nachweis der Eignung von Bilanzkennziffern und Finanzierungsregeln für die *Liquiditätsprognose* und *Liquiditätssicherung* genügt nicht. Im Anschluß daran muß die eigentlich interessierende Frage beantwortet werden, welche Finanzierungskennziffern konkret zu verwenden und mit welchen numerischen Werten die Finanzierungsregeln auszugestalten sind.

Ist z.B. der oben angegebene Wert von 3.5 richtig oder sollte man besser 4.0 oder 2.0 nehmen? Die eigentliche Aufgabe kann erst untersucht werden, wenn die grundsätzliche Beziehung hinreichend nachgewiesen wurde. Der Komplex der bilanziellen Messung der Zahlungsfähigkeit einer Unternehmung läßt sich in drei Teilprobleme aufspalten, die naturgemäß miteinander verknüpft sind, sich aber doch genügend voneinander abheben:

1. Das statistische Erkennen von Zusammenhängen
2. Das Formulieren von kausalen Hypothesen
3. Die Prognose der Zahlungsfähigkeit im konkreten Einzelfall.

ad1. Die Aufgabe des **statistischen Erkennens von Zusammenhängen** läßt sich weiter aufspalten in das *deskriptive Klassifikationsproblem* einerseits und das *wahrscheinlichkeitstheoretische Inferenzproblem* andererseits.

In dem **deskriptiven Klassifikationsproblem** wird ein vorhandenes Datenmaterial beschrieben und auf strukturelle Zusammenhänge hin untersucht. Bei der Analyse von Daten mit einem mehrdimensionalen Eigenschaftsvektor wird man in aller Regel auf die Erwartungswertvektoren und Kovarianzen zurückgreifen. Für die Klassifikation werden dann die entsprechenden multivariaten Verfahren herangezogen, die in den meisten Fällen der konkreten Berechnung ausschließlich auf Erwartungswerte und Kovarianzen zwischen den einzelnen Variablen abstellen. Die Effizienz der deskriptiven Klassifikation ist demnach nicht von der Annahme eines bestimmten Verteilungstyps abhängig.

Die wahrscheinlichkeitstheoretischen Annahmen hinsichtlich der Wahrscheinlichkeitsverteilung einer Grundgesamtheit werfen bei **inferenzstatistischen Aussagen** jedoch zahlreiche Fragen auf, die das Erkennen der in den Daten enthaltenen Muster zumindest in manchen Fällen eher behindern als fördern. In vielen Fällen jedoch ist der Rekurs auf die wahrscheinlichkeitstheoretischen Überlegungen durchaus nützlich. Man sollte sich nur darüber im Klaren sein, daß de facto gerechnet wird mit Erwartungswerten und Kovarianzmatrizen und daß über die gesamte multivariate Wahrscheinlichkeitsverteilung eigentlich nur sehr wenig bekannt ist. Die multivariate Analyse kann bei der Annahme einer multivariaten Normalverteilung die inferenzstatistischen Probleme lösen. Bei Verzicht auf diese Normalverteilungsannahme sind diese Probleme zur Zeit wohl nur im Rahmen asymptotischer Überlegungen in den Griff zu bekommen.

ad 2. Die mit Hilfe der statistischen Methoden erkannten Muster sind Ausgangspunkt für die **Formulierung von Hypothesen bezüglich der kausalen Wirkungszusammenhänge.** Insoweit liefert das statistische Erkennen von Mustern ein heuristisches Konzept für die Entwicklung von kausalen Hypothesen. Diese Interdependenz ist jedoch keine Einbahnstraße, denn die kausalen Hypothesen sind wiederum statistischen Tests zu unterwerfen und gegebenenfalls neu zu formulieren. Die Schwierigkeiten liegen in der Formulierung der Hypothesen dergestalt, daß die theoretischen Aussagen einer empirischen Überprüfung zugänglich sind.

ad 3. Damit ist das **Prognoseproblem** angesprochen, das die eigentliche Aufgabe der bilanziellen Liquiditätsanalyse, die zuverlässig nur auf der Basis von kausalen Hypothesen möglich ist, verkörpert: Wie bzw. mit welcher Sicherheit kann aus den ex post Größen auf die künftige Entwicklung geschlossen werden?

Man kann versuchen, diese Aufgabe mit einer statistischen Extrapolation der Vergangenheitsdaten zu lösen und läuft dabei die Gefahr aller statistischen Extrapolationen, daß die tatsächliche Entwicklung nicht der schematisch angenommenen folgt. Zweckmäßiger ist die Orientierung an einem kausalen Modell.[19] Ein einfaches kausales Modell der Liquiditätsprognose ist sicherlich das Modell von Langen mit den Transformationsspektren.[20]

Im folgenden sollen zunächst statistische Untersuchungen vorgestellt werden, die den Informationsgehalt von Bilanzkennziffern belegen, ehe anschließend ein kausales Erklärungsmodell vorgestellt wird.

2.2 Statistische Untersuchungen

2.2.1 Einordnung

Zur besseren Einordnung der statistischen Untersuchungen sei nochmals daran erinnert, daß der Komplex der bilanziellen Messung der Zahlungsfähigkeit einer Unternehmung aus drei Aufgaben besteht: In dem statistischen Erkennen von Zusammenhängen, im Formulieren von kausalen Hypothesen und in der Prognose der Zahlungsfähigkeit

Die nachfolgend wiedergegebenen statistischen Analysen der Zusammenhänge dienen der Vorbereitung der beiden anderen Aufgabenstellungen. Zu ihrer unmittelbaren Lösung sind sie nur bedingt geeignet.

2.2.2 Prinzip der Diskriminanzanalyse

2.2.2.1 Allgemeine Erläuterung

In den empirischen Untersuchungen wurde bevorzugt die erste Aufgabe untersucht.[21] Das bevorzugte statistische Verfahren ist die **multiple Diskriminanzanalyse.**

Im folgenden soll zunächst das Verfahren in seinen Grundzügen kurz dargestellt werden. Dabei wird entsprechend der Fragestellung des deskriptiven Klassifikationsproblemes von Annahmen über die Verteilung vollkommen abstrahiert. Die Interpretation des Verfahrens beschränkt sich auf die in der Rechnung verwendeten Größen der beiden Gruppen, nämlich die *Erwartungswerte der Kennziffern in einer Gruppe* und die *Varianz der Kennziffern innerhalb der Gruppen der liquiden und der illiquiden Unternehmen* sowie die *Varianz zwischen den Kennziffern der liquiden und illiquiden Unternehmen.* Mit Hilfe der Diskriminanzanalyse kann man den geringen Informationsgehalt der einzelnen Kennziffern zu einer insgesamt signifikanten Aussage verdichten.

In den bisherigen empirischen Untersuchungen zur Liquiditätsanalyse mit Hilfe von Bilanzkennziffern stand eine andere Aufgabe im Vordergrund. Es galt, eine Gruppe (guter) liquider Unternehmen von einer Gruppe (schlechter) illiquider Unternehmen anhand einer entsprechenden Gewichtung der ausgewählten Bilanzrelationen möglichst gut zu trennen. Die Relevanz der Untersuchungen für die Liquiditätsbeurteilung beruht dabei auf folgenden Überlegungen:

Die Eigenschaft der Zahlungsfähigkeit hat nur zwei Ausprägungen. Entweder sie ist erfüllt oder sie ist nicht erfüllt. Unser Problem ist: Wie kann man einer Unternehmung aufgrund der Bilanzrelationen möglichst genau eine der beiden Eigenschaften zuordnen und sie in die Gruppe der liquiden bzw. nicht-liquiden Unternehmen einordnen? Die Trennung der Gruppe liquider Unternehmen von einer Gruppe nicht-liquider Unternehmen aufgrund von Bilanzkennzahlen ist ein äquivalentes Problem. Diese Formulierung der Aufgabe ist die Grundlage des empirischen Nachweises einer signifikanten Trennung liquider Unternehmen von nicht-liquiden Unternehmen aufgrund der Bilanzkennzahlen. Gelingt diese Trennung, dann ist nach der Gedankenkette auch der Schluß berechtigt, daß eine Liquiditätsbeurteilung aufgrund von Bilanzrelationen möglich ist.

Ausgangsdaten sind bestimmte vorher festgelegte Bilanzkennziffern. Normalerweise gründet man die Trennung der beiden Gruppen auf mehr als zwei Bilanzkennziffern.[22] Wir beschränken uns bei der Beschreibung auf zwei Kennziffern, damit das Verfahren graphisch erläutert werden kann. Seien die beiden hier untersuchten Kennzahlen

$\frac{EK}{FK} = K$ = Verhältnis von Eigen- zu Fremdkapital
= Kapitalkennziffer

$\frac{AV}{UV} = V$ = Verhältnis von Anlage zu Umlaufvermögen
= Vermögenskennziffer

In einer Gruppe liquider Unternehmen ermittelt man die Ausprägung der beiden Kennzahlen; sie sind in nachstehender Abbildung durch Kreuze angegeben.

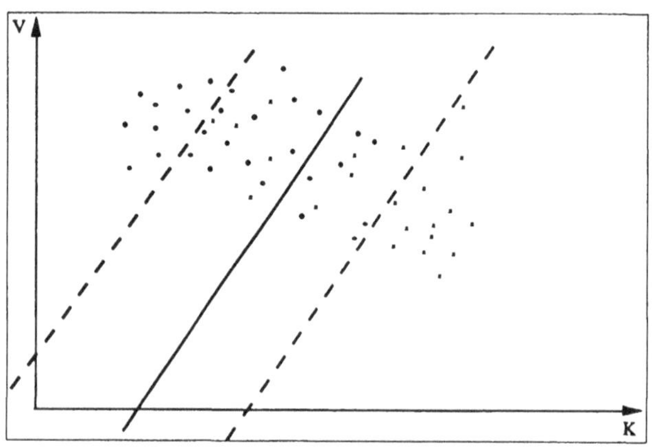

Abb. 5

Entsprechend ermittelt man bei einer Stichprobe illiquider Firmen die zugehörigen (K,V)-Kombinationen. Sie sind in Abb. 5 durch Kreise wiedergegeben. Es gilt, die Liquiditäts- (K,V)-Kombinationen von den entsprechenden Illiquiditätskombinationen durch die Gerade

(1) $Z = g_1 V + g_2 K$

möglichst gut zu trennen. Die Gewichtungsfaktoren g_1, g_2 sind derart festzulegen, daß das **Diskriminantenkriterium** λ maximiert wird. Für λ gilt allgemein die folgende Gleichung:[23]

(2) $\lambda = \frac{g' Zg}{g' Ig} \rightarrow$ max!

λ = Diskriminantenkriterium
g = Spaltenvektor der Gewichtungsfaktoren mit den Elementen $g_1, g_2, ..., g_n$
g' = transponierter bzw. Zeilenvektor
n = Anzahl der Gewichtungsfaktoren
Z = Matrix der Varianz zwischen den Gruppen[24]
I = Matrix der Varianzen innerhalb der Gruppen[24]

Eine notwendige Bedingung für ein Optimum liefert die erste Ableitung:

$$(3)\quad \frac{\partial \lambda}{\partial g} = \frac{2\,[\,(Zg)(g' Ig) - (g' Zg)(Ig)\,]}{(g' Ig)^2} = 0$$

Unter Berücksichtigung der Definition läßt sich (3) vereinfachen:

(4.1) $(Z - \lambda\, I) = 0$

(4.2) $(I^{-1}\; Z - \lambda\, E)\, g = 0$

E = Einheitsmatrix

Die Bedingung (4.2) ist ein homogenes Gleichungssystem für die Bestimmung der Gewichtungsfaktoren $g_1, g_2, ..., g_n$. Es liefert eine nichttriviale Lösung für g, d.h. $g \neq 0$, wenn die Determinante der Koeffizientenmatrix $(I^{-1}\; Z - \lambda\, E)$ gleich Null ist: Diese Bedingung wird bei bestimmten Werten für λ erfüllt. Die Berechnung der richtigen λ–Werte geschieht im Zuge eines sog. Eigenwertproblemes, eine der Standardaufgaben der linearen Algebra.

Die Lösung von (2), und damit die Bestimmung der Gewichtungsfaktoren,erhält man mit der Lösung des Eigenwertproblems gem. 4.2. Im allgemeinen erhält man bei einer (n x n)-Matrix auch n verschiedene Gewichtungsvektoren g. Sind nun zwei Gruppen zu trennen, so existiert nur ein Eigenwert λ (> 0) und damit auch nur ein Eigenvektor, d.h. Gewichtungsvektor $g \neq 0$. Falls nur zwei Gruppen zu trennen sind, ist mithin die Darstellung der Gewichtung eindeutig.

Die Maximierung des Diskriminantenkriteriums λ impliziert die starke Gewichtung großer Zwischengruppenvarianzen im Zähler und die geringe Gewichtung großer Innergruppenvarianzen im Nenner. Dies sei an den Abb. 6a und 6b auf S. 117 veranschaulicht.

Das zu klassifizierende Datenmaterial weise die in diesen Abbildungen gezeichnete Struktur auf.

Es bedeuten:

$\overline{V}_L$ = Stichprobenmittelwert der Vermögenskennziffer liquider Unternehmen

$\overline{K}_L$ = Stichprobenmittelwert der Kapitalkennziffer

$\overline{V}_{IL}$; $\overline{K}_{IL}$ = entsprechende Mittelwerte nicht-liquider Unternehmen

In dem Datenmaterial gem. Abb. 6a ist die Innergruppenvarianz für die Vermögenskennziffer V sowohl bei den liquiden als auch bei den illiquiden Firmen sehr groß und die Zwischengruppenvarianz sehr gering, denn die beiden Gruppen unterscheiden sich kaum in den erwarteten V-Werten.

Das trifft nicht für die K-Werte zu. Hier ist die Innergruppenvarianz sowohl bei den liquiden als auch bei den illiquiden Werten sehr gering; die Werte sind jeweils eng um den Mittelwert gruppiert. Die Zwischengruppenvarianz hingegen ist beträchtlich. Die **Trennfunktion** weist demnach der Kapitalkennziffer K einen hohen Gewichtungsfaktor g_2 und ein hohes **Trennpotential** zu. Der Vermögenskennziffer V wird ein geringer Wert für g_1 und damit ein geringer Unterscheidungswert zugewiesen.

Die Steigung, gemessen an dem Verhältnis g_2/g_1, ist sehr groß, wie aus Abb. 6a zu ersehen ist. In Abb. 6b ist das Verhältnis von Innergruppen- und Zwischengruppenvarianz der beiden Kennziffern genau umgekehrt. Hier ist das Verhältnis von g_2/g_1 sehr klein.

Die beiden Datengruppen werden normalerweise nicht so schön und vollständig getrennt sein, wie dies in den Abb. 6a und 6b der Fall ist. Die Trenngerade wird vielleicht einige der Stichprobenwerte falsch zuordnen. Die Fehlklassifikation kann durch Parallelverschiebung der Geraden verhindert werden, wie Abb. 7 auf S. 120 zeigt. In Abb. 7 umfaßt die Gerade Z_1 keine Fehlklassifikation von illiquiden Unternehmen und die Gerade Z_2 keine Fehlklassifikation von liquiden Unternehmen. Die Lage der Geraden hängt vom Wert des Kriteriums Z ab, das den Abstand vom Ursprung angibt.

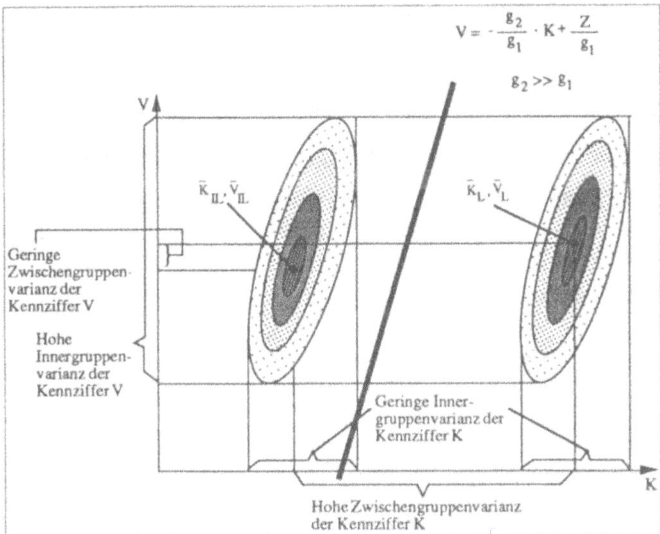

Abb. 6a

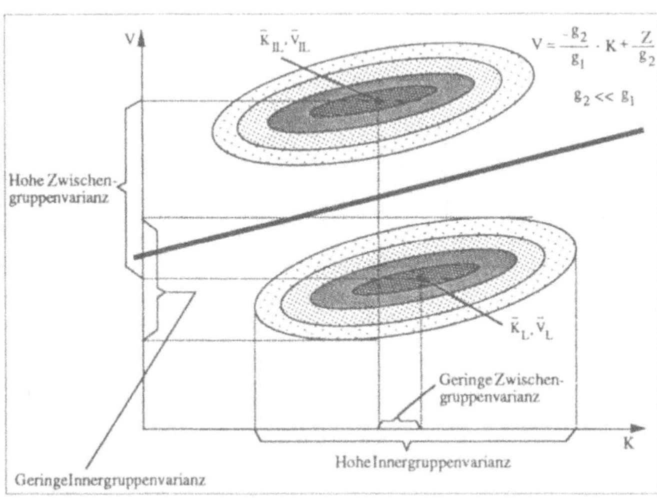

Abb. 6b

Je größer der Z-Wert, desto größer ist hier die Wahrscheinlichkeit, daß die Unternehmung der liquiden Gruppe zuzurechnen ist.

Damit haben wir den *wesentlichen Vorteil* der Diskriminanzfunktion abgeleitet: *Aus einer großen Zahl von Bilanzkennzahlen wird ein einheitliches und eindimensionales Maß der Beurteilung systematisch, d.h. in nachprüfbarer Weise, abgeleitet.*

2.2.2.2 Beispiel für die Anwendung der Diskriminanzanalyse

Mit diesem Beispiel soll die Wirkungsweise der Diskriminanzanalyse veranschaulicht werden, wobei als Ausgangsdaten die Vermögenskennziffer $V = \frac{AV}{UV}$ und die Kapitalkennziffer $K = \frac{EK}{FK}$ von 5 liquiden und 5 illiquiden Unternehmen verwendet werden. Aufgrund dieser Daten gilt es dann, die Trenngerade $Z = g_1 V + g_2 K + a$ (a = konstanter Wert) zu bestimmen, so daß diesen (und weiteren) Unternehmen möglichst gut die Eigenschaft "liquide" oder "illiquide" zugeordnet werden kann.

Daten <u>liquider</u> Unternehmen						
	Aktivseite		Kennz.	Passivseite		Kennz.
Nr. des Untern.	AV	UV	V_L	EK	FK	K_L
1	40	60	0,667	25	75	0,333
2	30	70	0,429	40	60	0,667
3	45	55	0,818	30	70	0,429
4	20	80	0,25	45	55	0,818
5	10	90	0,111	50	50	1,00

Daten <u>illiquider</u> Unternehmen						
	Aktivseite		Kennz.	Passivseite		Kennz.
Nr. des Untern.	AV	UV	V_{IL}	EK	FK	K_{IL}
1	35	65	0,538	10	90	0,111
2	25	75	0,333	5	95	0,053
3	40	60	0,667	2	98	0,020
4	50	50	1,00	4	96	0,042
5	30	70	0,429	15	85	0,176

Wie man bereits aus den Bilanzpositionen ersehen kann, unterscheiden sich die beiden Unternehmensgruppen kaum in den Relationen von Anlage- und Umlaufvermögen, wohl aber in den Relationen der Passivseite. Hier ist bei den liquiden Firmen der Anteil des Eigenkapitals sehr viel höher, wie es wohl auch in der Realität der Fall sein dürfte. Die Unterschiede zeigen sich auch in den statistischen Kenngrößen:

	Mittelwerte	
Kennziffern	Liquide Untern.	Illiquide Untern.
Vermögenskennziffer	$\overline{V}_L = 0{,}455$	$\overline{V}_{IL} = 0{,}593$
	Mittelwert aller 10 Untern.	$\overline{\overline{V}} = 0{,}524$
Kapitalkennziffer	$\overline{K}_L = 0{,}650$	$\overline{K}_{IL} = 0{,}0081$
	Mittelwert aller 10 Untern.	$\overline{\overline{K}} = 0{,}365$

	Varianzen	
Kennziffern	Liquide Untern.	Illiquide Untern.
Vermögenskennziffer Innergruppenvarianz	$\sigma^2_{VL} = 0{,}338$	$\sigma^2_{VIL} = 0{,}269$
Zwischengruppenvarianz	$Z_V = 0{,}048$	
Kapitalkennziffer Innergruppenvarianz	$\sigma^2_{KL} = 0{,}300$	$\sigma^2_{KIL} = 0{,}016$
Zwischengruppenvarianz	$Z_K = 0{,}809$	

Bei der Vermögenskennziffer sind die Innergruppenvarianzen bei beiden Gruppen vergleichsweise hoch und kaum unterschiedlich, die Zwischengruppenvarianz mit $Z_V = 0{,}048$ vergleichsweise gering.

Bei der Kapitalkennziffer hingegen ist die Innergruppenvarianz der illiquiden Unternehmen mit $\sigma^2_{KIL} = 0{,}016$ gering im Vergleich zur Innergruppenvarianz der liquiden Unternehmen mit $\sigma^2_{KL} = 0{,}300$, die Zwischengruppenvarianz ist mit $Z_K = 0{,}809$ sehr hoch.

Die beiden Gruppen von Unternehmungen unterscheiden sich folglich deutlich in den K-Werten. Es steht daher zu vermuten, daß der Gewichtungsfaktor g_2 in der Trennfunktion größer als der g_1 - Wert ausfallen, d.h. die Steigung g_2/g_1 größer als 1 sein wird.

Die Lösung des Eigenwertproblems $(I^{-1} Z - \lambda E)\, g = 0$ führt zu einem Eigenwert von $\lambda = 4{,}6039$ und zu Gewichten, für die ohne zusätzliche Nebenbedingung keine eindeutige Lösung gefunden werden kann. Sie sind nur bis auf eine Proportionalitätskonstante bestimmbar:

$$g_1 = 0{,}4878\, g_2$$

Wir haben mithin als optimale Lösung eine Schar von Parallelen. Eine gültige Lösung[25] für die Trenngerade ist die Gleichung

$$Z = 1{,}674\, V + 3{,}432\, K - 2{,}130 = 0$$

In der Steigungsform erhält man folgende Gleichung:

$$V = \frac{-3{,}432}{1{,}674} K + \frac{2{,}130}{1{,}674}$$

Z gibt den Abstand vom Ursprung an. Er läßt sich aus den gegebenen Werten mit Hilfe einer Dreiecksberechnung bestimmen.

Es gilt in der Abschnittsform:

$$1{,}674\, V + 3{,}432\, K - 2{,}130 = 0$$

Setzt man V gleich Null, dann erhält man den Abszissenabschnitt der Geraden mit

$$\hat{K} = \frac{2{,}130}{3{,}432} = 0{,}6206$$

Setzt man K gleich Null, dann erhält man den Ordinatenabschnitt der Geraden mit

$$\hat{V} = \frac{2{,}130}{1{,}674} = 1{,}2724$$

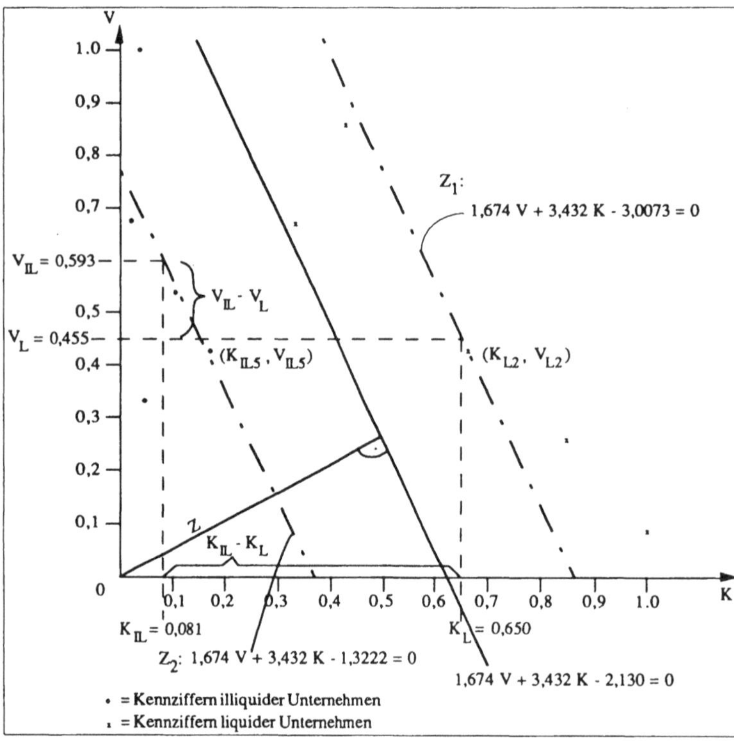

Abb. 7

Die Berechnung zweier weiterer Diskriminanzgeraden mit gleicher Steigung, aber mit den Werten des liquiden Unternehmens Nr. 2 und des illiquiden Unternehmens Nr. 5 bedeutet:

a) Verschiebung in den Punkt $(K_2, V_2) = (0{,}667; 0{,}429)$

$$1{,}674\ V + 3{,}432\ K - 3{,}0073 = 0$$

b) Verschiebung in den Punkt $(K_5, V_5) = (0{,}176; 0{,}429)$

$$1{,}674\ V + 3{,}432\ K - 1{,}3222 = 0$$

Der Abstand Z der Geraden vom Ursprung entspricht der Höhe des rechtwinkligen Dreiecks, wie aus nachstehender Zeichnung zu ersehen ist. Es gelten folgende Beziehungen für die Abstandsgröße Z:

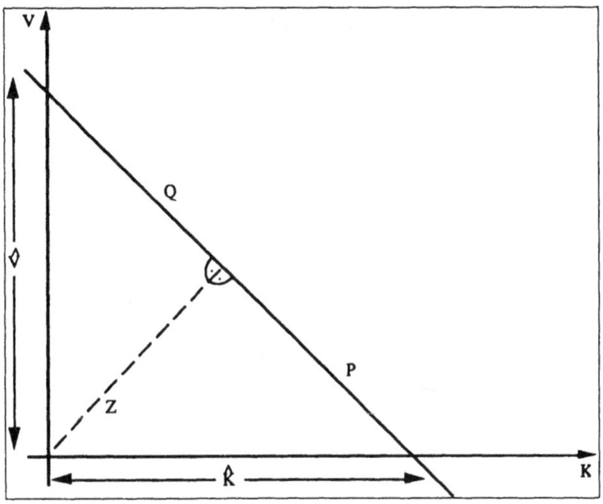

Abb. 8

1.1	$Z^2 = P \cdot Q$	(Höhensatz)
1.2	$Z^2 = \hat{K}^2 - P^2$	(Pythagoras)
1.3	$Z^2 = \hat{V}^2 - Q^2$	(Pythagoras)

Löst man 1.2 bzw. 1.3 nach P bzw. Q auf und setzt man die Werte in 1.1 ein, so erhält man für Z

$$Z^2 = \sqrt{(\hat{K}^2 - Z^2)(\hat{V}^2 - Z^2)}$$

Quadrieren auf beiden Seiten beseitigt die Wurzel

$$Z^4 = (\hat{K}^2 - Z^2)(\hat{V}^2 - Z^2)$$

Ausmultiplizieren ergibt

$$Z^4 = \hat{K}^2\hat{V}^2 - \hat{K}^2Z^2 - \hat{V}^2Z^2 + Z^4$$

Kürzen und Vereinfachen des Ausdrucks ergibt schließlich

$$Z^2 = \frac{\hat{K}^2\ \hat{V}^2}{\hat{K}^2 + \hat{V}^2} \qquad Z = \frac{\hat{K}\hat{V}}{\sqrt{\hat{K}^2 + \hat{V}^2}}$$

Explizite Berechnung der Diskriminanzfunktion:

1. Innergruppenvarianz: I

$$I = I_L + I_I = \begin{pmatrix} 0{,}3378 & -0{,}3026 \\ -0{,}3026 & 0{,}3004 \end{pmatrix} + \begin{pmatrix} 0{,}2686 & -0{,}0302 \\ -0{,}0302 & 0{,}0160 \end{pmatrix}$$

$$= \begin{pmatrix} 0{,}6064 & -0{,}3328 \\ -0{,}3328 & 0{,}3164 \end{pmatrix}$$

mit

$$I_L = \begin{pmatrix} I^L_{VV} & I^L_{VK} \\ I^L_{KV} & I^L_{KK} \end{pmatrix}$$

$$I^L_{VV} = \sum_{j=1}^{5} (V_{Lj} - \bar{V}_L)^2$$ = Summe der quadrierten Abweichungen der Vermögenskennziffern von dem Gruppenmittelwert $\bar{V}_L$ für die liquiden Unternehmen

$$I^L_{VK} = \sum_{j=1}^{5} (V_{Lj} - \bar{V}_L)(K_{Lj} - \bar{K}_L)$$

$$I^L_{VK} = I^L_{KV}$$

$$I^L_{KK} = \sum_{j=1}^{5} (K_{Lj} - \bar{K}_L)^2$$

Für I_I gilt entsprechendes.

2. Zwischengruppenvarianz: Z

$$Z = \begin{pmatrix} 0{,}0479 & -0{,}1973 \\ -0{,}1973 & 0{,}8091 \end{pmatrix} = \begin{pmatrix} Z_{VV} & Z_{VK} \\ Z_{KV} & Z_{KK} \end{pmatrix}$$

mit

$$Z_{VV} = n_L (\bar{V}_L - \bar{\bar{V}})^2 + n_I (\bar{V}_{IL} - \bar{\bar{V}})^2$$

$$Z_{VK} = n_L (\bar{V}_L - \bar{\bar{V}})(\bar{K}_L - \bar{\bar{K}}) + n_I (\bar{V}_{IL} - \bar{\bar{V}})(\bar{K}_{IL} - \bar{\bar{K}})$$

$$Z_{KV} = Z_{VK}$$

$$Z_{KK} = n_L (\bar{K}_L - \bar{\bar{K}})^2 + n_I (\bar{K}_{IL} - \bar{\bar{K}})^2$$

n_L = Anzahl der liquiden Unternehmen = 5
n_I = Anzahl der illiquiden Unternehmen = 5

3. Berechnung der Gewichte:

Entsprechend obiger Ableitung berechnen sich die Gewichte g_1, g_2 nach der Formel

$$(I^{-1} \cdot Z - \lambda E)\, g = 0.$$

Dieses homogene Gleichungssystem ergibt für die Gewichte g_1, g_2 Lösungswerte ungleich Null, wenn die Determinante des Ausdrucks in der Klammer gleich Null ist. Die Entwicklung der Determinante führt zu einem Polynom in dem Faktor λ. Die Nullstellen des Polynoms führen zu nicht trivialen Lösungswerten für die Gewichtungswerte g_1, g_2.

Es gilt für die Matrix der Innergruppenvarianzen

$$I = \begin{pmatrix} 0{,}6064 & -0{,}3328 \\ -0{,}3328 & 0{,}3164 \end{pmatrix} \text{ und derenInverse } I^{-1} = \begin{pmatrix} 3{,}8942 & 4{,}9090 \\ 4{,}0909 & 7{,}4541 \end{pmatrix}$$

Multipliziert mit der Zwischengruppenvarianz erhält man schließlich die Ausgangsmatrix für die Berechnung:

$$I^{-1} \cdot Z = \begin{pmatrix} -0{,}6206 & 2{,}5416 \\ -1{,}2747 & 5{,}2240 \end{pmatrix}$$

Das Gleichungssystem

$$(I^{-1} \cdot Z - \lambda E)\, g = 0$$

führt zu der Bedingung

$$\begin{vmatrix} -0{,}6206\text{-}\lambda & 2{,}5416 \\ -1{,}2747 & 5{,}2240\text{-}\lambda \end{vmatrix} = 0$$

Die Entwicklung dieser Determinante führt zu dem Polynom

$$(-0{,}6206 - \lambda) \cdot (5{,}2250 - \lambda) + (1{,}2747 \cdot 2{,}5416) = 0$$

Die Nullstelle dieser Gleichung ist $\lambda = 4{,}6039$, so daß sich die Gleichung

$$\begin{pmatrix} 5{,}2245 & 2{,}5416 \\ -1{,}2747 & 0{,}6201 \end{pmatrix} \cdot \begin{pmatrix} g_1 \\ g_2 \end{pmatrix} = \begin{pmatrix} 0 \\ 0 \end{pmatrix}$$

ergibt, für die die Proportionalitätskonstante $g_1 = 0{,}48\ g_2$ berechnet werden kann.

2.2.3 Empirisch ermittelte Trenngeraden

2.2.3.1 Amerikanische Untersuchungen

Wie dieses Beurteilungsschema im konkreten Fall aussehen kann, sei anhand von empirischen Untersuchungen dargestellt. Die erste Untersuchung wurde von Altman (1971)[26] durchgeführt. Die illiquide Gruppe umfaßte 33 Unternehmen, die in den Jahren 1946 bis 1965 notleidend geworden waren.

Für die Vergleichsgruppe der liquiden Firmen wurden in einer Klumpenstichprobe 33 Unternehmen ausgewählt, um in etwa die Inhomogenität der anderen Stichprobe auszugleichen.

Altman untersuchte die Trennfähigkeit bzw. Trenngenauigkeit von 22 verschiedenen Kennziffern. Er kam zu dem Ergebnis, daß eine Diskriminanzfunktion mit den folgenden Kennziffern die beste Unterscheidung gewährleistet:

x_1 = Working Capital / Gesamte Aktiva
x_2 = Rücklagen / Gesamte Aktiva
x_3 = Gewinne vor Steuern und Zinsen / Gesamte Aktiva
x_4 = Kurswert der Aktien / Gesamte Verbindlichkeiten
x_5 = Erlöse / Gesamte Aktiva

Die Diskriminanzfunktion lautet:[27]

(5) $Z = 0.012x_1 + 0.014x_2 + 0.033x_3 + 0.006x_4 + 0.010x_5$

Für die einzelnen Unternehmungen der beiden Stichproben ergaben sich die folgenden Klassifikationen für die Z-Werte:

(5.1) $Z_{IL} < 3.0$
$Z_L > 1.81$

Bei den von Altman untersuchten illiquiden Firmen lag der Z-Wert immer unter 3.0 und bei den liquiden Firmen lag der Z-Wert immer über 1.81.

Für jede beliebige Firma läßt sich der zugehörige Z-Wert errechnen. Liegt er unter 1.81, so kann mit hoher Wahrscheinlichkeit Illiquidität im laufenden Jahr erwartet werden. Liegt der errechnete Z-Wert über 3.00, so kann mit ziemlicher Sicherheit eine finanziell gesunde Firma unterstellt werden. Nur bei Z-Werten zwischen 1.81 und 3.00 ist eine weitere Untersuchung notwendig. Altman überprüfte die Trenngenauigkeit seiner Diskriminanzfunktion an einer zweiten Testauswahl im nachstehenden Umfang:

	25 illiquide Firmen	66 liquide Firmen
Einstufung:		
liquide	1	52
illiquide	24	14
Genauigkeit	94 %	79 %

Bei der Einstufung der illiquiden Firmen erreichte er eine Trenngenauigkeit von 24:1 ≈ 94%. Die Einordnung der liquiden Firmen fiel nicht so beeindruckend aus. Immerhin täuscht die Fehlerquote etwas, da bei 10 der 14 fälschlich als illiquide eingestuften Unternehmen der Z-Wert zwischen 1.81 und 2.67 lag und somit der unentschiedenen Zone zuzurechnen ist. Bereits in dieser Studie zeigt sich eine beträchtliche Trenngenauigkeit zwischen den beiden Gruppen. In weiteren Untersuchungen konnten mit verfeinerten Methoden hinsichtlich Zahlenaufbereitung und Zahlenbeurteilung noch bessere Ergebnisse erzielt werden, z.B. in der Studie von Deakin (1972)[28], der die Untersuchung auf mehrere Jahre vor der Illiquidität ausdehnte. Seine Diskriminanzfunktionen enthalten 14 Kennziffern, sie sind weiter unten wiedergegeben. Die Koeffizienten der Trennfunktion wurden für jedes Jahr getrennt errechnet.

Im Gegensatz zu Altman, der seine angegebenen 5 Kennzahlen aus 22 untersuchten auswählte, beschränkte sich Deakin von vornherein auf die untersuchten 14 Kennziffern. Dies hatte, wenn man so will, traditionell-historische Gründe. In einer der ersten Untersuchungen über Bilanzkennzahlen und Liquidität waren von Beaver (1966)[29] die 14 Kennzahlen nach dem Gesichtspunkt der Häufigkeit, mit der sie als Empfehlung in der Literatur auftreten, festgelegt worden.

Deakin verwandte sie aus Gründen der Vergleichbarkeit und nicht etwa, weil sie besonders aussagekräftig und repräsentativ wären. Er ist deshalb auch nicht der Frage nachgegangen, ob die vorliegende Zusammenstellung der Kennziffern in ihrem Umfang notwendig und zwingend ist. Sie weicht von Altmans Zusammenstellung ab. So taucht die auch in der Bayer-Formel als wesentlich erachtete Beziehung zwischen Fremdkapital und Cash Flow wohl bei Deakin, nicht aber bei Altman auf. Altman bemerkt hierzu, die Berücksichtigung dieser Kennziffer hätte die Aussagefähigkeit seiner Trennfunktion nicht verbessert. Allerdings bezieht sich die Genauigkeit von Altmans Trennfunktion nur auf den letzten Jahresabschluß vor Illiquidität, die im Durchschnitt 7 Monate nach dessen Aufstellung eintrat. Andererseits ist die Signifikanz der Trennfunktion von Deakin in den ersten drei Jahren beeindruckend mit einer Fehlerwahrscheinlichkeit von weniger als 1% und die Sicherheit von 95% im 5. Jahr vor Illiquidität noch beträchtlich.

Koeffizienten aus der Diskriminanzfunktion - Deakin						
Kennziffer		Jahre vor Illiquidität				
		5	4	3	2	1
1.	Cash flow / Verb.	-.250	.094	.104	-.046	.005
2.	Nettogewinn / Gesamtverm.	.122	.219	-.585	.378	.083
3.	Verbindlichkeiten / Gesamtverm.	.220	-.133	.287	-.225	-.184
4.	Umlaufvermögen / Gesamtverm.	.406	-.017	.436	-.410	-.101
5.	Kurzfr. liqu. Verm. / Gesamtverm.	.230	-.062	-.479	.394	.212
6.	Working Capital / Gesamtverm.	.487	-.054	.106	.102	-.176
7.	Barmittel / Gesamtverm.	.621	-.701	-.205	-.626	-.900
8.	Umlaufverm. /kurzfr. Verb.	.003	-.001	-.069	.020	.052
9.	kurzfr. liqu. Verm. / kurzfr. Verb.	.068	.017	.034	.065	-.068
10.	Barmittel / kurzfr. Verb.	-.077	.165	.151	.111	.096
11.	Umlaufverm. / Erlöse	-.018	.283	.057	-.060	-.020
12.	kurzfr. liqu. Verm. / Erlöse	.123	.138	.176	-.014	-.074
13.	Working Capital / Erlöse	-.009	.243	-.159	.132	.069
14.	Barmittel / Erlöse	-.084	.492	-.055	-.203	.209
	Signifikanz	0.05	0.011	0.001	0.001	0.001

entnommen aus: Deakin, (1972)

2.2.3.2 Deutschsprachige Untersuchungen

In den letzten Jahren sind auch im deutschen Sprachraum mehrere statistische Untersuchungen zur Überprüfung der Liquiditätsanalyse mit Hilfe von Bilanzkennziffern durchgeführt worden, die sich kritisch mit diesen Möglichkeiten auseinandersetzen und vor allem auch die Grenzen aufzeigen.[30]

Die Untersuchung von Beerman (1976) stützt sich auf 21 fallierte Unternehmen und 21 nach Branche und Größe entsprechende Vergleichsunternehmen. Weinrich (1978) untersucht 44 fallierte Unternehmen, denen er 44 vergleichbare gesunde Unternehmen gegenüberstellt. Er testete 28 Kennziffern. Diese Diskriminanzfunktionen führten zu folgenden Klassifikationen in den Jahren vor Insolvenz:

Klassifikationsergebnisse der linearen Diskriminanzfunktion im zweiten Jahr vor Insolvenz

tatsächliche Gruppenzugehörigkeit \ prognostizierte Gruppenzugehörigkeit	gute Unternehmen	schlechte Unternehmen
gute Unternehmen	29	3
schlechte Unternehmen	4	28

Klassifikationsergebnisse der linearen Diskriminanzfunktion im dritten Jahr vor Insolvenz

tatsächliche Gruppenzugehörigkeit \ prognostizierte Gruppenzugehörigkeit	gute Unternehmen	schlechte Unternehmen
gute Unternehmen	28	4
schlechte Unternehmen	6	26

Klassifikationsergebnisse der linearen Diskriminanzfunktion im vierten Jahr vor Insolvenz

tatsächliche Gruppenzugehörigkeit \ prognostizierte Gruppenzugehörigkeit	gute Unternehmen	schlechte Unternehmen
gute Unternehmen	26	6
schlechte Unternehmen	8	24

Tabellen entnommen aus Weinrich (1978), S. 107, 108

Anmerkung:

Die gesamte Stichprobe von 44 Unternehmen pro Gruppe wurde in eine Ausgangsstichprobe von 32 Unternehmen pro Gruppe und eine Kontrollstichprobe von 12 Unternehmen pro Gruppe aufgeteilt. Die Klassifikationsergebnisse gelten nur für die Ausgangsstichprobe.

Gebhardt (1980) analysiert in seiner Untersuchung die Aussagefähigkeit von Jahresabschlüssen von 28 Aktiengesellschaften an Hand von ausgewählten Kennzahlen. Aus dem umfangreichen Kennzahlenkatalog werden mit Hilfe der stufenweisen Diskriminanzanalyse diejenigen Kennzahlenkombinationen ausgewählt, die die Gruppen von guten und schlechten Unternehmen gut trennen.[31]

Er hat seine Untersuchung getrennt für die einzelnen Jahre vor der Insolvenz durchgeführt. Für die nach den Vorschriften des AktG 1965 bilanzierenden Unternehmen ergaben sich folgende Trennfunktionen:[32]

Jahr vor Insolvenz	Trennfunktion
5	$Z = 0.0469\, x_{15} + 0.0338\, x_{21}$
4	$Z = 0.0583\, x_{26} - 2.1716\, x_{80}$
3	$Z = 0.0456\, x_{26} - 0.0828\, x_{66} - 0.0051\, x_{23}$
2	$Z = -0.3052\, x_{65} + 4.6245\, x_{88} - 0.0255\, x_{14}$

Die Variablen stehen hierbei für folgende Kennzahlen:[33]

x_{14}: Kurzfristiges Netto-Geldvermögen/ Gesamtvermögen
x_{15}: Risiko-Aktiva/ Gesamtvermögen
x_{21}: Fremdkapital/ Bilanzsumme
x_{23}: Eigenkapital/ Grundkapital
x_{26}: Bankverbindlichkeiten/ Fremdkapital
x_{65}: EEV-Steuern/ Durchschnittliches Gesamtkapital
x_{66}: Ordentliches Jahresergebnis/ Bilanzsumme
x_{80}: Cash Flow I/ Fremdkapital
x_{88}: Betriebliche Ausgaben/ Ordentliche Erträge

Bei aller Verschiedenheit der in den einzelnen Jahren herangezogenen Kennzahlen kann man als gemeinsame Tendenz feststellen, daß die Liquiditätsnähe der einbezogenen Kennzahlen mit geringer werdendem Abstand zum Insolvenzzeitpunkt zunimmt: Zunächst dominieren strukturelle Größen wie *Risiko-Aktiva* und *Fremdkapital-Anteil*, die anschließend von Zahlungsgrößen wie den *betrieblichen Ausgaben*, dem *Netto-Geldvermögen* und den *EEV-Steuern* abgelöst werden.

Die stufenweise Diskriminanzanalyse wird auch von Bleier, Loistl sowie Baetge/Huß/Niehaus herangezogen.[34] Die von den letztgenannten Autoren entwickelte Funktion enthält 4 Kennzahlen jeweils zu bestimmten betrieblichen Bereichen:[35]

<u>Rentabilität</u>: $\dfrac{\text{Cash Flow I}}{\text{Gesamtkapital}}$

<u>Zahlungsverhalten</u>: $\dfrac{\text{(Akzepte u. Verbindlichkeiten aus L.u. L.)} \cdot 360}{\text{Gesamtleistung}}$

<u>Finanzlage</u>: $\dfrac{\text{Cash Flow II}}{\text{kurzfristiges Fremdkapital}}$

<u>Kapitalstruktur</u>: $\dfrac{\text{wirtschaftliches Eigenkapital}}{\text{Gesamtkapital}}$

Unter dem wirtschaftlichen Eigenkapital verstehen die Autoren offensichtlich das Kapitalquantum, über das das Unternehmen frei und sehr langfristig verfügen kann.[36]

Der Cash Flow I wird als Erfolgsindikator definiert. Er soll eine von der Schätzproblematik und von bilanzpolitischen Maßnahmen unbeeinflußte Größe sein. Es werden außerordentliche Erfolgsbestandteile ausgesondert, Normalabschreibungen auf das Sachanlagevermögen und Zuweisungen zu den Pensionsrückstellungen addiert.[37]

Der Cash Flow II soll als Finanzindikator dienen und das aus dem Leistungsprozeß erwachsende Finanzierungspotential des Unternehmens kennzeichnen.[38]

Bleier (1983) analysiert die Jahresabschlüsse von 60 gescheiterten Unterrnehmen und 60 dazu hinsichtlich Struktur und Größe vergleichbarer Unternehmen. Er differenziert nach einzelnen Branchen und betrachtet die Kennzahlen in den einzelnen Jahren als eigene Variablen. Aus der Analyse über alle Unternehmen erhält Bleier die folgende Diskriminanzfunktion:[39]

$$Z = -0.374237 - 7.86\,\text{UEEK}_4 \cdot 10^{-4} - 4.299\,\text{BEGE}_3 \cdot 10^{-3} - 6.61\,\text{UEEK}_3 \cdot 10^{-4}$$
$$+ 6 \cdot \text{FKCF}_2 \cdot 10^{-6} - 8.209\,\text{WOGK}_2 \cdot 10^{-3} - 3.6286\,\text{UEGK}_2 \cdot 10^{-2}$$

Dabei bedeuten:

BEGE:	Betriebserfolg/ Gesamtleistung
FKCF:	Fremdkapital/ Cash Flow
UEGK:	Unternehmenserfolg + Fremdkapitalzinsen/ Gesamtkapital
WOGK:	Umlaufvermögen - kurzfristiges Fremdkapital/ Gesamtkapital
UEEK:	Unternehmenserfolg/Eigenkapital

Das Suffix bezieht sich jeweils auf das Jahr vor Insolvenz, aus dem die jeweilige Kennzahl stammt.

Mit dieser Analyse wird der Tatsache Rechnung getragen, daß die Insolvenzanalyse ein dynamisches Problem ist und im Laufe der Entwicklung verschiedene Kennziffern unterschiedliche Aussagefähigkeit besitzen.[40]

In die Diskriminanzfunktion werden aus dem dritten und vierten Jahr vor Insolvenz ausschließlich Ertragskennzahlen ausgewählt, während in dem zweiten Jahr die Liquiditätskennzahlen überwiegen. Die Ergebnisse von Bleier legen daher eine unterschiedliche Kennzahlengewichtung in Abhängigkeit vom Untersuchungsziel - liegt eine aktuelle oder eine strukturelle Gefährdung vor - nahe.

Dieses Ergebnis wird durch die zwei Untersuchungen von Loistl (1984b) bestätigt, der die Entwicklung in einem Zeitraum von insgesamt fünf Jahren vor Insolvenz betrachtet. In der einen Untersuchung werden die Kennzahlen aller fünf Jahre gemeinsam betrachtet. Hier werden die Kennzahlen aus unterschiedlichen Jahren - im Gegensatz zur Analyse von Bleier (1983) - als gleichberechtigte Ausprägungen betrachtet. In der anderen Untersuchung werden nur die Kennzahlen jeweils des letzten Jahres betrachtet. *In der stufenweisen Diskriminanzanalyse zeigt sich ebenfalls die Zweckmäßigkeit einer Beschränkung auf wenige Kennziffern. In der langfristigen Betrachtung sind dies Ertrags- und Strukturkennziffern, in der kurzfristigen hingegen in erster Linie Liquiditätsgrößen.*[41] Die Ergebnisse lassen sich wie folgt zusammenfassen:[42]

Diskriminanzanalyse aufgrund von zwei Kennziffern

- Alle Jahre -

Kombination		Koeffizienten	Klassifikation Liquide N = 153 r/f	Klassifikation Illiquide N= 152 f/r
a)	Gewinn / Bilanzsumme	0.70	87/66	
	Eigenkapital / Bilanzsumme	0.47		23/129 (85%)
b)	Gewinn / Bilanzsumme	0.70	87/66	
	Fremdkapital / Bilanzsumme	-0.47		23/129 (85%)
c)	Gewinn / Bilanzsumme	0.95	78/75	
	Cash Flow / Fremdkapital	0.07		24/128 (84%)

r = richtig klassifiziert
f = falsch klassifiziert

Diskriminanzanalyse aufgrund von zwei Kennziffern
- Letztes Jahr vor Illiquidität -

	Kombination	Koeffizienten	Klassifikation Liquide N = 43 r f	Klassifikation Illiquide N = 43 f r
a)	Gewinn / Bilanzsumme	0.65	23/20	
	Eigenkapital / Bilanzsumme	0.56		5/38 (88%)
b)	Gewinn / Bilanzsumme	0.65	23/20	
	Fremdkapital / Bilanzsumme	-0.56		5/38 (88%)
c)	Gewinn / Bilanzsumme	0.23	23/20	
	Cash Flow / Fremdkapital	0.80		3/40 (93%)

r = richtig klassifiziert
f = falsch klassifiziert

Für die gezielte und nicht mehr oder weniger zufällige Ausrichtung der weiteren empirischen Forschung auf diesem Gebiet ist das Aufstellen eines Erklärungsmodells nicht nur sinnvoll, sondern auch notwendig, um die zahlreichen Probleme des *"measurement without theory"* zu vermeiden. Die Formalisierung der Zusammenhänge ist außerdem Voraussetzung für eine numerische Ausgestaltung und Überprüfung der Finanzierungsregeln. Das kausale Erklärungsmodell liefert auch die Basis für die Prognose der Liquiditätssituation. Ein solches soll nachstehend zu den Ergebnissen der Diskriminanzanalyse passend entwickelt werden. Es sei an dieser Stelle aber auch darauf verwiesen, daß an dem Ausbau der Liquiditätsanalyse intensiv gearbeitet wird. Die ausführliche Darstellung würde jedoch den Rahmen dieser Übersicht sprengen.[43]

Zusammenfassend kann folgendes gesagt werden: Obwohl in den vergangenen Jahren in der empirischen Insolvenzforschung nur relativ wenige überraschende Ergebnisse hervorgebracht werden konnten, ist jedoch zu beobachten, daß die neueren deutschen Untersuchungen Befunde vorlegen, die sich im wesentlichen gegenseitig bestätigen. Man geht zunehmend dazu über, eine statistische Diskriminanzfunktion nicht mehr als ultimo ratio der bilanziellen Liquiditätsanalyse zu betrachten, sondern vielmehr als Heuristik zur Ableitung eines kausalen Erklärungsmodells, das über eine lineare Kombination von wie auch immer bestimmten Kennzahlen hinausgreift und nicht nur die Variablenanzahl, sondern auch die Variablenverknüpfung theoretisch deduziert. Die häufig nicht geprüften und in der Regel nicht erfüllten Voraussetzungen für die Anwendung der multiplen linearen Diskriminanzanalyse führen zu einer Relativierung dieser Methode und damit zur Diskussion anderer statistischer Instrumente[44].

Rösler´s Beitrag "Krisendiagnose unter Verwendung prognostizierter Jahresabschlüsse" stellt insbesondere auf die Prognose einzelner Positionen bzw. Kennzahlen des Jahresabschlusses ab und zeigt die Anwendung seines Verfahens an einem konkreten Beispiel (S. 172 f.). Grenz versucht in seiner Arbeit "Typisierende Krisendiagnose" eine Einteilung der Unternehmen in folgende Krisentypen: 1. Kumulation von Problemen, 2. Überexpansion, 3. Schrumpfung. Durch dieses Vorgehen gelingt ihm die Herleitung einer anwendungsorientierten typenspezifischen Schnelldiagnose. Schließlich ist noch Hauschildt zu erwähnen, der in seinem Beitrag "Überlegungen zu einem Diagnosesystem für Unternehmenskrisen" versucht, die vorab gewonnenen empirischen Befunde zu einer Diagnostik für Unternehmenskrisen zu strukturieren. Er fordert, daß der Analyse- und Beurteilungsprozeß schrittweise und hypothesengesteuert ablaufen soll. Dabei geht er nicht nur auf die Beschreibung der einzelnen Hypothesen ein, sondern stellt auch die Struktur des Diagnosesystems im einzelnen dar. Abschließend führt Hauschildt eine zusammenfassende Beurteilung konkreter Einzelfälle durch.

Die von den oben genannten Autoren durchgeführten Untersuchungen zeigen ganz deutlich, daß sowohl in der empirischen Bilanzforschung als auch in der praktischen Bilanzanalyse neue Wege beschritten werden.

In diesem Zusammenhang läßt sich der Stellenwert der Diskriminanzanalyse mit folgendem Schlagwort umschreiben:[45]

Die Diskriminanzanalyse ist eher ein Instrument zur ex post Klassifikation mit Hilfe der Diskriminanzfunktion und nicht so sehr ein Instrument zur ex ante Prognose von fallierenden Unternehmen. Die Möglichkeit einer ex post Klassifikation ist eine notwendige, jedoch noch keine hinreichende Bedingung für die eigentlich intendierte ex ante Prognose von Unternehmen, die zahlungsunfähig werden.

Die praktische Anwendung der Diskriminanzanalyse zur bilanziellen Liquiditätsbeurteilung wurde bis vor einigen Jahren negativ beurteilt. Zwar gehören Diskriminanzfunktionen zum gängigen Instrumentarium der Bonitätsbeurteilung im Bereich des Konsumentenkredites; über den Einsatz von Diskriminanzfunktionen im Bereich der bilanziellen Bonitätsbeurteilung war bislang wenig bekannt.

Erst vor einigen Jahren[46] wurde publik, daß die Deutsche Bundesbank das Verfahren der multiplen Diskriminanzanalyse bereits seit 1965 zur Beurteilung der Bonität von Unternehmen heranzieht, von denen Wechsel zum Rediskont eingereicht wurden.

Seit diesem Zeitpunkt wurden ca. 50-70.000 Jahresabschlüsse untersucht. Die Koeffizienten der Bewertungsfunktion sind seither stabil geblieben, wobei es kaum Unterschiede in den einzelnen Branchen gibt.

Aus verständlichen Gründen hat die Deutsche Bundesbank weder die genaue Funktion noch die im einzelnen verwendeten Kennziffern bekannt gegeben. Es wurde jedoch bekannt, daß sie insgesamt drei Kennziffern verwendet, und jeweils eine Kennziffer aus dem Bereich

- der **Kapitalstruktur**

  z.B. $\frac{FK}{GK}$; $\frac{EK}{GK}$; $\frac{FK}{EK}$

- der **Ertragskennziffern**

  z.B. Eigenkapitalrentabilität, Gesamtkapitalrentabilität, Umsatzrentabilität, Return on Investment

- der **Finanzkennziffern**

  z.B. Dynamischer Verschuldungsgrad, $\frac{\text{Verbindlichkeiten}}{\text{Cash Flow}}$, $\frac{\text{Cash Flow}}{\text{Umsatzerlöse}}$

Diese Auswahl bestätigt die bereits vorgetragenen empirischen Untersuchungen. Auf ihnen aufbauend und an die weiter oben dargestellte Untersuchungskonzeption der traditionellen Analyse anknüpfend soll nunmehr die Ableitung eines kausalen Modells versucht werden.

2.3 Analytische Modellierung der Liquiditätsanalyse

2.3.1 Grundkonzept der traditionellen Bilanzanalyse

Ausgangspunkt der traditionellen Analyse sind die beiden Begriffe:

- **Liquidität der Unternehmung**, d.h., die Fähigkeit der Unternehmung ihren Zahlungsverpflichtungen fristgerecht nachkommen zu können und
- **Liquidität der Vermögensgüter**, d.h. die Liquidisierung der Vermögensgüter im Zeitablauf, ihre Transformation in Zahlungen. So z.B.
  - die Umwandlung der Forderungen in Einnahmen und die Umwandlung von Verbindlichkeiten in Ausgaben;
  - die Transformation des Kontos "Maschinen" über die Abschreibungsgegenwerte in Einnahmen und die Transformation des Kontos "Darlehen" über Tilgungszahlungen in Ausgaben.

In der Liquiditätsanalyse aufgrund von Bilanzkennziffern versucht man von der *Liquidität der Vermögensgüter* auf die *Zahlungsfähigkeit der Unternehmung* zu schließen. Man betrachtet die Bilanzpositionen als Speicher künftiger Zahlungen und geht dabei von folgenden allgemeinen Überlegungen aus:

Heutige Vermögensgüter transformieren sich in **künftige Einnahmen** und entsprechend verwandeln sich **heutige Fremdkapitalien** in **künftige Ausgaben**:

heutige Bestandsgröße	künftig Stromgröße
Vermögensgüter V_t ⟶	Einnahmen $E_{t+1} = a\ V_t$
Fremdkapital FK_t ⟶	Ausgaben $A_{t+1} = b\ FK_t$

Abb. 9

Die beiden Koeffizienten a, b sollen dabei die Transformation von bilanziellen Bestandsgrößen in liquiditätsrelevante Stromgrößen innerhalb eines Zeitraumes angeben, wobei die Koeffizienten unterschiedliche Werte annehmen können:

$a = 1$ bedeutet, daß die Bilanzposition insgesamt in der Abrechnungsperiode in Zahlungen transformiert wird.

$a < 1$ bedeutet, daß die Bilanzposition in der betrachteten Periode nicht vollständig zu Zahlungen führt.

$a > 1$ besagt, daß Zahlungen zu erwarten sind, die höher sind als die betreffende Bilanzposition.

Es wird klar, daß die Koeffizienten jeweils nur im Hinblick auf eine Bilanzposition und auf einen bestimmten Zeitraum, z.B. einen Monat oder ein Jahr, festgelegt sein können.

Da für die Liquiditätsprognose vor allem die nächste Zeit interessiert, können wir uns zur Vereinfachung auf *kurzfristig transformierende Vermögensgüter* und auf *kurzfristig fällige Verbindlichkeiten* beschränken. Relevant ist dann die Transformationskette kurzfristiges Vermögen in Einnahmen und kurzfristige Verbindlichkeiten in Ausgaben. Die Liquidität der Unternehmung ist gewährleistet, wenn die Einnahmen größer/gleich den Ausgaben sind. Dies wiederum ist sichergestellt, wenn das kurzfristige Vermögen größer/gleich den kurzfristigen Verbindlichkeiten ist. Soweit die grundlegende Überlegung. Der Schluß von der Bilanzrelation auf die Zahlungsfähigkeit stimmt jedoch nur, wenn zahlreiche **Prämissen** erfüllt sind. So unterstellt man unter anderem:

- Keine anderen Zahlungsverpflichtungen als die bilanzierten Verbindlichkeiten.
- Die Vermögens- und Kapitalteile lassen sich zeitlich synchron transformieren und mit den angesetzten Bilanzwerten realisieren.
- Kein weiterer Kapitalbedarf nach Beendigung des Umsatzprozesses.

Diese Voraussetzungen sind im normalen Wirtschaftsleben nie vollständig erfüllt, denn eine Unternehmung existiert auch nach Beendigung eines Umsatzaktes weiter. Es fehlen Angaben über eine eventuelle Prolongation bzw. Substitution der fälligen Kapitalien ebenso wie Daten über den erneuten Kapitalbedarf. Der Schluß von den Bilanzrelationen auf die Zahlungsfähigkeit der Unternehmung ist hinsichtlich Umfang und Fristigkeit der künftigen Zahlungen nur eine unvollständige und ungenaue Skizze.

Ein vollständiges und verläßliches Bild der künftigen Einnahmen und Ausgaben erhält man eher aus dem Finanzplan. Benutzt man diesen nicht und verwendet man stattdessen Bilanzkennziffern zur Liquiditätsanalyse, so nimmt man einen mehr oder weniger großen Fehler in Kauf. Es ist das Verdienst von Härle[47], auf diese Fehlerquellen hingewiesen zu haben. Er konnte aufgrund seiner deterministischen Untersuchungsmethode jedoch dem stochastischen Problem nicht gerecht werden. Sein Maßstab "was nicht vollständig richtig ist, muß falsch sein" trifft nur bei *logisch-deterministischen Implikationen* zu. In der wirtschaftlichen Realität aber ist das Gegenteil von "100% richtig" nicht "100% falsch", sondern eine abgestufte Bestätigung.

Aufgrund von Erfahrungsdaten ist eine Hypothese nicht logisch zwingend, sondern nur mit einer bestimmten Wahrscheinlichkeit richtig. Das gilt auch für den Schluß von den Bilanzrelationen auf die Zahlungsfähigkeit. Er kann, wenn überhaupt, nur mit einer bestimmten hinreichend großen Wahrscheinlichkeit möglich sein. Würden wir eindeutige Schlüsse verlangen und nur ein "Entweder-oder" kennen, so müßten wir zu dem Ergebnis kommen, daß die logische Implikation von den Bilanzrelationen auf die Liquidität nicht zulässig ist.

Nachstehendes Beispiel soll die stochastische Natur der Zusammenhänge verdeutlichen:

Es sei z.B. die Zahlungsfähigkeit einer Unternehmung zu beurteilen, die folgende Bilanz besitzt:

Aktiva		Bilanz	Passiva
AV	250	EK	100
Vor	150	LFK	200
FerE	100	VerL	60
		SoVer	140
	500		500

AV	=	Anlagevermögen
FerE	=	Fertigerzeugnisse
EK	=	Eigenkapital
LFK	=	Langfristiges Fremdkapital
VerL	=	Verbindlichkeiten aus Lieferungen und Leistungen
SoVerb	=	Sonstige Verbindlichkeiten

Die Liquidität der Unternehmung ist gesichert, wenn die Einnahmen der nächsten Periode größer/gleich den Ausgaben der nächsten Periode sind und mithin gilt:

$$E_{t+1} - A_{t+1} \geq 0$$

Betrachtet man allein die angesprochenen kurzfristigen Bilanzpositionen $FerE_t$ und $VerL_t$ so scheint die künftige Liquidität gesichert, da höhere Einnahmen als Ausgaben zu erwarten sind. In der stochastischen Betrachtung gilt dies jedoch nicht mehr, denn Einnahmen und Ausgaben der nächsten Periode sind nicht genau bekannt, sind unsichere Größen, sind *Zufallsvariable*, die es zu schätzen gilt. Man versucht, aus den **heutigen Bilanzgrößen**[48], z.B. Fertigerzeugnissen ($FerE_t$) und Verbindlichkeiten aus Lieferungen und Leistungen ($VerL_t$), auf die **künftigen Einnahmen und Ausgaben** zu schließen.

Neben dem funktionalen Zusammenhang aufgrund der betrieblichen Transformation der Bilanzpositionen in Einnahmen hängen die künftigen Einnahmen und Ausgaben auch von einer zufälligen Komponente ab. Es gilt daher z.B. folgender formale Zusammenhang zwischen heutigen Bilanzpositionen und künftigen Zahlungen. Unsichere Größen werden mit "~" charakterisiert.

$$\tilde{E}_{t+1} = a \cdot FerE_t + \tilde{X}$$

$$\tilde{A}_{t+1} = b \cdot VerL_t + \tilde{Y}$$

$\tilde{X}$ = Zufällige Komponente der künftigen Einnahmen

$\tilde{Y}$ = Zufällige Komponente der künftigen Ausgaben

Wenn die Einnahmen und Ausgaben unsicher sind, dann ist auch der Kassenbestand KB_{t+1}, als deren Differenz, unsicher.

$$\tilde{E}_{t+1} - \tilde{A}_{t+1} = \tilde{KB}_{t+1} \overset{!}{\geq} 0$$

Die Liquiditätsbedingung kann nicht mehr genau eingehalten werden, sondern nur noch mit einer bestimmten Wahrscheinlichkeit. Die Wahrscheinlichkeit $P\{KB_{t+1} \geq 0\}$ gilt es aus den angegebenen Zusammenhängen zu bestimmen.

Diese Standardaufgabe der Wahrscheinlichkeitstheorie bedingt konkret die Berechnung des Flächenanteils unter der Dichtefunktion, der links bzw. rechts vom Ursprung liegt.

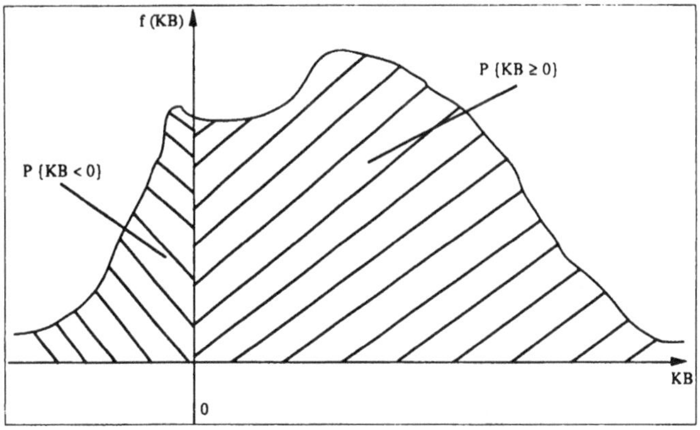

Abb.10

Die Berechnung des Flächenanteils links vom Ursprung liefert auch den Wert des Flächenanteils rechts vom Ursprung, da sich beide Anteile aufgrund der Definition einer Dichtefunktion zu 1 ergänzen müssen.[49]

Für die Berechnung des Flächenanteils gibt es grundsätzlich drei Möglichkeiten:

1. **Explizites Ausrechnen des Flächenanteils** durch Integration der Dichtefunktion f(KB).
2. Unterstellen einer **Normalverteilung** und Berechnen des Flächenanteils aufgrund der tabellierten Werte.
3. Schätzen des Flächenanteils aufgrund der **Tschebyscheff-Abschätzung**, die für beliebige Verteilungstypen gilt.

Wir wollen die dritte Methode anwenden, da Methode 1 wegen der häufig nicht explizit bekannten Dichtefunktion des Kassenbestandes nicht anwendbar ist und bei Methode 2 die Berechnung der Wahrscheinlichkeit eines positiven Kassenbestandes zu optimistisch ausfällt. Die für die Abschätzung benötigte Tschebyscheff-Ungleichung lautet:

$$P\{|KB - \overline{KB}| \geq k \cdot \sigma\} \leq 1/(k^2)$$

Sie besagt:[50] Die Wahrscheinlichkeit, daß die Ausprägung einer Zufallsvariablen KB um mehr als das k-fache der Standardabweichung von dem Mittelwert $\overline{KB}$ abweicht, nicht größer als $\frac{1}{k^2}$ ist.

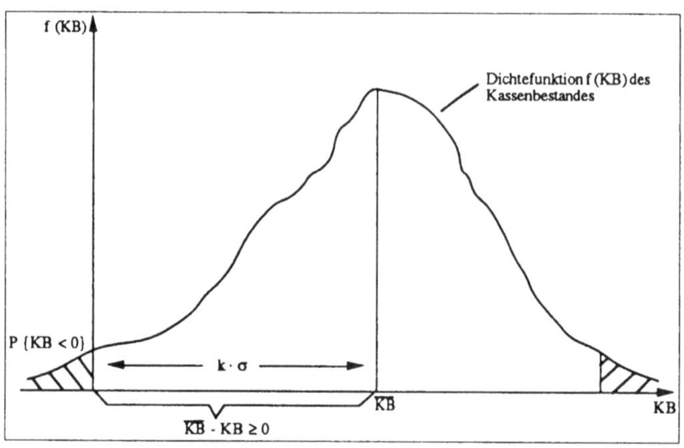

Abb. 11

Uns interessiert die Wahrscheinlichkeit eines positiven Kassenbestandes KB ≥ 0, d.h. die Zufallsvariable KB darf nicht um mehr als KB vom Mittelwert abweichen. Wir erhalten mithin folgende Beziehung:

$$P\{|KB - \overline{KB}| \geq \overline{KB}\} \leq \frac{1}{k^2}$$

wobei dann gelten muß $\overline{KB} = k \cdot \sigma$ oder $k = \frac{\overline{KB}}{\sigma}$

Der Faktor k ist aus dem Erwartungswert $\overline{KB}$ und der Streuung σ_{KB} des Kassenbestandes zu bestimmen.

Die Wahrscheinlichkeit eines negativen Kassenbestandes läßt sich nun in etwa abschätzen, wobei nach dem Grundsatz einer vorsichtigen Schätzung der ungünstigste Fall angenommen werden und in der Tschebyscheff-Abschätzung das Gleichheitszeichen gelten soll:

$$P\{\,|KB - \overline{KB}| \geq \overline{KB}\,\} = \frac{1}{k^2}$$

Da nur die Abweichung um mehr als $\overline{KB}$ vom Mittelwert interessiert, berechnet sich k aus der Gleichung:

$$k = \frac{\overline{KB}}{\sigma}$$

Zwei extreme Verteilungstypen sollen die möglichen Ungenauigkeiten aufgrund der Tschebyscheff-Ungleichung verdeutlichen. Je nach der Schiefe der Verteilung führt die Tschebyscheff-Schätzung zu überflüssiger oder gerade ausreichender Reservehaltung.

Im ersten Beispiel enthält die Verteilung keine negativen Kassenbestände, die Realisationen sind auf den positiven Bereich begrenzt:

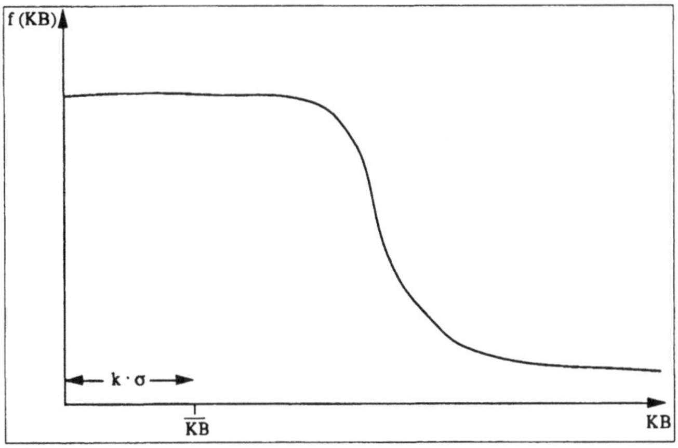

Abb.12

Die Wahrscheinlichkeit eines negativen Kassenbestandes ist gleich Null, nach der Tschebyscheff-Formel kann jedoch eine Überschreitung nach oben oder unten vorliegen. Dies zeigt der Verlauf der Dichtefunktion des Kassenbestandes im nächsten Beispiel:

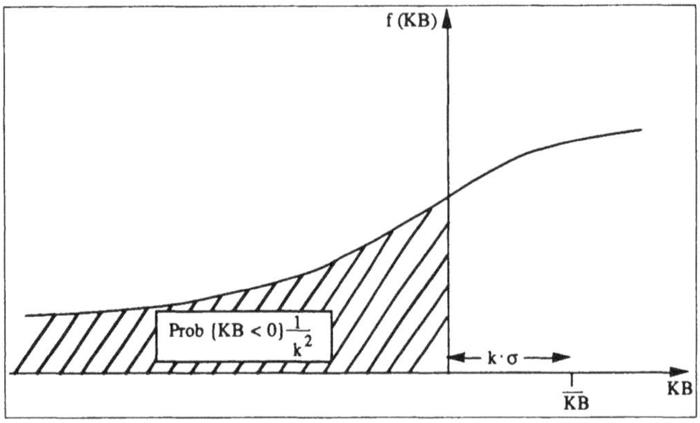

Abb. 13

Die beidseitige Berechnungsbasis der Tschebyscheff-Ungleichung wird auch deutlich, wenn wir den durchschnittlichen Kassenbestand gleich Null setzen, $\overline{KB} = 0$:

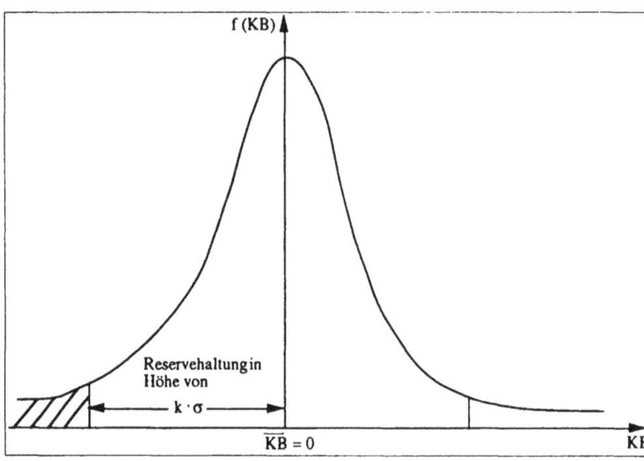

Abb.14

$$P\{\ |KB - \overline{KB}| \geq k \cdot \sigma\ \} \leq \frac{1}{k^2}$$

Mit $\overline{KB} = 0$ gilt:

$$P\{|KB| \geq k \cdot \sigma\ \} \leq \frac{1}{k^2} \quad .$$

Hier kann durch die Vergabe eines Wertes von k die zur Wahrscheinlichkeitsschätzung $\frac{1}{k^2}$ gehörende Kassenhaltung bestimmt werden.

Liegt der durchschnittliche Kasssenbestand im negativen Bereich, $\overline{KB} < 0$, dann ist obige Berechnung umzustellen und die Gegenwahrscheinlichkeit relevant:

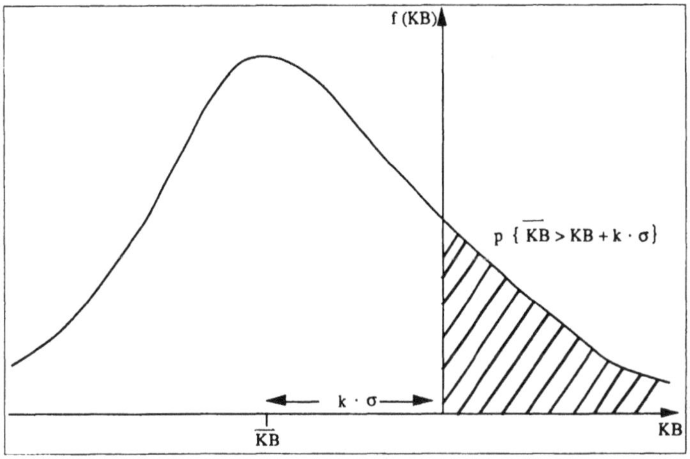

Abb. 15

Es interessiert nicht mehr $P\{|KB - \overline{KB}| \geq k \cdot \sigma\}$, sondern $1 - P\{|KB - \overline{KB}| \geq k \cdot \sigma\}$.

Die Abschätzung des Kassenbestandes nach der Tschebyscheff-Ungleichung hat den Vorteil, daß nicht die Dichtefunktion insgesamt benötigt wird; Erwartungswert und Standardabweichung reichen aus. Die Abschätzung nach dieser Methode ist jedoch nicht so optimistisch wie die Schätzung bei der Annahme einer Normalverteilung, die ebenfalls mit Erwartungswert und Standardabweichung auskommt, aber nur unter der Voraussetzung, daß man die tabellierten Werte zur Verfügung hat.

Für die Berechnung der Liquiditätswahrscheinlichkeit benötigt man mithin den Erwartungswert $\overline{KB}$ und die Standardabweichung σ_{KB} des Kassenbestandes. Diese sind aus den Erwartungswerten und Standardabweichungen der Einnahmen und Ausgaben des nächsten Jahres zu bestimmen. Es gelten hierfür folgende Gleichungen:

Der Erwartungswert $\overline{KB}$ bestimmt sich aus den Erwartungswerten der Einnahmen und Ausgaben

$$\overline{KB} = \overline{E}_{t+1} - \overline{A}_{t+1}$$

Diese wiederum errechnen sich aus der Transformation der Bilanzpositionen und dem Erwartungswert der Zufallskomponenten

$$\overline{KB} = a\, FerE_t + \bar{X} - [bVerL_t + \bar{Y}]$$

Bei Unabhängigkeit der Zufallskomponenten $\bar{X}$ und $\bar{Y}$ errechnet sich die Standardabweichung des Kassenbestandes als die Wurzel aus der Summe der Varianzen

$$\sigma_{KB} = \sqrt{\sigma_x^2 + \sigma_y^2}$$

Setzt man die Werte für KB und σ_{KB} in die Gleichung $k = \frac{\overline{KB}}{\sigma_{KB}}$ ein, dann läßt sich der k-Wert der Tschebyscheff-Abschätzung wie folgt bestimmen, wenn wir uns auf die beiden Positionen FerE und VerL beschränken:

$$k = \frac{a\, FerE_t + \bar{X} - [bVerL_t + \bar{Y}]}{\sqrt{\sigma_x^2 + \sigma_y^2}}$$

Seien folgende weitere Werte für die obige Beispielsrechnung angenommen:

Größe	***Einnahme***	***Ausgabe***
Bilanzposition	$FerE_t = 100$	$VerL_t = 60$
Transformationskoeffizient	$a = 0.7$	$b = 0.8$
Erwartungswert der		
Zufallskomponenten	$X = 30$	$Y = 10$
Varianz der		
Zufallskomponenten	$\sigma_x^2 = 250$	$\sigma_y^2 = 150$
Standardabweichung	$\sigma_x \approx 16$	$\sigma_y \approx 12$

Entsprechend unserer Formel benötigen wir $\overline{KB}$ und σ_{KB}. Es gilt:

$$\begin{aligned}\overline{KB} &= \overline{E}_{t+1} - \overline{A}_{t+1}\\ &= aFertE_t + \overline{X} - [bVerL_t + \overline{Y}]\\ &= 100 - 58 = 42\\ \sigma_{KB} &= \sqrt{\sigma_x^2 + \sigma_y^2}\\ &= 20\end{aligned}$$

Für den Faktor k gilt schließlich:

$$k = \frac{\overline{KB}}{\sigma_{KB}} = 2.1$$

Für die Wahrscheinlichkeitsschätzung P{ } der Illiquidität gilt entsprechend der Tschebyscheff-Approximation:

$$P \leq \frac{1}{(2.1)^2}$$

$$P \approx 0.227$$

Bei den angegebenen Konstellationen beträgt die Wahrscheinlichkeit einer Zahlungsunfähigkeit im schlimmsten Fall 22.7 %. Bei einer Beschränkung der Analyse auf die Werte der Bilanzpositionen $FerE_t$ *und* $VerbL_t$ *wäre die Liquidität auf jeden Fall gesichert erschienen.*

Diese Darstellung macht deutlich, daß die **Bilanz kein genaues Spiegelbild der gesamten Zahlungsströme der Unternehmung** darstellt. Die Frage ist daher, wie genau dieses Bild ist und mit welcher Verläßlichkeit von den Bilanzpositionen auf die Zahlungen geschlossen werden kann. In solchen Untersuchungen muß der Zusammenhang zwischen Bilanzpositionen und Zahlungsströmen bzw. Illiquiditätswahrscheinlichkeit überprüft werden, um numerische Werte für die jeweiligen Größen a, b, $\tilde{X}$, $\tilde{Y}$ usw. zu erhalten.[51] Die Liquiditätswirkung der Bilanzpositionen ist auf jeden Fall um die Liquiditätswirkungen aus dem Ertragsbereich zu ergänzen. Darauf deuten auch die Ergebnisse der Diskriminanzanalyse hin, die im wesentlichen die Bedeutung der bereits in der Praxis verwendeten Kennzahlen bestätigen. Neben der statischen Kapitalstruktur sind dies vor allem *dynamische Kennziffern*: Der dynamische Verschuldungsgrad einerseits und die Eigenkapitalrentabilität einer Unternehmung andererseits.[52] Es liegt daher nahe, die auch in der Praxis betonte informative Ertragskraft zum Ausgangspunkt für die Bildung eines Modells der analytischen Liquiditätsmessung zu machen und die analytische Modellierung der Bilanzanalyse durch ein Modell zur ertragsorientierten Liquiditätsanalyse zu ergänzen.

2.3.2 Ertragsorientierte Liquiditätsanalyse

Die **ertragsorientierte Liquiditätsanalyse** besitzt in der deutschen finanzwirtschaftlichen Diskussion eine lange Tradition. Bereits Schmalenbach hat vor gut 60 Jahren ihre Bedeutung in der Kreditwürdigkeitsprüfung betont.[53] In der jüngeren Diskussion fand sie insbesondere in der Verwendung des dynamischen Verschuldungsgrades ihren Niederschlag.[54]

In der Reformdiskussion des Insolvenzrechtes erhält die ertragsorientierte Liquiditätsanalyse einen besonderen Stellenwert. Nach dem ersten Bericht der Kommission für Insolvenzrecht (KfI)[55] sollte der Konkursgrund der Überschuldung zwei Ausprägungen besitzen: *Die rechnerische Überschuldung einerseits und die Prognose zur Ertragsfähigkeit andererseits. Erstere stellt auf die Unternehmenszerschlagung ab, letztere soll die langfristige Fähigkeit des Unternehmens zur Bestreitung der Verbindlichkeiten aus der laufenden Unternehmenstätigkeit ermitteln.*[56]

Da für die Unternehmensleitung einer Kapitalgesellschaft nach den Vorstellungen der KfI[57] die Verpflichtung zur Konkursantragstellung erst dann bestehen sollte, wenn sowohl die rechnerische Überschuldung vorliegt als auch die Ertragsfähigkeit nachhaltig nicht gesichert ist, sollte ein (GmbH-) Geschäftsführer die künftige Ertragsfähigkeit des Unternehmens dokumentieren, wenn das Unternehmen im laufenden Jahresabschluß einen Verlust ausweist. Er kann dann den Vorwurf der Konkursverschleppung besser entkräften, wenn sich, entgegen den Annahmen, eine zum Zusammenbruch des Unternehmens führende Entwicklung ergibt. Die Unternehmensleitung ist mit der Berechnung der Verpflichtung nachgekommen, die Fähigkeit des Unternehmens zu belegen, künftig die zur Bedienung des Kapitals erforderlichen Mittel erwirtschaften zu können.

Im folgenden soll an dem Jahresabschluß einer GmbH die Möglichkeit der Prognose der Ertragsfähigkeit in einem theoretisch fundierten Modellzusammenhang diskutiert werden. Zunächst wird kurz der Jahresabschluß vorgestellt. Die anschließend berechneten gängigen Cash Flow - Größen werden durch ein eigenes Berechnungskonzept als geschlossenes Modell ergänzt. Den Abschluß bildet die Diskussion der Ergebnisse alternativer Modellrechnungen im Hinblick auf die Prognose der Ertragsfähigkeit, d.h. der Fähigkeit der Unternehmung, die eingegangenen Zahlungsverpflichtungen bestreiten zu können.

Ausgangsdaten:

Es wird von dem Jahresabschluß einer GmbH zum 31. Dezember 1985 ausgegangen. Die einzelnen Positionen sind aus der Aufstellung im Anhang zu ersehen. Auf sie kann hier nicht im einzelnen eingegangen werden; so auch nicht auf die Bedeutung der erhaltenen Anzahlungen. Es interessiert insbesondere die Kapitalstruktur.

Rechnet man neben Stammkapital, Darlehen der Gesellschafter und dem Bilanzgewinn auch 50% der Rückstellungen zum Eigenkapital, dann beträgt der Eigenkapitalanteil bei diesem Unternehmen 11,2 %. Eine derartige knappe Eigenkapitalausstattung dürfte bei mittelständischen Unternehmen nicht untypisch sein. Die Gewinn- und Verlustrechnung zeigt, daß nicht nur das Eigenkapital knapp ist, sondern der ausgewiesene Gewinn unter Umständen durchaus in einen Verlust umschlagen kann. Die Gesamtleistung in Höhe von 4.004.000,-- DM besteht zu einem wesentlichen Teil aus Bestandserhöhungen an unfertigen Erzeugnissen in Höhe von 642.000,-- DM. Es ist nicht auszuschließen, daß im nächsten Jahr, wenn diese Bestände nicht in entsprechende Umsatzerlöse transformiert werden können, ein Bilanzverlust auszuweisen ist. Diese Situation sollte den Geschäftsführer veranlassen, die künftige Ertragsfähigkeit seines Unternehmens zu dokumentieren.

Die Richtung für eine modellhafte Fundierung wird durch den dynamischen Verschuldungsgrad angegeben: Die Relation von Fremdkapital zu Cash Flow zeigt, daß bilanzielle Bestandsgrößen und ertragsorientierte Stromgrößen miteinander zu verknüpfen sind. Nachstehendes Schema verdeutlicht die Zusammenhänge:[58]

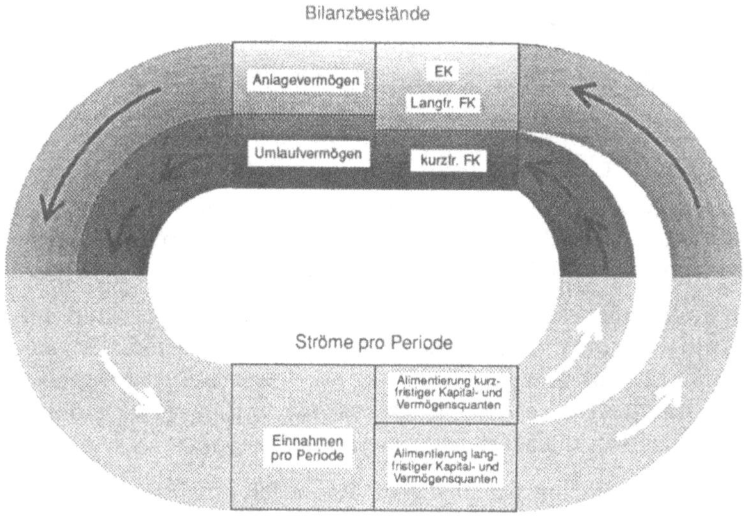

$$BWK = E\left(\sum_{t=1}^{N} R_t \, (1+\pi)^{-t} \right) = \frac{\int_0^\infty (1-F(r))\, dr}{\pi + p}$$

Die durch Einsatz der Produktionsapparatur erzeugten Zahlungsströme in einer Periode werden aufgeteilt in die zur Alimentierung kurzfristig gebundener Kapital- und Vermögensquanten verwendeten Einnahmen einerseits und in die zur Alimentierung von langfristig gebundenen Kapital- und Vermögensquanten verwendeten Einnahmen andererseits. Letztere seien mit Bruttogewinn, der im wesentlichen dem Umsatzüberschuß zuzüglich Fremdkapitalzinsen entspricht, bezeichnet. Ist die Bedienung der langfristigen Kapital- und Vermögensquanten durch den dafür vorgesehenen nachhaltigen Zahlungsstrom der Bruttogewinne pro Periode sichergestellt, dann ist vermutlich auch die Ertragskraft der Unternehmung gewährleistet.

<u>Bruttogewinn und Ertragskraft:</u>

Die verschiedenen Definitionen des Bruttogewinns unterstellen unterschiedliche Fristigkeiten der Kapital- und Vermögensbindung. Entsprechend diesen Überlegungen wird die Untersuchung mit zwei alternativen Definitionen der Bruttogewinne durchgeführt.[59] Bruttogewinn II unterscheidet sich von Bruttogewinn I durch die Addition von Abschreibungen auf Sachanlagen. Damit wird bei Bruttogewinn II unterstellt, daß auch die zur Finanzierung der Sachanlagen eingesetzten Kapitalquanten daraus zu bedienen sind. Entsprechend befristet ist dann auch der Zeitraum, über den die einsetzbaren Bruttogewinne zu kapitalisieren sind. Um die Probleme einer wachsenden Unternehmung in einer mehrjährigen Betrachtung wenigstens in etwa zu berücksichtigen, wird der Bruttogewinn auf die Bilanzsumme normiert und damit versucht, das Problem der Heteroskedastizität etwas in den Griff zu bekommen. Dabei wird unterstellt, daß mit dem Wachstum keine grundlegende Änderung der Ertragskraft verbunden ist.[60]

Marktwerte der Kapitalquanten:

Diese jährlichen Zahlungen sind zu kapitalisieren und dann den Anteilen der Bilanzbestände gegenüber zu stellen, die tatsächlich aus den Zahlungsströmen zu alimentieren sind. Den Zusammenhang verdeutlicht obenstehende Abbildung.

Wir wollen unterstellen, daß die künftige jährliche Ertragskraft durch eine Zufallsvariable beschrieben werden kann. Damit ist auch der Barwert dieser (Zahlungs)reihe eine Zufallsgröße. In dem vorliegenden ersten Ansatz wird auf den Erwartungswert des Barwertes rekurriert. Eine Erweiterung auf ein Sicherheitsäquivalent aus Erwartungswert und Varianz ist aber vorgesehen.

Bei der Bestimmung der expliziten Form der Zufallsvariablen sind zwei Schritte zu unterscheiden: Zunächst ist der Typ der Wahrscheinlichkeitsverteilung vorzugeben. Die dann noch zu spezifizierenden Parameter können aus den Ausprägungen der Vergangenheit gewonnen werden. Bei mehreren ex post Daten können Erwartungswert und Varianz der vergangenen Ausprägungen als Indikator für die künftige stochastische Größe verwendet werden. Man unterstellt dann das *Going-concern Prinzip in stochastischer Form*. Bei entsprechenden Informationen kann man auch entsprechend günstigere oder ungünstigere Entwicklungen vorsehen. Liegt nur das Ergebnis eines einzigen Jahresabschlusses vor, dann hat man entsprechend den zu erwartenden Schwankungen alternative Schätzungen der Varianz vorzunehmen.

R_t bezeichnet die Ertragskraft in einer Periode, π den Diskontierungszinssatz, N die Länge des Betrachtungszeitraumes. Er wird durch ein Konkursereignis dergestalt begrenzt,damit im Zeitpunkt N die jährlichen Annuitätszahlungen für das Fremdkapital $A\delta$ größer sind als die gesamte Ertragskraft.

Berechnet man den Erwartungswert der laufenden schwankenden Zahlung unter diesen Bedingungen, dann erhält man die unter der Graphik auf S. 143 stehende Formel.

Diese Berechnung kann nicht nur für den Wert der Unternehmung insgesamt, sondern auch für den Marktwert des Fremdkapitals, als den Erwartungswert des dem Fremdkapital zurechenbaren Zahlungsstromes, durchgeführt werden. Wie die nachstehende formale Definition belegt, setzt er sich aus zwei Komponenten zusammen: Einmal den laufenden Annuitätszahlungen für die Perioden bis zum Zeitpunkt vor Illiquidität und der gesamten Ertragskraft im Zeitpunkt der Illiquidität. Wird dieser Erwartungswert explizit ausgerechnet, dann erhält man die danebenstehende Kapitalisierungsformel.[61] Die gleiche Konkursgefährdung begrenzt auch hier den Betrachtungszeitraum.

$$BWFK = E\left(\sum_{t=1}^{N-1} A\,\delta\,(1+\pi)^{-t} + R_N (1+\pi)^{-N} \right) = \frac{A\,\delta - \int_0^{A\delta} F(r)\,dr}{\pi + p}$$

Konkurs im Zeitpunkt N=t, wenn gilt: $R_N < A\delta$

Der Barwert der dem Eigenkapital zurechenbaren Zahlungen berechnet sich analog: Dem Eigenkapital steht, und hier kommt sein Risikocharakter zum Ausdruck, die jährliche Ertragskraft abzüglich der Annuitätszahlungen für das Fremdkapital zu. Wird dieser Erwartungswert explizit ausgerechnet, dann erhält man die nachstehende Formel:[62]

$$BWEK = E\left(\sum_{t=1}^{N-1} (R_t - A\delta)\,(1+\pi)^{-t} \right) = \frac{\int_{A\delta}^{\infty} (1-F(r))\,dr}{\pi + p}$$

Konkurs im Zeitpunkt N=t, wenn gilt: $R_N < A\delta$

Erweiterungen:

Dieser einfache Ansatz ist vergleichsweise unrealistisch: Eine Unternehmung wird nicht bereits durch die erste Illiquidität beendet. Die Kreditgeber gewähren in der Regel Zahlungsaufschub; unter Umständen sogar mehrmals. Zum anderen ist für die Rückzahlungsaussichten dieses Kredites nur die Illiquiditätsgefährdung innerhalb der Kreditlaufzeit von Bedeutung. Auch dieser Parameter ist zu spezifizieren. Zum dritten kann man davon ausgehen, daß nicht jede geringfügige Zahlungsunterdeckung bereits den Tatbestand der Illiquidität erfüllt. Wir führen deshalb einen Prozentsatz sanktionsfreier Zahlungsunterdeckungen ein.[63]

Berechnet man unter Berücksichtigungen dieser Parameter den erwarteten Barwert des Marktwertes des Fremdkapitals, dann erhält man die nachstehende Formel. Der Zähler des ersten Faktors ist identisch mit dem Zähler der vorhergehenden einfachen Formel. Die Kapitalisierung dieser jährlichen Zahlungen erfolgt noch mit dem sicheren Diskontierungszinssatz π; allerdings ist diesmal ein umfangreicher Korrekturfaktor zu berücksichtigen.[64]

Marktwert des Fremdkapitals BWFK bei m Moratorien und vertraglicher Laufzeit T, Unterdeckung γ, $p = F(A\delta(1-\gamma))$

$$BWFK = \left\{ \frac{A\delta - \int_0^{A\delta} F(r)\,dr}{\pi} \right\} \cdot$$

$$\Big(1 - \big(\big(\frac{p}{\pi + p}\big)^{m+1} \Big[1 - \big(\frac{1-p}{1+\pi}\big)^{T-1} \sum_{i=0}^{m} \binom{T-1}{i} \big(\frac{\pi + p}{1-p}\big)^{i}\Big] + \big(\frac{1}{1+\pi}\big)^{T} (1-p)^{T-1}$$

$$\sum_{i=0}^{m} \binom{T-1}{i} \big(\frac{p}{1-p}\big)^{i}\big)\Big)$$

2.3.3 Numerische Beispiele

Bei nur einem einzigen Jahresabschluß wird man zur Spezifikation der Verteilungsparameter gezwungen.Um die Implikationen der Parameter zu zeigen, werden alternative Scenarios unterstellt. Die aus dem Jahresabschluß errechneten Werte der Ertragskraftdefinition werden als Mittelwerte der Verteilungen angenommen. Für die Standardabweichungen werden alternativ zunächst 2 Prozentpunkte, dann 6 Prozentpunkte unterstellt. Es wurden die nachstehend wiedergegebenen Konstellationen durchgerechnet.

	Fälle				
Parameter	1	2	3	4	5
Mue	5.05	9.49	9.49	9.49	9.49
Sigma	2.00	2.00	2.00	6.00	6.00
Unterdeckung	5.00 %	25.00 %	25.00 %	25.00 %	25.00 %
Zinssatz	4.00 %	4.00 %	4.00 %	4.00 %	4.00 %
Moratorien	3.00	0.00	0.00	0.00	3.00
Laufzeit	5.00	5.00	25.00	25.00	25.00
Max. Vers. Grad	22.00 %	32.00 %	91.00 %	20.00 %	66.00 %

Im ersten Fall wird eine sanktionsfreie Unterdeckung von 5% angenommen, der Zinssatz soll bei 4% liegen. Es werden 3 Moratorien zugestanden und die Kreditlaufzeit selber soll bei fünf Jahren liegen. Unter dieser Konstellation kann Fremdkapital in Höhe von 22% der Bilanzsumme aus der Ertragskraft finanziert werden. Dieses Ergebnis bedeutet natürlich nicht, daß die Unternehmung insgesamt nur Fremdkapital von 22% aufnehmen kann. Korrekt bedeutet die Zahl: Unter den angegebenen Bedingungen der Parameterwerte kann Fremdkapital mit einer Laufzeit über einem Jahr und bis zu fünf Jahren bis zum Umfang von 22% der Bilanzsumme aus dem Bruttogewinn I finanziert werden. Entsprechend sind die anderen Ergebnisse zu interpretieren.

2.3.4 Schlußbemerkung

Diese Erläuterungen zeigen, daß die Ertragsanalyse nicht an Hand eines starren Schemas durchgeführt werden soll, sondern den Umständen des Einzelfalles Rechnung getragen werden muß. Es ist der große Vorteil der hier vorgestellten Konzeption, daß es zwar ein einheitliches Grundmodell für die verschiedenen Fälle vorsieht, daß andererseits durch die alternative Wahl der Parameter die Flexibilität zur Berücksichtigung der Besonderheiten des Einzelfalles gewährleistet ist. Vor allem wird damit auch die Möglichkeit der konsistenten Umsetzung der Ergebnisse multivariater Diskriminanzanalyse gezeigt.

"Das Beste, was wir haben, steht in keiner Bilanz: Das sind unsere Leute."[65]

3. Weitere Informationsmöglichkeiten

3.1 Vorbemerkung

Der Stellenwert der Informationsbeschaffung durch Liquiditätsanalyse aufgrund von Bilanzkennziffern wird deutlich, wenn man bedenkt, welche weiteren Informationsquellen noch verfügbar und wie verläßlich diese weiteren Informationsquellen sind. Auf sie soll zur Abrundung noch eingegangen werden. Man kann grundsätzlich folgende zusätzliche Informationsbeschaffungsmöglichkeiten über die finanzielle Situation eines Unternehmens unterscheiden:

1. Auskunft externer Stellen

2. Interne Informationsquellen

3.2 Externe Auskünfte

3.2.1 Die Berichte von Auskunfteien

Berichte von Auskunfteien sind in aller Regel vergleichsweise problemlos und preiswert zu erhalten. Auf der anderen Seite muß man feststellen, daß diese Berichte nicht ohne Vorbehalte zu verwenden sind. Sie enthalten zwar objektive Tatsachen, wie z.B. Angaben über die Gesellschaftsform und die Höhe des Grund- bzw. Stammkapitals, teilweise noch über die Zusammensetzung des Gesellschafterkreises und über die vorhandenen Vermögensgegenstände und deren Belastung, z.B. des Grundvermögens. Die Angaben dürften auch verläßlich sein. Auf der anderen Seite muß man festhalten, daß diese Zahlen teilweise überholt sein können, zumal die Auskunfteien auch nicht regelmäßig Korrekturen bereitstellen. Des weiteren enthalten Auskunfteiberichte Angaben über zu beanstandende Zahlungsweisen, z.B. Scheck- und Wechselproteste.

Die Berichte von Auskunfteien kann man klassifizieren als scheinbar präzise Facts, deren Aktualität nicht überprüfbar ist.

3.2.2 Bankauskünfte

Im Gegensatz dazu basieren Bankauskünfte in aller Regel auf einem *sehr viel präziseren und aktuelleren Kenntnisstand über die Zahlungsfähigkeit des Kunden*; jedoch ist keineswegs sicher, daß die Banken diese genauen Kenntnisse über die Liquidität und die Solvenz des Kunden auch offen weitergeben an die anfragenden Kreditgeber. Das liegt zum einen sicher daran, daß bei den Banken ein Interessenkonflikt entsteht beim Service für den Kreditgeber und den Kreditnehmer, da sie mit beiden in Geschäftsbeziehungen stehen. Sie wollen auch ihre ausgereichten Kredite nicht gefährden durch eine sehr pessimistische Kreditauskunft, die dann den Lieferanten veranlassen könnte, die eigenen Kredite zu kürzen bzw. die Geschäftsbeziehung zu überprüfen.

Daneben können die Banken sich bei einer präzisen, skeptischen bzw. negativen Auskunft schadenersatzpflichtig machen und wenn sie die Kreditwürdigkeit des Unternehmens falsch berichten, der Lieferant dadurch veranlaßt wird, Kredite zu verringern und der Abnehmer in entsprechende Schwierigkeiten gerät. *Es ist wichtig, bei Bankauskünften zwischen den Zeilen zu lesen.*

3.2.3 Selbstauskünfte

Eine weitere Möglichkeit der Auskunftseinholung sind Selbstauskünfte. Diese Selbstauskünfte sind *sehr mit Vorsicht zu behandeln*, denn prosperierende Unternehmen werden ihre Situation nicht positiv genug darstellen und gefährdete Unternehmungen werden sicherlich ihre Situation besser berichten als sie tatsächlich ist. Wie bei den entsprechenden Bilanzen, so kann man auch hier sagen, daß ein bedrohtes Unternehmen die Situation sehr viel günstiger darstellt als sie ist.

3.2.4 Sonstige externe Quellen

Neben diesen Auskunftsquellen sind als weitere externe Quellen *Anfragen bei und Auskünfte der Kreditversicherer* zu nennen, insbesondere, ob sie bereit wären, entsprechende Kreditversicherungen einzugehen. Daneben ist auf das *Handelsregister* hinzuweisen, das dem öffentlichen Glauben dient und als sehr vertrauenswürdig gelten kann. Man kann z.B. ersehen, ob sich der Gesellschafterbestand verändert hat in dieser Unternehmung und gleichzeitig, wer Prokura hat.

Bei Kapitalgesellschaften ist noch das Grundkapital aus dem Handelsregister zu entnehmen. Diese Größe ist gerade bei den Unternehmen, deren Solvenz gefährdet ist, nicht sehr aussagefähig.

Als weitere Quelle wird man auch noch *Grundbuchauszüge* mit heranziehen, um zu sehen, wie der Grundbesitz der Unternehmung belastet ist. Das ist auch für Warenlieferanten eine wesentliche Information, selbst wenn diese kaum eine dingliche Sicherung ihrer Forderungen erreichen können.

Schließlich ist als weitere Informationsquelle noch ein *Erfahrungsaustausch mit anderen Lieferanten* zu nennen; allerdings wird gerade in einer Krisensituation dieser Erfahrungsaustausch nicht sehr ergiebig sein, denn jeder Lieferant wird versuchen, seine eigenen Forderungen zu realisieren und sein Schäfchen ins trockene zu bringen, so daß die potentiellen Konkurrenten um die Zahlungsmittel der liquiditätsbedrohten Unternehmung sich mit brauchbaren Informationen sehr zurückhalten werden.

Diese externen Quellen sind wertvoll, sowohl für Kunden, mit denen bereits Beziehungen bestehen, als auch für Kunden, mit denen Beziehungen aufgenommen werden sollen. Man kann noch auf weitere Informationsquellen zurückgreifen bei Kunden, mit denen bereits Beziehungen bestehen, und zwar sind das in erster Linie *interne Informationsquellen*, wie z.B. das eigene *Rechnungswesen*, der *Außendienst*, die *Verkaufsabteilungen* und der *Kundendienst*.

3.3 Interne Quellen

3.3.1 Rechnungswesen

Das eigene Rechnungswesen *liefert verläßliche und aufschlußreiche Informationen über die Liquiditätssituation der Abnehmer*. Durch die Beobachtung des Kontokorrentkontos des Kunden lassen sich Informationen über das Zahlungsverhalten des Kunden gewinnen und damit Rückschlüsse auf die finanzielle Situation ziehen. Es geht vor allem um die verwendeten Zahlungsmittel, das Ausnutzen von Skonto, die Überschreitung von Zahlungszielen, den Erlaß von etwaigen Mahnungen und Vorkasseverfügungen. Dabei kommt es nicht so sehr auf die Zahlungsgewohnheiten als solche an; von großem Informationsgehalt sind die Veränderungen dieser Gewohnheiten. Natürlich sind auch Wechselprolongationen und Scheckprolongationen von großer Bedeutung.

Als *Alarmzeichen* können genannt werden: laufende Nichteinhaltung der vereinbarten Zahlungskonditionen, insbesondere Überschreitung von eingeräumten Zahlungszielen oder auch Überschreiten von eingeräumten Kreditlimits, Nichtausnutzung von Skonto bei der bisher kontinuierlichen Inanspruchnahme oder Übergang von Scheck- auf Wechselzahlungen. Außerdem Hereingabe des Wechsels nach Ablauf des Zahlungszieles, Prolongationswünsche von Wechseln, des weiteren die plötzliche Veränderung von Umfang und Rhythmus der Bestellungen, die nicht auf unmittelbar einleuchtende Ursachen zurückzuführen ist. Derartige Veränderungen können auch auf Verbindungen zu anderen Lieferanten zurückzuführen sein.

Eine wesentliche Voraussetzung für die Analyse der Liquiditätssituation bei einem Kunden bildet die *Beobachtung der mit ihm getroffenen Kreditvereinbarungen und seinen Zahlungsgewohnheiten*. Hier könnte man z.B. verweisen auf die EDV-orientierten Hilfsmittel wie monatliche oder quartalsweise Debitoren- oder Obligolisten und schließlich auf Übersichten der Saldenentwicklung über mehr oder weniger lang zurückliegende Zeiträume, z.B. ein halbes Jahr, und schließlich der Vergleich von Salden und Umsätzen, um die Entwicklung und den Stand dieser Relationen zu verdeutlichen. So kann z.B. das Einfrieren von Salden eine sehr gefährliche Entwicklung andeuten. Wenn die gestiegenen Salden mit erhöhten Umsätzen verbunden sind, so muß darin nicht unbedingt ein Alarmzeichen gesehen werden.

Am zweckmäßigsten ist es sicherlich, diese Daten und Übersichten den zuständigen Abteilungen - und das wird in der Regel die Finanzabteilung sein - direkt zugänglich zu machen. Sie müssen an Hand des Finanzplanes bereits die Einnahmen- und Ausgabengestaltung und das Soll des Finanzplanes mit den tatsächlichen Isteinnahmen im Rahmen einer regulierenden Planung vergleichen.

Insbesondere bei größeren Unternehmen wird das mit Hilfe von Bildschirmterminals möglich sein, denn hier können die direkten Zugriffsmöglichkeiten auf die benötigten Daten in der Datenbank bei on-line-Technik ausgenutzt werden. Ein automatisierter Ausweis des offenstehenden Kreditsaldos unter Einschluß eines evtl. Wechselobligos und Anzeige der noch offenstehenden Aufträge ermöglichen eine besondere Aktualität der Berichterstattung, insbesondere in der Finanzbuchhaltung und der finanziellen Planung; sie ist mit Hilfe der EDV ohne weiteres möglich.

3.3.2 Außendienst

Schließlich kann der Außendienst, d.h. die *eigenen Vertreter* und die *Verkaufsabteilungen*, wertvolle spezielle Informationen liefern. Zum Beispiel über den Ruf, den der Kunde bei den Konkurrenzfirmen genießt oder Informationen über personelle Veränderungen beim Kunden, über beabsichtigte Investitionen, über die künftige längerfristige Geschäftsplanung und über außergewöhnliche Vermögensdispositionen, wenn z.B. der neue Wagen nicht mehr gekauft, sondern nur noch geleast wird, wenn ein Grundstück veräußert wird, letztlich auch über den Lebensstil des Geschäftsinhabers, der sehr große Rückschlüsse auf die Solidität der Zahlungsmoral zuläßt.

Des weiteren Informationen über das Markt- und Wettbewerbsverhalten der Kunden. Schließlich können die Vertreter auch berichten über organisatorische Regelungen und Abläufe beim Kunden selbst, so z.B., ob Belege vorhanden sind, wieweit die Buchhaltung tatsächlich auf dem laufenden ist und inwieweit die Dispositionsunterlagen jeweils greifbar sind, und ob mithin der Laden in Schuß ist

Für die Beschaffung dieser Informationen sind die *Außendienstmitarbeiter* vor allem deswegen gut geeignet, weil sie den *engsten* und den *aktuellsten Kontakt mit dem Kunden* haben und daher am ehesten irgendwelche Veränderungen feststellen können; früher noch als die Banken und die Auskunfteien, die Veränderungen signalisierende facts erst mit einem sehr großen time-lag erhalten werden. Außerdem besteht für die Vertreter im Rahmen von Verkaufsgesprächen und Unterredungen z.B. die Möglichkeit, Zwischentöne in den Bemerkungen der Angestellten richtig zu analysieren, in denen gerade irgendwelche atmosphärischen Veränderungen durchaus angedeutet werden können, die sich in schriftlichen Äußerungen aber kaum artikulieren würden.

Insoweit haben mündliche Unterhaltungen und mündliche Auskünfte einen sehr viel höheren aktuellen Informationsgehalt, denn sie sind besonders geeignet zur Erfassung der Grauzone weicher Informationen, die für die Liquiditätsbeurteilung einer Unternehmung von entscheidender Bedeutung ist und die mit irgendwelchen Kennzahlen in aller Regel nicht oder nicht so deutlich erfaßt werden kann, die auch bei der Bilanzierung sich nur in sehr vorsichtig zu bewertenden Nuancen ausdrückt.

Außerdem kommen auch noch sonstige, mit dem Kunden in Verbindung stehende Stellen in Betracht, z.B. Vertreter, die eine Beratungs- und Servicefunktion gegenüber dem Kunden erfüllen und die jeweils immer wieder zu dem Kunden kommen und dann die Erfolgsträchtigkeit z.B. von früheren Projekten aus dem Gespräch mit den Angestellten eruiren können.

3.4 Resümee

Vergleicht man die anderen Informationsmöglichkeiten mit den Informationsmöglichkeiten aufgrund der Bilanz, so muß man feststellen, daß die *zeitnahen und testierten Bilanzen und Gewinn- und Verlustrechnungen*, insbesondere, wenn man mehrere aufeinanderfolgende Jahresabschlüsse auswerten kann, *eine sehr wertvolle Informationsquelle sind, die durch anderweitige Information externer Art nicht zu ersetzen ist. Die Vermögensstruktur und Finanzstruktur wird in den Bilanzen doch weitgehend offengelegt; bei aller Kritik, die an der Liquiditätsanalyse mit Hilfe von Bilanzkennziffern geübt werden kann, sind sie wertvolles Indiz und ein wertvoller verläßlicher Hinweis auf die entsprechende Situation in der Unternehmung.*

Die Banken verlangen von ihren Kreditnehmern üblicherweise Bilanzen, selbst wenn diese Unternehmen nicht verpflichtet sind, Bilanzen zu veröffentlichen. Grundsätzlich wird dann die Unternehmung eine Steuerbilanz der Bank überlassen, wobei allerdings diese Steuerbilanz modifiziert wird, um gegenüber der Bank die Kreditwürdigkeit der Unternehmung im besseren Licht erscheinen zu lassen. Die Möglichkeiten der Ausweisgestaltung werden dann in der "Bank"bilanz mit umgekehrter Orientierung als bei der Steuerbilanz genutzt. Während die steuerlichen Bewertungsvorschriften in erster Linie dazu dienen, die Gewinnverschleierung so weit wie möglich zu verhindern, und damit sind in erster Linie Mindestvorschriften für den Ausweis der Aktiva und Höchstvorschriften für den Ausweis der Passiva vorgesehen, so wird die Bankbilanz, die ja in erster Linie dem Gläubigerschutz dienen soll, sich häufig an den Höchstwertvorschriften orientieren dergestalt, daß das Vermögen der Unternehmung so hoch wie möglich und auf der anderen Seite die Passiva so gering wie möglich ausgewiesen werden, um die Kreditwürdigkeit gegenüber der Bank zu unterstreichen. Grundsätzlich wird die einzelne Unternehmung im Gegensatz zu den

Festlegungen in der Steuerbilanz evtl. Sonderabschreibungen auflösen und nur die Normalabschreibung in der Bilanz berücksichtigen.

Auf diese Quelle können im Normalfall die Lieferanten nicht zurückgreifen. Hier wird es eine auf ihr *standing* bedachte Unternehmung ablehnen, den Lieferanten eine Bilanz zum Nachweis der Kreditwürdigkeit einzureichen. Wenn die Unternehmung dann nicht aufgrund von Publizitätsvorschriften zu einer Bilanzveröffentlichung verpflichtet ist, steht diese wesentliche Informationsmöglichkeit den Lieferanten nicht zur Verfügung. Die Bedeutung, die sowohl Banken als auch andere kreditgebende Geschäftspartner dem Jahresabschluß für die Kreditwürdigkeitsanalyse beimessen, belegt die Wichtigkeit des Jahresabschlusses als Informationsquelle in der täglichen Praxis.

Fragen

1. Die OVD AG weist zum 31.12.1988 folgenden Jahresabschluß vor.

Bilanz	31.12.1988	31.12.1987
Aktiva		
Sachanlagen	204.892	183.057
Finanzanlagen	46.927	34.938
Vorräte	252.649	235.864
Ford. a. Lief. u. Leist.	147.472	121.685
And. Gegenst. d. UV	29.353	21.543
Flüssige Mittel	3.387	1.470
Summe Aktiva	684.680	598.557
Passiva		
Gezeichnetes Kapital	100.000	100.000
Gewinnrücklagen	123.656	113.566
Rückstellungen	117.863	139.606
Langfr. Verbindl.	136.959	88.754
And. Verbindl.	52.141	59.064
Verbindl. a. Lief.	37.121	45.697
Verbindl. geg. Kreditinstituten	104.821	39.726
Gewinn	12.119	12.144
Summe Passiva	684.680	598.557

Gewinn- und Verlustrechnung	31.12.1985	31.12.1984
Umsatzerlöse	1.394.160	1.199.510
Bestandserhöhung	13.854	38.996
Gesamtleistung	1.408.014	1.238.506
Aufwend. f. Roh-, Hilfs- und Betriebsstoffe	637.281	532.524
Rohertrag	770.733	705.982
sonst. betriebl. Erträge	36.485	44.761
Personalaufwendungen	498.766	448.091
Abschreibungen	78.424	77.567
Zinsen	15.936	13.069
Steuern	45.730	56.405
sonst. betriebl. Aufwend.	146.297	136.874
Jahresüberschuß	22.065	18.737
Gewinnvortrag	144	775
Rücklagenzuführung	10.090	7.368
Gewinn	12.119	12.144

Stellen Sie eine Kapitalflußrechnung auf.

2. Inwieweit kann eine aus dem Jahresabschluß abgeleitete Kapitalflußrechnung ein den tatsächlichen Verhältnissen entsprechendes Bild von der Finanzlage einer Kapitalgesellschaft vermitteln?

3. Diskutieren Sie die Eignung des handelsrechtlichen Jahresabschlusses zur Aufstellung einer Kapitalflußrechnung unter Berücksichtigung Heinens Konzeption einer Mehrzweckbilanz.

4. Die XY AG legt folgenden Jahresabschluß vor:

Bilanz (in TDM)	31.12.1988	31.12.1987
Aktiva		
1. Anlagevermögen		
a) Sachanlagen		
Grundstücke	750	600
Maschinen	1050	900
b) Finanzanlagen	240	120
2. Umlaufvermögen		
a) Lagerbestände	720	420
b) Forderungen	1020	810
Bilanzsumme	3780	2850
Passiva		
1. Eigenkapital		
a) Gezeichnetes Kapital	900	900
b) Gewinnrücklagen	660	600
2. Fremdkapital		
a) langfristig	1170	900
b) kurzfristig	960	450
3. Gewinn	90	0
Bilanzsumme	3780	2850

Gewinn- und Verlustrechnung		
Umsatzerlöse	3000	
Bestandserhöhung	300	
Gesamtleistung		3300
Aufwendung f. Roh-, Hilfs- und Betriebsstoffe		1800
Rohertrag		1500
sonstige betriebl. Erträge		150
		1650
Löhne, Gehälter	1380	
Abschreibungen auf Maschinen	120	
		1500
		150
Rücklagenzuweisung		60
Bilanzgewinn		90

a) Stellen Sie die Kapitalflußrechnung auf.
b) Beurteilen Sie die finanzielle Situation der XY-AG.

5. Erläutern Sie das Prinzip der Kapitalflußrechnung.
6. Diskutieren Sie die Eignung der Diskriminanzanalyse
   a) zur Lösung des Klassifikationsproblemes der multivariaten Bilanzanalyse;
   b) zur Abklärung des Inferenzproblemes der Diskriminanzfunktion;
   c) zur Beantwortung des Prognoseproblemes der Insolvenzdiagnose.
7. Halten Sie Wahrscheinlichkeitsschätzungen im Rahmen der bilanziellen Liquiditätsanalyse für sinnvoll?
8. In welchem Umfang kann die multivariate statistische Analyse eines Jahresabschlusses die isolierte Analyse eines einfachen Abschlusses ergänzen bzw. ersetzen?
9. a) Erläutern Sie die Implikation des in der Diskriminanzanalyse üblicherweise verwendeten Diskriminanzkriteriums:

$$\lambda = \frac{g'Zg}{g'Ig} \rightarrow \max!$$

   b) Welche Gewichtung möglicher Fehlentscheidungen der Kreditvergabe kommt hierbei zum Ausdruck?
10. Erläutern Sie den Informationsgehalt der bilanziellen Liquiditätsanalyse im Lichte anderer Informationsmöglichkeiten über die Situation einer Unternehmung.
11. Erläutern Sie die Beziehungen zwischen Kapitalflußrechnung und Cash Flow.
12. Berechnen Sie den dynamischen Verschuldungsgrad und diskutieren Sie seine Bedeutung. (Benutzen sie dazu die Angaben aus Aufgabe 1)
13. Welche Annahmen über die Wahrscheinlichkeitsverteilung der Bilanzdaten sind bei der Anwendung der linearen Diskriminanzanalyse zu treffen?
14. Für die Abschätzung der Illiquiditätswahrscheinlichkeit aufgrund der Bilanzrelationen benötigt man eine Annahme über die zugrunde liegende Wahrscheinlichkeitsverteilung. Erläutern Sie die Vor- und Nachteile der Abschätzung an Hand der Tschebyscheff-Ungleichung gegenüber der Normalverteilungsannahme.

15. Gegeben ist folgende Bilanz:

AV	100	EK	20
RHB	20	LFK	80
FertE	60	VerbL	80

Die Transformation der Bilanzpositionen in Zahlungen bestimmt sich nach folgenden Daten:

Position	AV	RHB	FertE	EK	LFK	VerbL
Transformations-koeffizient	0,1	2	3	0,05	0,20	3
Erwartungswert der Zufallskom-ponenten	20	20	30	1	12	30
Varianz der Zu-fallskomponenten	2	20	40	2	6	30

Bestimmen sie die Wahrscheinlichkeit, daß die aus den Bilanzpositionen resultierenden künftigen Ausgaben größer sind als die Einnahmen. Benutzen Sie hierzu die Abschätzung nach Tschebyscheff

$$P\{(|x - \bar{x}| \geq k \cdot s)\} \leq \frac{1}{k^2},$$

und unterstellen Sie Unabhängigkeit zwischen den einzelnen Bilanzpositionen.

16. Ist die Liquiditätsanalyse aufgrund der Bilanzzahlen oder aufgrund der Zahlen der GuV-Rechnung zweckmäßig?

17. Schildern Sie die Beziehungen zwischen Liquidisierbarkeit der Vermögensgegenstände und Liquidität der Unternehmung.

18. Besitzen in der multiplen linearen Diskriminanzanalyse Kennziffern mit hoher Innergruppenvarianz oder mit hoher Zwischengruppenvarianz ein hohes Trennpotential? Begründen Sie ihre Ansicht.

19. Liefert die Analyse der Bilanzpositionen Informationen über die künftige Zahlungsfähigkeit der Unternehmung?

20. Erläutern Sie Möglichkeiten und Grenzen der bilanziellen Liquiditätsanalyse mit Hilfe der multiplen linearen Diskriminanzanalyse.

Anmerkungen

1) Schneider (1981), S. 704
2) Vgl. Coenenberg (1988), Serfling (1984), Weber/Tiedau (1984)
3) Vgl. Dellmann (1987), S. 471 ff.
4) Vgl. Dellmann (1987), S. 473 f. mit Verweis auf Dellmann/Kalinski (1986)
5) Vgl. v. Wysocki (1971), S. 617 ff.,
6) Vgl. Busse von Colbe (1966), S. 82 ff.
7) Vgl. Busse von Colbe (1966), S. 99 ff.
8) Vgl. Coenenberg (1988), S. 641 ff.
9) Vgl. Coenenberg (1988), S. 643 f.
10) Schmalenbach (1925), S. 259 f.
11) Vgl. Baetge/Fischer (1988), Steiner/Jaschke (1988), Wöhe (1988), Ballwieser (1987) sowie den Meinungsspiegel zu diesen Themen in Betriebswirtschaftliche Forschung und Praxis (1988), S. 65-78
12) Vgl. die Ausführungen zur Kapitalflußrechnung
13) Eine anschauliche und systematische Darlegung der Kennzahlenbildung bringt Gebhardt (1980).
14) Wörtlich übersetzt bedeutet Cash Flow "Barmittelfluß". Eine Übersetzung ist jedoch nicht üblich. Coenenberg (1988), S. 611 bezeichnet den Cash Flow als vereinfachte Form des Umsatzüberschusses. Vgl. auch Gräfer (1988), S. 110 ff.; Dellmann (1988), S. 1630 ff.
15) Vgl. auch z.B. Coenenberg/Schmidt (1976), S. 417 ff. Zu Kennzahlensystemen vgl. Hauschildt (1988a), Hauschildt/Grenz/Gemünden (1988), S. 41 ff.
16) Vgl. auch Cassier (1973), S. 374, Loistl (1984a), S. 664 ff.
17) Vgl. auch Weitkemper (1972), S. 25; Bering (1975), S. 25 ff.
18) Vgl. z.B. Härle (1970): "Eine Garantie für die Rückzahlbarkeit aufgenommenen Kapitals ohne Störung des Betriebsablaufes bietet die goldene Finanzregel also nicht" (S. 93); "Es erscheint nicht nur ungenügend, sondern sogar sehr ausführlich, wenn die Liquidität einer Unternehmung - durch den Unternehmer selbst oder durch Außenstehende (Wirtschaftsprüfer, Banken u.a.) - an Hand solcher Finanzierungsregeln beurteilt wird" (S.110). Schneider, D. (1980): "Als Entscheidungshilfen für den planenden Unternehmer sind weder Bindungs- noch Kapitalstrukturregeln theoretisch zu rechtfertigen" (S. 455); "Die Beurteilung der Kreditwürdigkeit einer Unternehmung ausschließlich nach ihrer Kapitalstruktur ist Unsinn. (S.513) ...."Die Orientierung des Gläubigers an Finanzierungsregeln ist deshalb vernünftig, solange er keine besseren Informationen erlangen kann. Es unterliegt jedoch keinem Zweifel, daß der Gläubiger zu einer wohlbegründeten Entscheidung nur dann kommt, wenn bessere Informationen als Bilanzkennzahlen gegeben werden" (S. 513).
19) Vgl. zur Prognose der Zahlungsströme z.B. Sachs (1981), S. 91 ff.
20) Vgl. Langen/Edin/Kockelkorn/Schmitt/Weithaler (1971), Gahse (1971)

21) Vgl. die Zusammenstellung in Gebhardt (1980), S. 116 ff., Niehaus (1987), S. 75 ff.
22) Vgl. die empirischen Untersuchungen weiter unten.
23) Vgl. Tatsuoka (1971), S. 159 ff.
24) Zur Berechnung von Innergruppen- und Zwischengruppenvarianz vgl. das nachstehende Beispiel.
25) Für standardisierte Ausgangswerte, mit denen entsprechende Computerprogramme rechnen, ist dann die Nebenbedingung $g \cdot g' = 1$ erfüllt.
26) Vgl.Altman (1971), S. 106 ff.,
27) Im Original hat der Koeffizient von x_5 den Wert von 0.999. Wegen des unterschiedlichen Maßstabes ist dies jedoch gleichbedeutend mit obigem Wert.
28) Deakin (1972), S. 167 ff.
29) Beaver (1966), S. 71 ff.
30) Vgl. Beermann (1976), S. 111, Weibel (1973), Weinrich (1978), Steiner/Rössler (1976), Gebhardt (1980), Bleier (1985), Loistl (1984b), Baetge/Huß/Niehaus (1986), Niehaus (1987)
31) Vgl. Gebhardt (1980), S. 110 u. S. 253
32) Vgl. Gebhardt (1980), S. 263
33) Vgl. Gebhard (1980), S. 172 f.
34) Vgl. Bleier (1983), Loistl (1984b), Baetge/Huß/Niehaus (1986)
35) Vgl. Baetge/Huß/Niehaus (1986), S. 610
36) Vgl. Niehaus (1987), S. 79
37) Vgl. Niehaus (1987), S. 81
38) Vgl. Niehaus (1987), S. 82
39) Vgl. Bleier (1983), S. 51 f.
40) Auf den ausführlichen Vergleich der Mittelwerte (Bleier (1983), S. 46 ff.) an Hand von Histogrammen (S. 49 ff.) sei hier nur verwiesen.
41) Vgl. Loistl (1984b), S. 366
42) Vgl. Loistl (1984b), S. 369
43) Vgl. Rommelfanger/Unterharnscheidt (1988), S. 479 ff., Mertens (1988), S. 238 ff.
44) Einen Überblick über alternative "neuere Entwicklungen" bieten Hauschildt e.a.. Hier sind vor allem die Arbeiten von Rösler (1988), S. 153 ff., Grenz (1988), S. 174 ff. und Hauschildt (1988b), S. 200 ff. zu nennen.
45) Vgl. auch die Unterscheidung der drei Aufgaben weiter oben.
46) Vgl. Baetge (1980), S. 662
47) Härle (1970), S. 89 ff.
48) Vgl. dazu auch Lücke (1984) , S. 2361 ff.
49) Eine Dichtefunktion ist u.a. dadurch charakterisiert, daß der von ihr eingeschlossene Flächenanteil gleich 1 ist.

50) Aussagefähige Wahrscheinlichkeitswerte erhält man nur im Falle mit KB > σ. In anderen Fällen führt der Einsatz des Gleichheitszeichens zu P > 1!

51) In die angesprochene Richtung gehen die Modelle von Chmielewicz/ Caspari (1985) und Lücke (1984). Zur empirischen Überprüfung der ertragskraftorientierten Kreditwürdigkeitsprüfung vgl. Loistl (1984a), S. 664 ff.

52) Vgl. Burgard (1983), S. 312 f.

53) Schmalenbach (1925), S. 225. Das einschlägige Zitat ist dem Kap. 2 als Motto vorangestellt.

54) Vgl. insbesondere Hauschildt e.a. (1988) und die dort angegebene Literatur.

55) Vgl. KfI (1985), S. 126; zur Zeit wird intensiv an weitergehenden Methoden zur Kreditwürdigkeitsprüfung gearbeitet.

56) Vgl. Loistl (1986), S. 442 ff.

57) Vgl. KfI (1985), S. 111f.

58) Vgl. Loistl (1989), S. 301

59) Zur Begründung vgl. Loistl (1984a), S. 670 ff.

60) Wir erhalten aufgrund der angegebenen Jahresabschlußzahlen für die Ertragskraft, als die Kennziffer Bruttogewinn zu Bilanzsumme, einen Wert von 5,05% für die Ertragskraft I und für die Ertragskraft II einen Wert von 9,49%. Zu den der Berechnung zugrunde liegenden Definitionen vgl. Loistl (1984a), S. 670

61) Vgl. Loistl/Rosenthal (1986), S. 111 f.

62) Vgl. Loistl/Rosenthal (1986), S. 118

63) Vgl. Loistl/Rosenthal (1989), Loistl (1987), S. 412

64) Vgl. hierzu ausführlich Loistl (1989), S.311

65) Kapp (1989), S. 9

Literatur

Altman, E.I. (1971): Corporate Bankruptcy in America, New York

Baetge, J. (1980): Früherkennung negativer Entwicklungen der zu prüfenden Unternehmen mit Hilfe von Kennzahlen, in: Die Wirtschaftsprüfung, 33. Jg., S 651-665

Baetge, J./Fischer, T.R. (1988): Externe Erfolgsanalyse auf der Grundlage des Umsatzkostenverfahrens, in: Betriebswirtschaftliche Forschung und Praxis, 40. Jg., S. 1-21

Baetge, J./Huß, M./Niehaus, H.J. (1986): Die statistische Auswertung von Jahresabschlüssen zur Informationsgewinnung bei der Abschlußprüfung, in: Die Wirtschaftsprüfung, 39. Jg., S. 605-613

Ballwieser, W. (1987): Die Analyse von Jahresabschlüssen nach neuem Recht, in: Die Wirtschaftsprüfung, 40. Jg., S. 57-68

Beaver, W.H. (1966): Financial Ratios as Predictors of Failure, Empirical Research in Accounting Selected Studies, in: Journal of Accounting Research, Vol. 4, S. 71-111

Beermann, K. (1976): Prognosemöglichkeiten von Kapitalverlusten mit Hilfe von Jahresabschlüssen, Düsseldorf

Bering, R. (1975): Prüfung der Deckungsstockfähigkeit von Industriekrediten durch das Bundesaufsichtsamt für Versicherungen, in: Zeitschrift für Betriebswirtschaft, 45. Jg., S. 25-54

Bleier, E. (1983): Insolvenzprognose aus den Jahresabschlüssen nicht publizitätspflichtiger Unternehmen, in: Journal für Betriebswirtschaft, 33. Jg., S. 42-55

Bleier, E. (1985): Insolvenzfrüherkennung mittels praktischer Anwendung der Diskriminanzanalyse, 2. Aufl., Wien

Burgard, H. (1983): Empirische Bilanzforschung in der Praxis, in: Betriebswirtschaftliche Forschung und Praxis, 35. Jg., S. 303-320

Busse v. Colbe, W. (1966): Aufbau und Informationsgehalt von Kapitalflußrechnungen, in: Zeitschrift für Betriebswirtschaft, 36. Jg., 1. Ergänzungsheft, S. 82 - 144

Cassier, S.C. (1973): Wandlungen der Risikobeurteilung im langfristigen Unternehmenskredit, in: Österreichisches Bankarchiv, 21. Jg., S. 374-382

Chmielewicz, K./Caspari, B. (1985): Zur Problematik von Finanzierungsrechnungen, in: Die Betriebswirtschaft, 45. Jg., S. 156-169

Coenenberg, A.G. (1988): Jahresabschluß und Jahresabschlußanalyse, 10. Aufl., Landsberg am Lech

Coenenberg, A.G./Schmidt, F. (1976): Umsatzüberschuß und Kapitalflußrechnung als Instrumente der finanzwirtschaftlichen Bilanzanalyse, in: Betriebswirtschaftliche Forschung und Praxis, 38. Jg., S. 416-439

Deakin, E.B. (1972): A Discriminant Analysis of Predictors of Business Failure, in: Journal of Accounting Research., Vol. 10, S. 167-179

Dellmann, K. (1987): Kapitalflußrechnungen - eine Bestandsaufnahme, in: Die Betriebswirtschaft, 47. Jg., S. 471 - 489

Dellmann, K. (1988): Renaissance des Cash Flow, in: Betriebs-Berater, 43. Jg., S. 1630-1634

Dellmann, K./Kalinski, R. (1986): Die Rechnungslegung zur Finanzlage der Unternehmung, in: Die Betriebswirtschaft, 46. Jg., S. 174 - 187

Gahse, S. (1971): Die neuen Techniken der Finanzplanung mit elektronischer Datenverarbeitung, München

Gebhardt, G. (1980): Insolvenzprognosen aus aktienrechtlichen Jahresabschlüssen, Wiesbaden

Gräfer, H. (1988): Bilanzanalyse: nach der neuen Rechnungslegung, 4., verbesserte u. erweiterte Aufl., Herne

Grenz, T. (1988): Typisierende Krisendiagnose, in: Hauschildt, J. (Hrsg.), Krisendiagnose durch Bilanzanalyse, Köln, S. 174-199

Härle, D. (1970): Finanzierungsregeln und Liquiditätsbeurteilung, in: Janberg, J. (Hrsg.), Finanzierungshandbuch, 2. Aufl., Wiesbaden, S. 89-110

Hauschildt, J. (1988a): Erfolgs- und Finanzanalyse, 2. Aufl., Köln

Hauschildt, J. (1988b): Überlegungen zu einem Diagnosesystem für Unternehmenskrisen, in: Hauschildt, J. (Hrsg.), Krisendiagnose durch Bilanzanalyse, Köln, S. 200-242

Hauschildt, J./Grenz, T./Gemünden, H.G. (1988): Entschlüsselung von Unternehmenskrisen durch Erfolgsspaltung - vor und nach dem Bilanzrichtlinien-Gesetz -, in: Hauschildt, J. (Hrsg.), Krisendiagnose durch Bilanzanalyse, Köln, S. 41-63

Kapp, B. (1989): in: Süddeutsche Zeitung Nr. 153 vom 07.07.89, S. 9

KfI (1985): Erster Bericht der Komission für Insolvenzrecht, hrsg. vom Bundesministerium der Justiz, Köln

Langen, H./Edin, R./Kockelkorn, G./Schmitt, H./Weithaler, F. (1971): Unternehmensplanung mit Verweilzeitverteilungen, Eine Anleitung für Praktiker, Berlin

Loistl, O. (1984a): Kapitalstruktur und Ertragskraft, in: Zeitschrift für Betriebswirtschaft, 54. Jg., S. 664-689

Loistl, O. (1984b): Bilanzielle Messung der Zahlungsfähigkeit bei mittelständischen Unternehmen, in: Betriebswirtschaftslehre mittelständischer Unternehmen, hrsg. von Horst Albach und Thomas Held, Stuttgart, S. 359-373

Loistl, O. (1986): Zur Reorganisationsplanung, in: Betriebswirtschaftliche Forschung und Praxis, 38. Jg., S. 441-457

Loistl, O. (1987): Kreditwürdigkeitsprüfung und Ertragsanalyse mittelständischer Unternehmen mit Hilfe des PC, in: Isermann, H. (Hrsg.), Operations Research Proceedings 1986, Berlin, S. 408-415

Loistl,O. (1989): Zur Verknüpfung von Zahlungs(un)fähigkeit und Überschuldung in der Kapitalstrukturdiskussion, in: Die Betriebswirtschaft, 49. Jg., S. 299-320

Loistl, O./Rosenthal, H.(1986): Zur Bewertung konkursgefährdeter Finanztitel, in : Zeitschrift für Betriebswirtschaft, 56. Jg., S.104-131

Loistl, O./ Rosenthal, H.(1989): Ertragsorientierte Bewertung von Eigen- und Fremdkapitalpositionen - Erweiterungen - , in: Die Betriebswirtschaft-Depot

Lücke, W. (1984): Liquidität, Liquidierbarkeit und Tilgbarkeit, in: Der Betrieb, 37. Jg., Teil I: S. 2361-2365 u. Teil II: S. 2420-2423

Meinungsspiegel (1988) mit Beiträgen zum Thema Bilanzanalyse und Bilanzpolitik nach neuem Recht von Chmielewicz, K./Loistl, O./Müller, H./ Zimmerer, C., in: Betriebswirtschaftliche Forschung und Praxis, 40. Jg., S. 65-92

Mertens, P. u.a. (1988): Expertensysteme zur Jahresabschlußanalyse für mittlere und kleine Unternehmen, in: Zeitschrift für Betriebswirtschaft, 58. Jg., S. 229-251

Niehaus, H.-J. (1987): Früherkennung von Unternehmenskrisen - Die statistische Jahresabschlußanalyse als Instrument der Abschlußprüfung-, Düsseldorf

Rommelfanger, H./ Unterharnscheidt, D. (1988): Modelle zur Aggregation von Bonitätskriterien, in: Zeitschrift für betriebswirtschaftliche Forschung, 40. Jg., S. 471-503

Rösler, J. (1988): Krisendiagnose unter Verwendung prognostizierter Jahresabschlüsse, in: Hauschildt, J. (Hrsg.), Krisendiagnose durch Bilanzanalyse, Köln, S. 153-173

Sachs, G. (1981): Technik der Finanzplanung, in: Hausschild, J. / Sachs, G. / Witte, E., Finanzplanung und Finanzkontrolle, München, S. 91-128

Schmalenbach, E. (1925): Grundlagen dynamischer Bilanzlehre, 3. Aufl., Leipzig

Schneider, D. (1980): Investition und Finanzierung, 5. Aufl., Wiesbaden

Schneider, D. (1981): Scheingewinnbesteuerung und Ausschüttung von Scheingewinnen - ein Scheinproblem -, in: Bohr, K.; Drukarczyk, J.; Drumm, H.J.; Scherrer, G.: Unternehmensverfassung als Problem der Betriebswirtschaftslehre, Berlin, S. 683-704

Serfling, K. (1984): Die Kapitalflußrechnung - Ein Instrument zur Darstellung und Analyse der finanziellen Lage der Unternehmung, Herne

Steiner, M./ Jaschke, T. (1988): Finanzwirtschaftliche Analyse des Jahresabschlusses nach neuem Recht, in: Betriebswirtschaftliche Forschung und Praxis, 40. Jg., S. 22-36

Steiner, M./ Rössler, M. (1976): Zukunftsorientierte Bilanzanalyse und ihre Prognosequalität, in: Betriebswirtschaftliche Forschung und Praxis, 38. Jg., S. 440-453

Tatsuoka, M. (1971): Multivariate Analysis, Techniques for Educational and Psycological Research, New York

Weber, H.K./Tiedau, L. (1984): Die Geldflußrechnung der aktienrechtlichen Gewinn- und Verlustrechnung sowie der Bilanz am Beispiel der Siemens AG (I) + (II), in: Der Betrieb, 37. Jg., S. 456-468 u. S. 518-522

Weibel, P.F. (1973): Die Aussagefähigkeit von Kriterien zur Bonitätsbeurteilung im Kreditgeschäft der Banken, Bern

Weinrich, G. (1978): Steigerung des Kreditgeschäftes durch Risikoklassen, Wiesbaden

Weitkemper, F.-J. (1972): Ein Maßanzug für die Finanzierung, in: Manager-Magazin, 2. Jg., August, S. 24-26

Wöhe, G. (1988): Bilanzpolitische Spielräume nach neuem Handelsrecht, in Betriebswirtschaftliche Forschung und Praxis, 40. Jg., S. 50-64

v. Wysocki, K. (1971): Die Kapitalflußrechnung als integrierter Bestandteil des aktienrechtlichen Jahresabschlusses, in: Die Wirtschaftsprüfung, 24. Jg., S. 617-625

Stichwortverzeichnis

www.ingramcontent.com/pod-product-compliance
Lightning Source LLC
LaVergne TN
LVHW081337011026
849161LV00013BB/2946